该项目受浙江师范大学刘鸿武国家社科基金重大招标项目"中国对非洲关系的国际战略研究"经费资助，是该课题的阶段性成果。

The International Industrial Transfer
and the Development of
Manufacturing Industry in Africa

国际产业转移与
非洲制造业发展

韦晓慧　黄梅波　著

人民出版社

目　　录

前　言

从国际产业转移的规律来看,产业跨国转移已成为全球经济发展和各国产业结构升级的必然趋势和重要动力。随着经济全球化进程的加快,国际产业转移正在沿着全球价值链的方向演变,价值链分工逐步将各国生产环节纳入到全球制造业的一体化生产中。从日本、德国第二次世界大战后的经济崛起,到"亚洲四小龙"的腾飞,再到中国改革开放后快速发展的经验来看,一个国家只有主动抓住国际产业转移的机会,才能实现成功转型。

制造业发展是发展中国家和后发展国家加快工业化进程的必经之路。获得政治独立后,绝大多数发展中国家迫切地实施工业化经济发展战略,积极推动制造业发展,这是第二次世界大战后发展中国家经济发展的一条主线。其间,非洲国家先后遵循过进口替代战略和出口导向战略来发展制造业,以此助推本国工业化。然而,经过几十年的实践探索,非洲大陆多数国家并未在加快工业化进程上取得很大的成绩。非洲国家工业落后、制造业发展不足的现象依然严峻,大部分非洲国家制造业增加值对国内生产总值的贡献较低。非洲对工业化尤其是制造业的探索之路,有许多共性的经验和教训。一些非洲国家和机构也在不断反思,积极推出一些工业化和制造业发展战略和政策,以便走出发展困境,打造自身的制造业体系。近年来,非洲国家在反思过去几十年的工业化发展战略后,开始意识到在经济全球化的大背景下,充分利用国际产业转移规律,抓住世界产业结构调整和转移的机遇,主动承接国际产业转移,是其加快制造业发展、提升制造业竞争力的必要途径。大多数非洲国家正处于工业化早期阶段,制造业门类众多,技术和产业梯度水平各异,充分利用非洲制造业与中国及其他国家的产业梯度差距,主动承接国际产业转移,既是非洲经济对外开放的要求,也是制造业加快发展的必要途径。因地制宜实施正确的工业化与制造业发展战略,是推动非洲各国制造业发展的关键所在。

当前,中国与非洲产能合作方面互有需要、互有优势,迎来了难得的历史性机遇。非洲陆地面积广阔,自然资源丰富,人口众多,其中青年人口比例较高。非洲国家普遍渴望实现工业化和发展制造业,急需外来投资和技术转让。非洲国家从中国改革开放取得的巨大成功看到了非洲实现经济独立和自主可持续发展的新希望,热切期待学习借鉴中国的成功经验和发展模式,"向东看"已成趋势。南非、埃及、肯尼亚、坦桑尼亚、莫桑比克、埃塞俄比亚等非洲国家纷纷期待同中国对接"一带一路"倡议,共同致力于政策沟通、设施联通、贸易畅通、资金融通、民心相通。海信南非工业园、北汽集团南非工厂、亚的斯亚贝巴—吉布提标轨铁路及沿路产业带、蒙巴萨—内罗毕标轨铁路及沿路产业带、蒙巴萨经济特区等中非产能合作和产业对接重大项目正稳步推进,并已取得早期收获,合作成果已日渐显现。

本书对国际产业转移与非洲制造业发展进行了深入探究。导论之后,第一章到第三章为本书的基础部分。第一章分析了非洲经济发展特征及其制造业发展战略,主要从非洲的经济发展和国际经济地位、产业结构及制造业发展状况、非洲制造业发展战略及反思三个方面展开。第二章主要对非洲 FDI 流入及中国对非洲投资的特征事实做了归纳梳理,探讨了非洲承接产业转移的现状和趋势。第三章主要讨论国际产业转移的趋势及中国对非洲产业转移的现实基础,着重分析了现阶段中国产业对外转移的主要因素和区位选择以及非洲承接产业转移的现实基础。前三章的内容层层递进、前后衔接,为后文实证研究模型的构建与分析提供现实依据。第四章到第七章是本书的主体部分。第四章就国际产业转移对非洲制造业发展水平的影响分析做了实证检验,结果显示FDI的流入对非洲国家制造业发展起到了助推作用,说明以FDI为载体的国际产业转移对非洲制造业发展水平的提高有积极的影响。第五章研究了FDI对非洲本地企业的技术溢出效应,研究结果表明当前外资企业促进非洲东道国技术进步主要依赖于其自身要素生产率的提高,而不是外资企业对非洲东道国本地企业的技术外溢效应。第六章分析了国际产业转移与非洲国家产业集聚状况,该章以对埃塞俄比亚的分析为例,探究了其制造业的产业集聚状况,并对产业集聚效应做了因素分析;同时根据非洲设立"经济特区"的实践,用案例分析了"经济特区"的产业集聚效应。第七章探讨了国际产业转移与非洲制造业国际竞争力提升的关系,具体探究非洲制造业的国际竞争力状况及其影响因素,并实证研究了国际产业转移与非洲制造业国际竞争力提升的因果关系。第八章是本书的总结部分,通过基础部分和主体部分的分析,本书认为非洲已具备承接国际产业转移的基础,国际产业转移能促进非洲制造业的发展,并进一步提出从非洲东道国应发挥主观能动性、中非应继续推进产能合作以及"一带一路"倡议需加上非洲这三个方面促进其制造业的发展。

　　本书认为,中国经过40年改革开放,大量优质产业和富余产能需要向海外转移。把中国资金、技术、市场、企业、人才和成功发展经验等相对发展优势同非洲丰富的自然资源、巨大的人口红利和市场潜力紧密结合起来,必将为世界人民创造出新的发展奇迹。中国和非洲制造业的合作发展具备天时、地利、人和的独特条件。随着新一轮国际产业结构调整和转移,非洲有可能率先从"一带一路"建设中受益,并成为拉动中国和世界经济发展的新的增长极。

导　　论

一、研究对象

有学者认为,1945 年第二次世界大战结束以来,世界制造业也发生了三次较为明显的大的转移。第一次是 1950—1960 年,由美国向日本转移;第二次是 1970—1980 年,由日本向"亚洲四小龙"(韩国、中国香港、中国台湾、新加坡)转移;第三次是从 20 世纪 80 年代末开始,由"亚洲四小龙"向中国大陆转移(王虎,2008)。随着这三次转移,承接转移的国家和地区制造业的比重迅速上升,与此同时,这些国家和地区经济迅速增长。

自 20 世纪 90 年代开始,中国逐渐成为第三次国际产业转移的最大承接地和受益者。目前,中国已经建成了比较完善的工业体系,基础设施齐备,生产能力得到了较大的提升,成为世界制造业大国。但近年来,中国制造业开始面临着一些明显的问题:一方面,中国人力成本正在不断上升,与东南亚国家、非洲国家和南美国家相比,其人力成本方面的绝对优势已经不存在。另一方面,中国对外投资也在不断增长,中国的一些企业,开始在国外大规模设厂。第四次世界制造业的大转移正在酝酿之中,在不久的将来,中国大量制造业将有可能转移到其他国家和地区。中国投资的主要方向正是制造业可能转移的目标国家——东南亚、南亚、非洲和南美洲地区的发展中国家。

制造业是一国经济发展及国家竞争力的基石。相比于世界其他地区,非洲经济较为落后,工业化程度不高,制造业发展缓慢,制造业对国民生产总值的贡献不大,由联合国贸易和发展会议(United Nations Conference on Trade and Development,UNCTAD)数据可知,2014 年非洲制造业仅占其国内生产总值的 10%。非洲振兴的关键在于工业化,非洲国家普遍渴望发展工业。发展制造业尤其是劳动密集型产业符合非洲的需要,是非洲工业化发展的必经阶段。自然资源储备丰富、市场广阔、劳动力成本较低以及基础设施正不断优化等有利条件,再加上世界(尤其是中国)产业转移的外力驱动,都为非洲大陆加快制造业发展和加速工业化进程提供了很好的条件和机遇。

鉴于此,在国际产业转移的大背景下探究非洲制造业发展问题,具有十分重要的现实意义。当前,国际产业转移是非洲加快发展制造业的重要机遇。而制造业的国际转移很多都要通过直接投资的方式实现。本书拟对国际产业转移和非洲制造业发展问题进行研究,拟从以下几个方面展开:一是分析非洲制造业发展的必要性;二是讨论中国制造业对外转移的可能性和非洲承接制造业转移中的现实基础;三是探究国际产业转移对非洲国家制造业发展的总体效应;四是研究国际产业转移对非洲国家的技术溢出效应;五是分析国际产业转移与非洲制造业产业集聚状况;六是探讨国际产业转移与非洲制造业国际竞争力的关系;七是总结促进非洲制造业发展,承接产业转移的政策建议,并对中国与非洲产能合作、促进非洲制造业发展提出相应的政策建议。

二、研究基础

(一)制造业与产业转移的概念

1. 制造业的界定及作用

联合国经济和社会事务部(United Nations Department of Economic and Social Affairs, UNDESA)将制造业定义为将材料、物质或成分通过物理或化学过程转化为新产品。要界定制造业的范围,可以依据产业分类标准来进行。国际上比较通用的产业分类标准是联合国经济和社会事务部所制定的《国际标准产业分类》。鉴于制造业细分产业较多,本书仅选取制造业二分位产业进行研究,而联合国工业发展组织(United Nations Industrial Development Organization, UNIDO)对制造业二分位行业的数据统计采用《国际标准产业分类修订本第三版》[①],该版本将产业划分为 17 个大类(从 A 至 Q),制造业为 D 类,D 类中包括 23 个小类[②](二分位产业),127 个细目(四分位产业)(见表 0-1)。由表 0-1 可知,制造业是所有门类中的第一大门类,种类多、覆盖面广,在一定程度上说明了制造业在产业中的重要地位。

表 0-1　国际标准产业分类第三版修订

门类	产业名称	说　明
门类 A	农林、狩猎及林业	2 个小类,9 个细目

---

① 该分类标准最新的修订版本是于 2006 年 3 月发布的第四版,将 A 类和 B 类产业合并为 A 类,所以制造业由 D 类变为 C 类。

② 分别为:15 类食品和饮料;16 类烟草制品;17 类纺织品;18 类服装,毛皮;19 类皮革制品和鞋类;20 类木制品;21 类纸和纸制品;22 类印刷及出版;23 类焦炭和成品油;24 类化学品和化学制品;25 类橡胶和塑料制品;26 类其他非金属矿物制品;27 类基本金属;28 类金属制品;29 类机械设备;30 类办公、会计和计算器具;31 类电器机械及设备;32 类广播、电视和通信设备;33 类医学、精密光学仪器;34 类汽车、挂车、半挂车;35 类其他运输设备;36 类家具;37 类回收利用。

续表

门类	产业名称	说　明
门类 B	渔业	1 个小类,2 个细目
门类 C	采矿和采石	5 个小类,12 个细目
门类 D	制造业	23 个小类,127 个细目
门类 E	电、煤气和水的供应	2 个小类,4 个细目
门类 F	建筑	1 个小类,5 个细目
门类 G	批发和零售业;汽车和摩托车的修理	3 个小类,31 个细目
门类 H	旅馆和餐馆	1 个小类,2 个细目
门类 I	运输、储存和通信	5 个小类,17 个细目
门类 J	金融媒介	3 个小类,12 个细目
门类 K	房地产、租赁和商业活动	5 个小类,32 个细目
门类 L	公共管理和国防;强制性社会保障	1 个小类,8 个细目
门类 M	教育	1 个小类,5 个细目
门类 N	卫生和社会工作	1 个小类,6 个细目
门类 O	其他社区、社会和个人服务活动	6 个小类,22 个细目
门类 P	家庭作为雇主的活动	3 个小类,3 个细目
门类 Q	国际组织和机构的活动	1 个小类,1 个细目

资料来源:联合国经济和社会事务部统计司。

　　制造业对一国的经济发展起到重要的推动作用。首先,制造业是现代经济发展至关重要的技术和创新的主要来源(Lall 和 Kraemer-Mbula,2005;Gault,2010)。制造业企业的研究和开发活动一直是世界经济技术进步的重要源泉(Shen J.Y.,Dunn 和 Shen Y.,2007)。其次,制造业与其他行业有很强的联系并能产生溢出效应。制造业为其他产业部门提供需求刺激能够带动农业部门的增长,同时制造业的发展引致了对银行、运输、保险和通信等服务部门的需求。制造业的这种前向联系和后向联系有助于国内投资、就业和经济产出的增长。再次,制造业为出口市场的扩张提供了巨大机会,是国际贸易增长的关键驱动力。改革开放 40 年,能从国际贸易的增长中获得较高利益的国家,都是那些能够增加制造业产品出口的国家（Hausmann、Huang 和 Rodrik，2007）。最后，相比于农业和传统服务业，制造业具有较高的就业创造潜力。农业的规模报酬递减效应（土地等要素投入固定），使其能够提供的就业机会是有限的，随着一国人口的增长和城市化进程的推进，制造业部门需要吸纳大量来自农业部门的剩余劳动力。

2. 国际产业转移与 FDI

随着经济全球化的发展，国际分工不断深化，产业链条不断被拉长，各国利用自己或者他国的比较优势，形成产品和服务的国际分工，在产业链上占据某个位置。当分工变化时，每个国家都要从产业链中寻找更适合自己角色的位置。不同国家之间的技术和经济发展水平是有差异的，资本的逐利性驱使其不断地从高成本国流向低成本国，并带动产业的国际转移。当一国不再从事某一类产业的产品和服务的生产，而由另一国取代了这些生产时，这就发生了产业的国际转移。制造业是国际产业转移的主导产业，本书研究的重点是制造业的国际转移。制造业国际转移主要是指属于制造业门类的某些产品的生产活动由一个国家或地区转移到另一个国家或地区。

国际产业转移与 FDI（外国直接投资）并不是同一个概念。国际直接投资是指跨国公司对另一个国家进行投资，它可以在不同国家和地区间相互发生；国际直接投资有时仅仅带来了产权的变更，但产业并不随之发生转移，如中国吉利集团收购沃尔沃汽车，虽然发生了中国对外的直接投资，但制造业并没有从中国向外转移，只是沃尔沃原有的东家换成了吉利而已。国际产业转移是单方面产生的，且往往带来产权的变更。虽然两者有区别，但 FDI 和国际产业转移又有着非常重要的联系。这主要表现在：20 世纪中后期，FDI 逐渐成为国际产业转移过程中的一种常见现象和重要步骤，国际产业转移很多是要通过直接投资进行的。转出国的企业往往通过 FDI 的方式,把自己的生产部门甚至研发部门都转移到转入国去,如果这种 FDI 是普遍发生的,就会产生产业由投资国转移到被投资国的结果。另外,FDI 也是国际产业转移的重要前提条件,FDI 会带来资金的转移投放,也会在被投资国产生技术溢出,使被投资国的产业得到成长的机会,最终取代产业转出国。20世纪中后期以后,国际产业转移的形式和内涵均发生了较大变化,在全球化背景下,发达国家可以利用其他国家的比较优势,通过 FDI 将制造业的生产转移到劳动力成本较低、原材料丰富以及市场潜力大的国家,形成了以 FDI 为主的产业转移方式。

(二)国际产业转移的动因理论

国际产业转移很早就受到了学者们的重视,理论研究也随着国际产业转移的发展而深化。国际产业转移的相关理论研究从不同角度对国家产业转移原因、阶段性及其规律等进行了分析。

1. 产品生命周期理论

20 世纪 60 年代,弗农(R.Vernon,1966)发现产业国际转移过程与产品生命周期密切相关。提出了产品生命周期理论,认为一种产品的生命周期可以分为新产品阶段、成熟阶段和标准化阶段三个阶段。

在新产品阶段,产品生产技术尚未成熟,在这个阶段产品生产过程中投入最多的是技术和资本,生产企业区位选择不是很重要。产品需求有限,基本仅限于国内,出口也是面向具有相似收入水平和需求偏好国家的消费者。在成熟阶段,产品生产技术逐渐成熟,产品价格需求弹性逐渐升高,生产成本占据更重要的地位。同时,国内市场逐渐饱和,国际市场更为重要。为了降低生产成本,创新国将一部分生产转移到国外。国外厂商开始模仿和引进技术进行生产,跟创新国在国际市场展开竞争。产品开始由技术密集型向资本和劳动力密集型转化。在标准化阶段,产品和技术已经定型,技术在生产中的重要性下降,生产成本是决定竞争优势的最关键因素。跨国公司开始把生产转移到拥有丰富和廉价劳动力的发展中国家,出现产业的国际转移。

2. 雁形发展模式理论

1935年赤松要(Akamatsu)在对日本工业发展研究的基础上,提出雁形发展模式理论,阐述了日本和其他后工业化国家制造业发展的路径。赤松要(1962)认为产业转移就像大雁队形一样,不同国家处于不同的位置,承担不同角色,而且会因条件的变化在队列中进行移动。该理论认为,发展中国家产业发展进程包括三个阶段:一是进口阶段;二是进口替代(国内生产);三是出口替代。工业化初期进口工业消费品和相关机械设备;之后引进的技术和设备,与发展中国家丰富的劳动力资源相结合,进行国内生产,促进本国制造业发展,本国产业国际竞争力增强;最后本国产品开始出口国际市场。这一过程符合产业转移的一般规律,即产业从发达国家向发展中国家,再到后发展国家转移。

3. 边际产业扩张理论

1978年小岛清(Kiyoshi Kojima)提出了边际产业扩张理论,从发展中国家角度,解释了日本和承接国的产业转移和升级现象。该理论下的产业转移是以李嘉图的比较优势理论和H-O要素禀赋理论为基础的。该理论认为,同样是劳动密集型产业,跟潜在承接国相比,已经处于或者即将处于比较劣势地位,就属于转出国的“边际产业”,而该产业在潜在承接国正处于优势地位或潜在的优势地位。产业转移转出国对外直接投资从“边际产业”开始依次进行,规避劣势,在全球范围内使“边际产业”获得扩张。在转移过程中,转出国获得了对外投资回报,承接国则获得了资本和技术,加快工业化进程,实现双赢(小岛清,1987)。

4. 劳动力密集型产业转移论

阿瑟·刘易斯(W. Arthur Lewis,1984)在《国际经济秩序的演变》一书中指出20世纪60年代劳动密集型产业由发达国家向发展中国家转移的主要原因是劳动力价格上升和劳动力供应不足。发达国家人口自然增长率的逐步下降,劳动力供给不足;同时,工业快速发展,对劳动力需求旺盛,使劳动力价格迅速上升。而发展中国家工业化程度低,劳动力充裕,价格较低,促使发达国家向发展中国家转移劳动密集型产品的生产。该理论认为产业转移是建立在H-O要素禀赋理论基础上的,发达国家和发展中国家存在劳动力丰裕与否的差异,发展中国家具有劳动力价格低的比较优势。

5. 重合产业论

卢根鑫(1997)在《国际产业转移论》提出重合产业论,认为重合产业的存在是国际产业转移的基础。所谓重合产业是指发达国家和发展中国家之间存在机器设备和技术相似、原材料和劳动力等要素投入比例相似、最终的产品也相似的产品生产部门。经济发展水平的差异使得重合产业的价值构成存在差异,进而导致了重合产业绝对成本的差异,迫使发达国家将重合产业转移到成本低、竞争力强的发展中国家,发展中国家承接产业转移促进国内重合产业的发展。

6. 其他相关理论

除上述理论外,还有一些理论解释了国际产业转移。如:梯度理论认为国家或地区间经济发展水平的梯度差异是产业国际转移的基础,创新是决定不同梯度的关键因素(陈刚、刘珊珊,2007)。劳尔·普雷维什(Raul Prebisch,1990)提出的中心外围论从发展中国家的视角,认为迫于发展压力,发展中国家实行进口替代战略是产业转移的根源。威尔斯(1986)的小规模技术理论、拉奥等(Lall 等,1983)的技术地方化理论以及坎特韦尔和托兰惕诺(Cantwell 和 Tolentino,1990)的技术创新产业升级理论从局部创新的角度来解释产业转移现象,这些理论均对通过对外直接投资进行国际产业转移有一定的解释。

(三)东道国产业转移承接力分析

产业转移承接力,即一国承接产业转移的能力,也就是一国在面对国际产业转移时,所具有的吸引、接纳和发展产业的能力;其是一国承接产业转移所具有的比较优势和竞争优势的综合体现,最终表现为具有竞争优势的能力(展保卫等,2006)。承接力研究作为产业经济研究中一个较新的概念,与产业国际竞争力和产业集聚有着密切的联系,共同体现着一国的经济实力。由图 0-1 可知,一国经济实力状况如何、产业国际竞争力的高低以及产业集聚效应对该国产业转移承接力有重要的作用。面临国际产业转移的浪潮,随着经济实力的提高,一国应该通过提高产业国际竞争力、加强产业集聚效应积极承接产业转移。

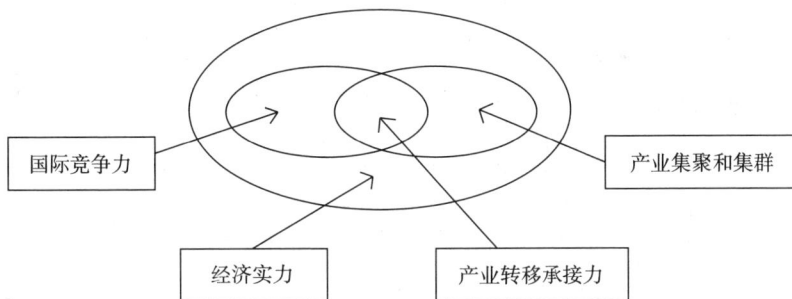

图0-1　承接力与其他相关概念的关系

经济实力主要指一国的经济规模,如国内生产总值、对外贸易和对外投资等。一国经济实力是该国综合国力的主要体现。从邓宁(Dunning)的投资思想中可以看出外国直接投资与东道国经济发展水平的关系。邓宁(1981)认为,一国吸引的外国直接投资流入额和流出额与其经济发展水平存在正向关系,以人均 GDP 为标准,经济发展水平可以分为四个阶段,在不同阶段外国直接投资的流入和流出状况,如表0-2所示。从外国直接投资流入额来看,不同的经济发展水平下,本国吸引的FDI流入是不同的,本国企业的所有权优势、内部化优势和区位优势是不同的,该国参与国际分工的方式是不同的。长期以来,世界各国都积极寻求机遇大力发展本国经济,提高自身的经济实力,以取得在国际上的有利位置。

表0-2　经济发展水平与外国直接投资流入的关系

阶段	人均GDP（美元）	外国直接投资流入额	外国直接投资流出额	净对外直接投资额
阶段1	400以下	Of 大量	Od 几乎没有	负值较小
		I 大量	I 不适用	
		Ld 少量	Lf 不适用	
阶段2	400—1500	Of 大量	Od 几乎没有	负值
		I 可能减少	I 很少且专业化	
		Ld 增多	Lf 开始出现	
阶段3	2000—4750	Of 减少或更加专业化	Od 增加	负值
		I 可能增加	I 仍然有限	
		Ld 减少	Lf 增加	
阶段4	4750以上	Of 减少或更加专业化	Od 增加	正值
		I 大量	I 增加	
		Ld 减少	Lf 增加	

注:符号O为所有权优势,I为内部化优势,L为区位优势,f为外国的,d为国内的。
资料来源:Dunning J. H., *International Production and the Multinational Enterprise*. London: Allen and Unwin, 1981, p.117.

产业集聚外部经济性产生的集聚经济效益能节省政府和企业发展产业的投入并能吸引国际制造业的转移。波特(Porter,1998)认为产业集聚对吸引跨国公司对外直接投资具有较大的促进作用。德里菲尔德和曼迪(Driffield和Munday,2000)通过产业相对优势将产业集群与对外直接投资联系在一起,并验证了产业集群对对外直接投资的吸引作用。梁琦(2003)对跨国公司对外投资和产业集聚的研究显示,产业集聚和地区开放度之间的关联效应是跨国公司对外直接投资的最主要驱动力。汉森（Hanson,2005）对发展中国家的研究表明,产业集群对于吸引更多的跨国公司进入具有正向作用。朱建豪（2006）采用博弈方法分析了产业集聚对外国直接投资流入的吸引作用。贺灿飞、刘洋（2006）、陈健（2008）等均强调了产业集群的集聚效应对外国直接投资流入的吸引作用。

国际产业转移一般是由产业国际竞争力变弱的国家和地区流向产业国际竞争力变强的国家和地区。所以研究并提高产业国际竞争力成为探索产业转移承接力的起点和基础,这也使得20世纪后半叶有关国际竞争力的研究成为热点（孙高洁,2008）。现有研究对国际竞争力既无统一定义,也无统一衡量标准（Fagerberg,1988）。现有衡量国际竞争力的研究主要采用单指标衡量法和多指标衡量法。单指标衡量法主要有法格贝格（1988）的单位劳动力成本指标,瑞士洛桑国际管理发展学院（International institute for Management Development,IMD）和世界经济论坛（Word Economic Forum,WEF）的国际机构指标（孙高洁,2008）,古斯塔夫松、汉松和伦德伯格（Gustavsson、Hansson 和 Lundberg,1999）以及廷瓦尔（Tingvall,2004）的行业专业化系数指标。多指标衡量法主要有荷兰格罗宁根大学建立的ICOP方法,从相对价格水平、劳动生产率和生产要素等指标出发,比较不同国家和地区之间的产业国际竞争力（Van Ark 等,2008）。采用单指标衡量法便于直接比较,但容易出现指标不全面的问题。多指标衡量法可以避免指标不全面的问题,但容易使指标排序不同,比较起来相对麻烦。

（四）国际产业转移的效应分析

1.技术溢出效应

FDI是国际产业转移中的一种重要方式,伴随着FDI的进行,会产生技术溢出效应。本书研究国际产业转移问题,必然会涉及国际产业转移过程中的技术溢出现象。

最早提出技术溢出理论的是麦克杜格尔(MacDougall,1960)。科科(Kokko,1992)把 FDI 溢出效应归纳为示范—模仿效应、竞争效应、培训效应以及关联效应。其中关联效应被放在很重要的位置,许多学者的研究都印证了跨国公司的前向产业关联和后向产业关联会促进生产效率的提高(Rivera-Batiz 等,1990;Markusen、Venables,1998;Mirza,2004;Görge、Greenaway,2004;Kugler,2006)。陈等(Chen C.等,1995)将技术溢出效应分为水平效应和垂直效应。世界投资报告(UNCTAD,2001)在前人研究的基础上,将 FDI 技术溢出分为产业内溢出(又称水平溢出)和产业间溢出(又称垂直溢出)。

FDI 技术溢出效应的实证研究十分丰富,既有正效应也有负效应。一些学者的研究结果证实了技术溢出正效应的存在,如卡夫(Caves,1974)对澳大利亚制造业的研究、格洛伯曼(Globerman,1979)对加拿大制造业的研究、布洛姆斯特伦(Blomström,1983、1986、1994)对墨西哥的研究、德里菲尔德(2001)对英国的研究、李(Li)等(2001)对中国的研究等。同时也有一些学者的研究表明溢出效应无法确定或溢出效应为负,如哈达德和哈里森(Haddad 和 Harrison,1993)对摩洛哥制造业的研究、卡瑟利亚(Kathuria,2000)对印度制造业的研究、哈里斯和罗宾逊(Harris 和 Robinson,2004)对英国的研究等并没有找到溢出效应存在的依据;而迪扬可夫和霍克曼(Djankov 和 Hoekman,2000)对捷克制造业的研究以及康宁斯(Konings,2001)对保加利亚、罗马尼亚和波兰三国的研究均发现 FDI 对这些国家会产生负的溢出效应。

2. 产业集聚效应

首先,国际产业转移会促进东道国新的产业集聚的形成。20 世纪

90 年代初,西方学者在研究产业集群时提出依赖跨国公司的集聚发展模式(马库森,1995)。之后学者们主要从实证角度分析了 FDI 对产业集群的促进作用,FDI 流入越多的国家产业集群发展越迅速(Kasoff 等,1997;Crozet,2004;朱华晟,2004;任胜钢,2007),如纽约药业集聚和加拿大电信服务业集聚的顺利发展中外国直接投资起到了重要的作用(Enright,2003);外国投资增强产业集群的竞争能力(Nachum、Keeble,2003),带动产业集群国际化扩张步伐加快(Moon、Rugman 和 Verbeke,1998)。其次,国际产业转移能够带动产业集群的产业升级(Birkinshaw、Hood,2000)。汤普森(Thompson,2002)的研究表明跨国公司投资的产业集群分散化、效率较高,对产业集群的升级和提高产业集群自身发展能力都有促进作用。祖强、孙军(2005)研究了 FDI 对中国产业集聚和升级的影响,结果显示东道国企业利用为跨国公司做产业配套的机会,进行专项投资,将有利于产业技术水平的提高和产业结构升级。

3. 国际竞争力提升效应

产业国际竞争力是指某一国家或地区的某些产业相对于其他国家或地区同一类产业所表现出来的竞争力。国际产业转移和产业国际竞争力的联系十分紧密。国际产业转移与不同国家间的要素基础和差异密切相关,而产业国际竞争力的大小也与产业要素差异密切相关,国际产业转移是从空间角度研究产业布局问题,产业国际竞争力是从比较静态角度研究产业强弱问题。国际产业转移可以通过影响产业规模、技术进步、人力资本和产业集聚等因素对一国产业的国际竞争力发挥作用。后发展国家产业的成长一般会遇到资本短缺和技术不足的制约,而国际产业转移不仅为东道国带来资本和技术的大规模转移,还会为东道国企业带来先进管理经验等其他的无形要素,因而承接产业转移能够使发展中国家快速积累相对稀缺的生产要素,从供给侧为产业快速发展创造条件。首先,国际产业转移可以促进产业发展中的资本形成效应(Chenery、Strout,1966;Van Loo,1977),主要体现在:(1)从投资国和国际资本市场带来了东道国紧缺的资金和技术;(2)带来乘数效应,通过前后向联系,引发东道国企业扩大投资;(3)通常会带来连续投资;(4)引发其他外国企业的辅助投资。其次,一方面 FDI 本身就是产业发展中的技术载体,FDI 兼备货币资本和产业资本的不同特征,一般情况下,FDI 总是有较高的技术成分,FDI 的这种技术载体功能可以通过体现技术含量的机器设备表现出来,也可以通过其实际的投资经营活动过程中不断地进口中间产品的方式体现出来(Borensztein 等,1998);另一方面 FDI 产生的技术溢出能够促进东道国相关产业的发展(上文已分析)。再者,国际产业转移会提升东道国的人力资本,跨国企业在东道国进行生产运营时,通常会进行人力资源本土化,对东道国本土工人进行短期或长期技能培训,对本土管理人员进行经营管理培训等,提升东道国的人力资本,促进东道国劳动生产率及管理水平的提高(伯仁茨特恩等,1998;陈飞翔、郭英,2005)。最后,国际产业转移不仅会促进东道国产业集聚的形成,还会对已有的产业集聚起到产业升级的影响(上文已分析)。

除此之外,国际产业转移还会产生制度变迁效应、对外贸易效应和就业效应等。跨国公司的投资能够迫使发展中国家按照市场经济规律和国际经贸规则办事,促进东道国产权制度、企业管理制度和政治制度等的变迁,从而有助于消除发展中国家原有的制度缺陷(Davis、North,1995;Habib 等,2002;Resnick,2003;Bevan 等,2004);跨国公司在东道国建立的合资企业、合作企业、独资企业等可以提高东道国的出口能力,提高东道国出口产品的效率,优化东道国出口结构,对国际贸易有促进作用(Clausing,2000;Mariam、Cecilio,2004);跨国公司投资对发展中东道国就业同时具有"吸收效应"和"挤出效应",但总体来说,引进外国直接投资对于那些有大量劳动力剩余但资金短缺的发展中东道国来说是有积极作用的(刘辉群,2013)。

(五)研究述评

笔者通过对已有研究基础的梳理,总结出以下几点。

1. 国际产业转移的过程即是承接国工业化的过程

国际产业转移在带动投资国的产业结构升级的同时,也推进了承接国工业化的进程。第一阶段,部分跨国公司出于利润最大化的追求,通过 FDI 将某些产品的生产或者产品生产的某些环节由本国向承接国转移,投资国转移技术设备和中间产品,利用承接国的资源或劳动力优势,在承接国建立加工基地,发展加工装配业,承接国只承接了部分生产;第二阶段,随着投资国对承接国的投资乘数和技术溢出效应,以及带动承接国相关产业链的发展,承接国熟练工人增多,劳动生产率提高,形成各种制造业产业集群,制造业增加值对国民生产总值的贡献大幅攀升;第三阶段,依靠资源优势和规模效应等,并随着承接国生产技术水平的逐渐提高,中间产品的配套能力增强,承接国在国际竞争中形成比较优势,逐渐取代了投资国的生产,投资国转移产业萎缩,而东道国承接产业形成规模,至此产业由投资国转移到了承接国。

2. 国际产业转移和外国直接投资

虽然国际产业转移不完全由外国直接投资来带动,带有国际产业转移性质的直接投资也只是企业众多直接投资行为中的一种,但是由于在当代,跨国公司已成为国际产业转移的主体,国际产业转移实际上是跨国公司国际直接投资发展的结果。从上述理论的分析介绍中,不难看出外国直接投资和国际产业转移密切相关。边际产业扩张理论、劳动密集型产业转移理论从供给角度分析了外国直接投资和国际产业转移的经济动因。在相同的生产函数下,发展中国家的低劳动成本或低资源供给成本进一步诱发了整个产业的国际转移。产品生命周期理论及雁形发展模式理论解释了国际产业转移阶段性趋势。因为技术的扩散等原因,发展水平不同的国家间出现了重合产业,重合产业及其技术构成的相似性,是由国际贸易和外国直接投资所带来的国外技术设备、工艺及其扩散决定的。

同时我们要注意到国际产业转移最核心的理论基础都来自国际贸易中的比较优势理论。比较优势理论由著名的经济学家大卫·李嘉图提出,由后人不断完善,从而成为国际贸易、经济发展、外国直接投资及国际产业转移的思想基础。比较优势的基本思想是国家间在商品生产的机会成本上存在相对优势,这种相对优势决定了通过国际分工进行专业化生产,各国都可以通过贸易获得比封闭状态下更大的收益。将这种思想运用到外国直接投资和国际产业转移中,可以看出,正是因为各国的比较优势在发生着动态变迁,产业才随着外国直接投资的进行发生着国际性的转移。在产品生命周期理论中,因为产品的不同生命周期决定了其成本不同部分的权重的变化由技术到价格再到成本的转移,使产品的比较优势也从发达国家转移到发展中国家,这种比较优势的转移有力地带动了劳动密集型产业的国际转移。边际产业扩张理论的提出更是直接借鉴了比较优势理论,只是在该理论中,没有明确地提出动态比较优势对国际产业转移的影响。东亚产业转移的雁形模式本身就是动态比较优势的体现与应用。

3. 用产业集群承接国际产业转移

由于产业集群拥有提升经济效率和创新能力的竞争优势,因而无论是发达国家还是发展中国家都纷纷用产业集群战略发展区域经济。

许多国家(包括中国)的成功实践已经证明产业集群能够降低成本、刺激创新、提高效率、加剧竞争,提升区域经济的竞争力。面对国际产业转移加速的趋势,发展中国家可以通过高新技术开发区、特色工业园区等不同形式的产业集聚为载体,根据国家产业发展规划,积极承接国际制造业的转移,并使产业具有持续的竞争优势。

本书拟探究国际产业转移与非洲制造业发展问题,因此在梳理了有关产业国际转移的理论基础、东道国产业转移承接力和国际产业转移的效应等相关的研究之后,接下来首先就非洲制造业发展战略和中非产业合作的必要性问题进行探究;其次就中国制造业向外转移的可能性和非洲承接制造业转移中的现实基础进行探究;再次对国际产业转移对非洲国家制造业发展的总体效应、技术溢出效应及非洲国家制造业集聚效应进行探究;最后对非洲如何更好地承接国际产业转移问题提出相应的政策建议。

三、体系框架

随着亚洲国家制造业的成熟,工资水平逐渐上升。中国目前已经建成了比较完善的工业体系,成为世界制造业大国。但现阶段中国人力成本正在不断上升,与东南亚国家特别是印度、非洲国家和南美国家相比,其人力成本方面的绝对优势已经不存在。受到人力成本上升、人民币升值以及外围市场需求放缓等不利因素的影响,作为中国制造业发展"重镇"的长三角和珠三角地区,企业生产成本上升呈现长期化趋势,长期来依靠高度专业化和价格优势发展起来的制造业集群开始步入调整阶段,部分制造业企业由于成本承压开始外迁,一些企业甚至开始在国外大规模设厂,造成了资金的流出和技术的溢出。第四次世界制造业的大转移正在酝酿之中,在不久的将来,中国大量制造业将有可能转移到其他地区。

非洲自然资源丰富多样,但非洲国家的出口贸易多是以原材料和初级产品为主,工业发展较为缓慢。近年来,许多非洲国家开始借鉴亚洲和拉丁美洲国家经济发展的实践,并在国际社会的支持和推动下,努力培植本土制造业。一些非洲国家,如埃塞俄比亚希望模仿中国、越南和韩国等国家的成功之路。尼日利亚和埃塞俄比亚2014年分别提出在未来将自身打造成"制造业中心"和"世界工厂"的战略目标[①]。随着亚洲国家制造业企业生产成本的上升,一些国际制造商开始考虑将生产线转向非洲,非洲国家人力成本相对低廉、土地成本更低。埃塞俄比亚政府近年来一直希望承接国际制造商生产线的大量转移。在这种情况下,对非洲制造业发展中的相关问题进行研究,并探究其承接制造业转移的可行性、国际产业转移对非洲制造业发展的总体效应、国际产业转移的技术溢出效应、非洲制造业的产业集聚情况及国际产业转移与非洲制造业国际竞争力的关系十分有意义。

本书的研究结构框架图(见图0-2)可以划分为背景凝练、文献解析、特征事实、理论机制、实证检验和研究结论六个部分,各部分呈现环环相扣、层层递进的关系。具体来说,本书的研究思路如下:第一,背景凝练,通过经济现象观察,对国际产业转移与非洲制造业发展的背景进行分析;第二,文献解析,对国际产业转移理论、东道国产业转移承接力和国际产业转移效应三个方面进行文献梳理,并且明确相关研究所取得的进展和不足之处;第三,特征事实,分析非洲经济发展特征及其制造业发展战略以说明非洲制造业发展的紧迫性,同时梳理非洲FDI流入及中国对非洲投资特征事实,探讨中非产业转移和承接现状和趋

---

① 姚桂梅:《非洲工业化之路前景广阔》,《人民日报》2014年5月28日。

势;第四,理论机制,探讨国际产业转移的动因、国际产业转移效应和东道国承接力,动因从比较优势、转出国的主要影响因素和区位选择,承接国的现实基础入手,国际产业转移效应从技术溢出、产业集聚和国际竞争力入手,东道国承接力从经济实力、产业集聚和国际竞争力入手;第五,实证检验,选取样本国家从技术溢出、产业集聚和国际竞争力三个方面定量分析国际产业转移与非洲制造业发展;第六,研究结论,采用归纳演绎的方法整理研究结论,并提出中非制造业产能合作的相关建议。

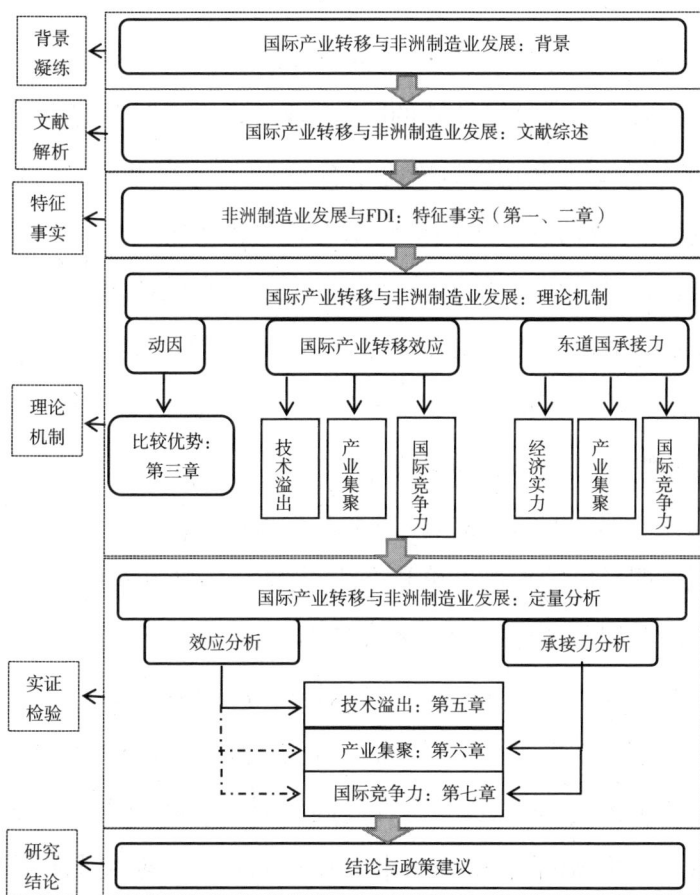

图 0-2　本书结构框架图

四、研究方法

经济学研究方法,按大类分为两类:实证研究和规范研究。但是在具体分析问题时,难以将两种方法界定开来使用。本书的基本研究逻辑是利用现有的国际产业转移理论和国际投资理论的研究成果,结合非洲制造业的实际情况和统计数据,就 FDI、国际产业转移对非洲制造业的影响和渠道进行研究。因此,在写作过程中,本书采取如下研究方法:

(一)定量分析和定性分析相结合的方法

受数据来源以及计量技术的限制,难以将经济问题完全定量化分析,必要的定性研究和逻辑判断是很有必要的,本书基础部分第一章至第三章侧重于定性分析,第四章至第七章侧重于定量分析、实证检验。一味地强调计量模型,可能会掉入过分数学化的陷阱,盲目追求形式的完美而忽略研究的经济意义则完全背离了研究的初衷,因此需要将定量研究和定性研究有机结合起来。

(二)理论和实证相结合的方法

研究任何现实的经济问题,离不开一定的经济学理论。将不同背景和历史时期形成的经典理论和方法,与活生生的现实结合起来,才能回答和解决非洲制造业发展中存在的若干问题。否则,生搬硬套地照抄理论模型,不顾及非洲的特殊情况以及经济社会发展的现状,那只能是鹦鹉学舌。如本书第一章对非洲产业结构特征的分析表明农业和服务业所占比重偏高,尤其农业比例过高。因此考虑到非洲国家的农业部门有着显著贡献的实际情况,本书在第四章实证模型中除核心解释变量外加入农业部门增加值占 GDP 的比重这一解释变量,探究其对制造业发展水平的影响;同时考虑到农业部门和服务业部门可能存在共线性问题,因此在实证模型中未考虑服务业部门情况。

(三)总量研究和结构分析相结合的方法

任何经济问题都大致可以从总量和结构两个方面进行研究,这样才能分析透彻问题的本质,达到研究的目的。如本书第一章和第二章进行非洲制造业发展和 FDI 流入的特征事实分析中,先对其制造业发展情况和 FDI 流入规模的变动规律进行总量分析,接着就制造业产业结构、企业特征以及 FDI 国别分布、产业布局等进行结构分析。又如第七章中,文章首先衡量了非洲制造业各行业的国际竞争力大小,接着探究影响国际竞争力的各因素的情况,使总量分析和结构分析方法相结合。

五、特色和不足

(一)本书的特色

1. 选题具有新意

从国际产业转移的历程来看,全球已经历三轮产业转移的浪潮,目前随着中国部分制造业跨国转移的进行,关于全球第四轮产业转移的讨论日渐趋多,而非洲具有自然资源丰富、市场广阔和劳动力成本低廉等优势,逐渐成为国际资本和产能关注的焦点。特别是近年来,中国提出"一带一路"倡议,非洲成为中国企业走出去的重要目的地。在全球产业转移的背景下讨论非洲制造业发展问题,具有一定的新意。

2. 推进已有的研究

本书基于 CES 模型对埃塞俄比亚 ISIC-2 位数分行业的产业集聚效应进行动态测度,这一研究为讨论非洲国家制造业产业集群的发展状况提供了分析视角,也为产业集聚效应的测度研究提供了非洲样本,对现有研究是一种推进,因此具有一定的创新性。

本书对非洲国家制造业国际竞争力的影响因素进行实证分析时,借鉴了前人的做法并对原有实证模型进行了一定延伸,进一步探讨产业集聚、规模效应等对国际竞争力的影响,为讨论非洲国家制造业国际竞争力增加了一种方法。

3. 结合案例分析

本书就非洲国家不同类型"经济特区"的探索实践展开了系统梳理,结合埃塞俄比亚等国家"经济特区"案例分析,探究其产业集聚效应,有助于非洲国家更好地发展产业集群,因此具有一定的新意。

(二)本书的不足

1. FDI 流入的影响效应研究中的不足

在分析 FDI 流入对制造业发展的影响效应时,本书用 FDI 占固定资产投资比重作为衡量 FDI 流入的变量。这个变量有一定的局限性,因为它包括了制造业和资源行业的外国直接投资流入,而本书主要关注的是制造业。但由于我们无法获得非洲国家 FDI 流入的行业细分数据,限制了研究的进一步开展。如有分行业 FDI 详细数据的支撑,将进一步拓展对该问题的探讨。

2. 技术溢出效应研究中的不足

本书在实证分析非洲国家 FDI 的技术溢出效应时,没有就不同国家 FDI 溢出效应的大小展开分组讨论,受制于数据限制同样也没有对各个国家分行业 FDI 的技术溢出效应做深入探究,只是立足于代表性国家的研究结果,从整体趋势上对该问题做分析和研判。

虽然本书在理论模型设定和指标设定方面存在上述不足,但这并不表示本书的研究存在严重缺陷。一方面,我们承认模型的简化必将无法对现实经济描述得细致入微；另一方面，我们也认为理论模型和指标设定的抽象简化，正好为讨论非洲制造业发展的问题提供了独特的分析视角。本书做了不少初步尝试性分析，得出了一些启发性结论，今后有待进一步拓展、丰富该题目的研究结论。

第一章　非洲经济发展特征及其制造业发展战略

第一节　非洲的经济发展及其国际经济地位

一、非洲的经济增长状况

20世纪60—70年代非洲的经济呈现较好的发展;到20世纪80—90年代非洲的经济增长速度普遍出现下降;进入2000年以后非洲的经济又快速增长,并呈现广泛和持久的增长态势。由世界银行统计数据可知,20世纪60年代和70年代撒哈拉以南非洲人均GDP平均增长率分别为1.74%和1.59%,20世纪60年代人均GDP平均增长率高于当时的中国(1.24%),呈现良好的经济增长态势。20世纪80年代和90年代撒哈拉以南非洲人均GDP平均增长率分别为-0.41%和-0.78%,经济增长几乎是停滞状态的。2000年整个地区的实际人均GDP只比1960年高出7%。而进入21世纪以来,非洲呈现快速的经济增长,2000—2009年撒哈拉以南非洲人均GDP平均增长率为2.69%,高于世界1.57%的平均水平;2010—2015年撒哈拉以南非洲人均GDP平均增长率为1.57%。

2010—2015 年非洲可获得人均 GDP 平均增长率数据的 53 个国家①中有 33 个国家的人均 GDP 平均增长率高于世界水平(1.69%)。在此将这 33 个国家分为三组:第一组(人均 GDP 平均增长率高于 1.69%,低于 4%)包括 25 个国家:博茨瓦纳、贝宁、布基纳法索、喀麦隆、刚果(布)、乍得、科特迪瓦、吉布提、厄立特里亚、加蓬、肯尼亚、莱索托、利比里亚、毛里塔尼亚、毛里求斯、摩洛哥、纳米比亚、尼日尔、尼日利亚、圣多美和普林西比、苏丹、坦桑尼亚、多哥、乌干达和赞比亚;第二组(人均 GDP 平均增长率高于 4%,低于 6%)包括 7 个国家:莫桑比克、刚果(金)、卢旺达、塞舌尔、津巴布韦、加纳和马里;第三组(人均 GDP 平均增长率高于 6%)包括 1 个国家:埃塞俄比亚。图 1-1、图 1-2 和图 1-3 描绘了这 33 个非洲国家 1980—2015 年人均 GDP 增长率的变化情况,其中埃塞俄比亚 2000 年以来经济增长势头强劲,2000—2009 年其人均 GDP 平均增长率为 5.13%,高于同期的印度人均 GDP 平均增长率(5.09%),2010—2015 年其人均 GDP 平均增长率为 7.69%,高于同期的印度人均 GDP 平均增长率(5.96%),并接近于中国的人均 GDP 平均增长率(7.75%)。

非洲经济的快速增长得益于私人消费和投资的拉动,由联合国贸易和发展会议数据库统计的数据可知,2010—2014 年非洲居民消费年均增长率为 8%,同期固定资本形成总额年均增长率为 5.2%。非洲国内消费者需求的增加和中产阶层的不断扩大促进了私人消费的增长,

---

① 具体包括:毛里塔尼亚、塞内加尔、冈比亚、马里、几内亚比绍、几内亚、塞拉利昂、佛得角、利比里亚、科特迪瓦、加纳、多哥、贝宁、布基纳法索、尼日尔、尼日利亚、喀麦隆、赤道几内亚、刚果(布)、刚果(金)、加蓬、圣多美和普林西比、安哥拉、苏丹、埃塞俄比亚、厄立特里亚、吉布提、索马里、肯尼亚、布隆迪、乌干达、坦桑尼亚、马拉维、科摩罗、塞舌尔、马达加斯加、毛里求斯、卢旺达、赞比亚、莱索托、南非、斯威士兰、莫桑比克、津巴布韦、博茨瓦纳、纳米比亚、乍得、中非、埃及、利比亚、突尼斯、摩洛哥、阿尔及利亚。

(单位:%)

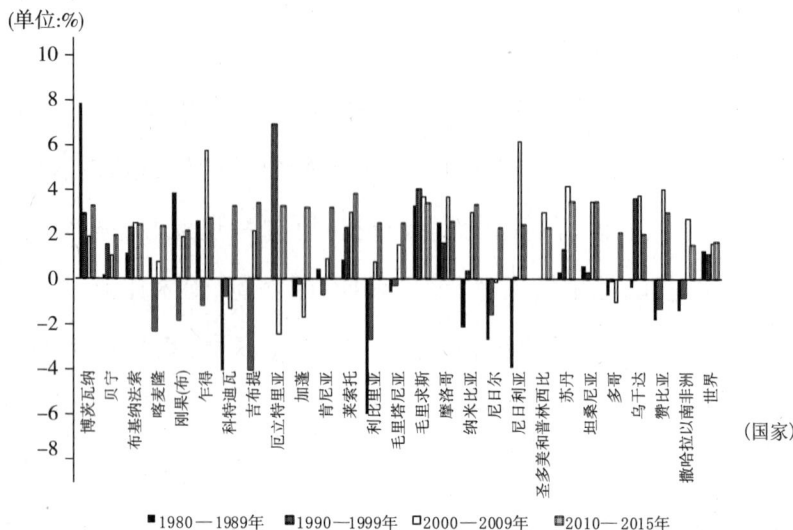

图1-1　第一组非洲国家人均GDP增长率变化图(1980—2015年)

资料来源:世界银行。

(单位:%)

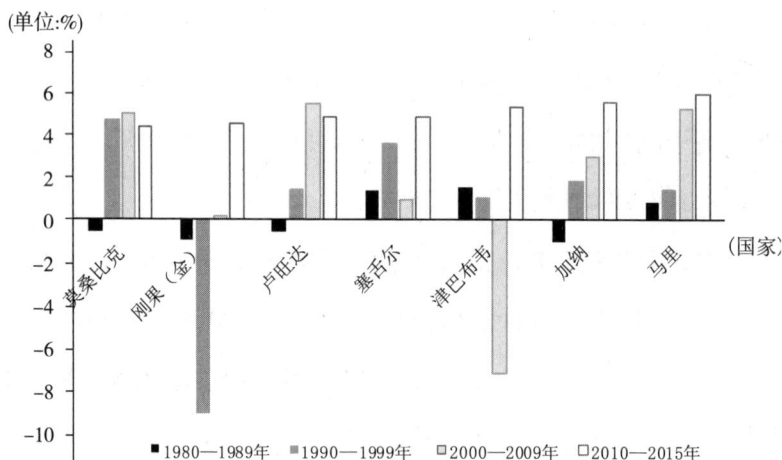

图1-2　第二组非洲国家人均GDP增长率变化图(1980—2015年)

资料来源:世界银行。

同时基础设施环境和商业环境的改善降低了投资成本,增大了对投资的吸引力。我们注意到虽然得益于世界市场大宗商品价格的增长,非

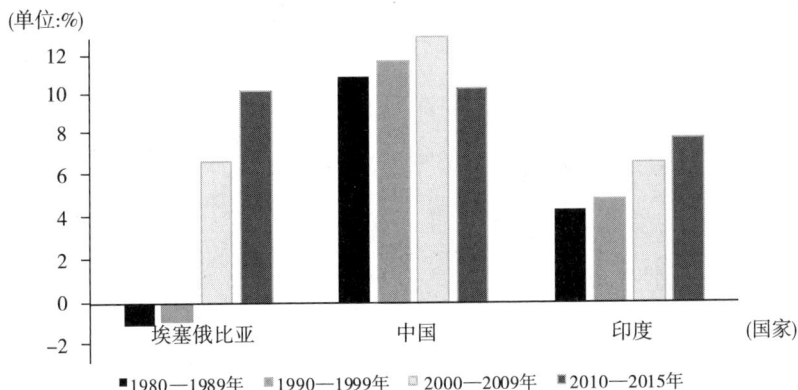

图 1-3　第三组非洲国家人均 GDP 增长率变化图（1980—2015 年）

资料来源：世界银行。

洲资源型国家①经济增长速度较快，但非洲经济的快速增长不仅仅来自资源产业的发展，2010—2015 年人均 GDP 年均增长率高于 4% 的 8 个国家中，莫桑比克、卢旺达、塞舌尔、津巴布韦、马里和埃塞俄比亚均不是资源型国家。

二、非洲经济社会发展水平

21 世纪以来非洲的经济增长迅速，但经济发展水平仍面临着较大的挑战。人类发展指数（Human Development Index，HDI）是由联合国开发计划署发布的，用来作为衡量各国社会经济发展水平的综合指标，HDI 从健康、教育和收入三大维度来衡量人类在健康长寿、知识获取能力以及体面生活标准方面取得的成就，该指数取值范围为 0—1，数值越大越好。由人类发展指数可知，非洲的人类发展取得了很大进展，但地区之间仍不平衡。

---

①　按照国际货币基金组织（2015）的分类：阿尔及利亚、安哥拉、博茨瓦纳、喀麦隆、乍得、刚果（金）、刚果（布）、科特迪瓦、埃及、赤道几内亚、加蓬、加纳、几内亚、利比里亚、利比亚、毛里塔尼亚、纳米比亚、尼日利亚、塞拉利昂、南非、苏丹、南苏丹和赞比亚为非洲资源型国家。

（一）非洲总体的人类发展指数有所改善

如图1-4所示,1990—2014年非洲HDI年均增长率为1.06%,仅次于南亚(1.38%)、东亚和太平洋地区(1.34%)。随着时间的推移,从人类发展指数的等级来看,非洲高等人类发展水平①和低等人类发展水平②之间的差距在减小(见图1-5),但2010—2014年人类发展水平的平均增长速度减缓,高等人类发展水平、中等人类发展水平③和低等人类发展水平的平均增长速度(分别为0.2%、0.8%和1%)均低于2000—2009年的平均增长速度(分别为0.8%、1.2%和1.8%)。这反映出近年来非洲人均收入增长、健康和教育改善程度放缓,与大多数非洲国家仍处于低等人类发展水平上有很大的关系。

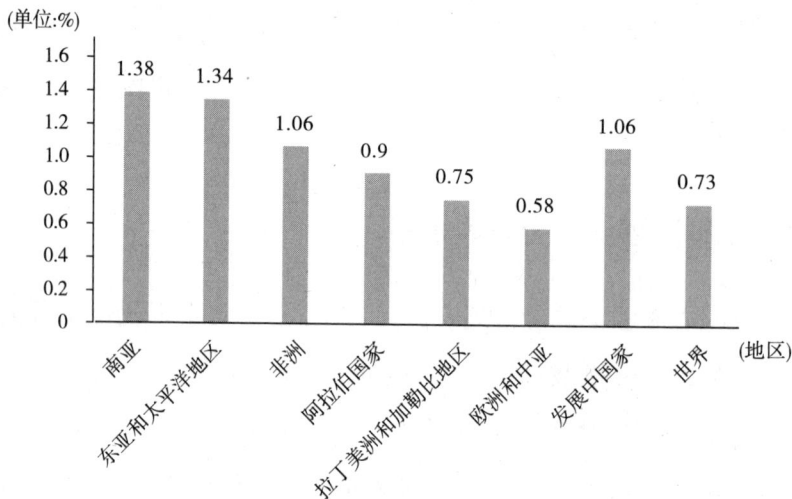

(单位:%)

图1-4 人类发展指数年均变化(1990—2014年)

资料来源:联合国开发计划署。

① 数值范围为0.700—0.799。
② 数值范围小于0.550。
③ 数值范围为0.550—0.699。

(单位:%)

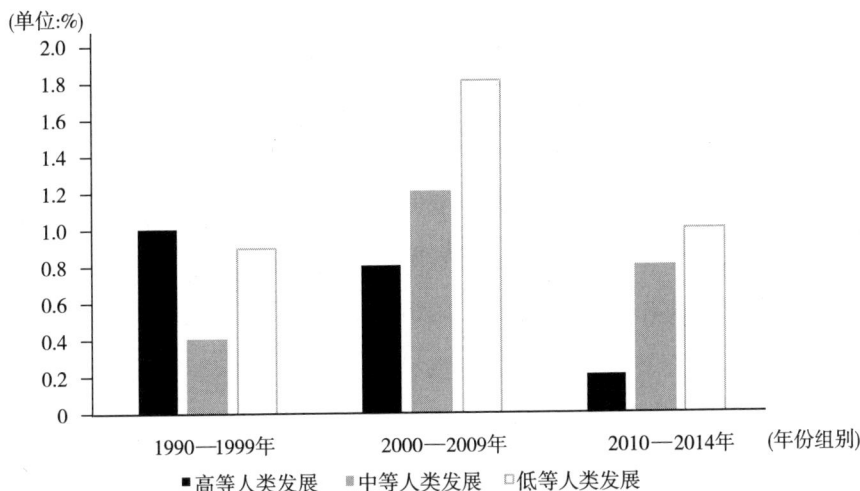

图1-5 非洲分等级人类发展指数增长率(1990—2014年)

资料来源:联合国开发计划署。

(二)地区之间发展不平衡

由表1-1可以看出,非洲各地区人类发展水平存在差别,北非高等人类发展水平的国家最多,分别为阿尔及利亚、利比亚、突尼斯。除毛里求斯外(高等人类发展水平),南非和中非国家大多都是中等和低等人类发展水平。除塞舌尔(高等人类发展水平)、佛得角(中等人类发展水平)和加纳(中等人类发展水平)外,东非和西非其他国家都是低等人类发展水平。非洲各地区之间人类发展水平不平衡,在推动人类发展水平快速发展的同时应该重点推进低等人类发展水平国家的发展。

表1-1 非洲各地区人类发展水平(2014年)

地区	低等人类发展 (HDI小于0.550)	中等人类发展 (HDI为0.550—0.699)	高等人类发展 (HDI为0.700—0.799)
中非	喀麦隆、中非、刚果(金)、乍得、马达加斯加	刚果(布)、赤道几内亚、加蓬	

地区	低等人类发展 （HDI 小于 0.550）	中等人类发展 （HDI 为 0.550—0.699）	高等人类发展 （HDI 为 0.700—0.799）
东非	布隆迪、科摩罗、吉布提、厄立特里亚、埃塞俄比亚、肯尼亚、卢旺达、南苏丹、苏丹、坦桑尼亚、乌干达		塞舌尔
北非	毛里塔尼亚	埃及、摩洛哥	阿尔及利亚、利比亚、突尼斯
南非	安哥拉、莱索托、马拉维、莫桑比克、斯威士兰、津巴布韦	博茨瓦纳、纳米比亚、圣多美和普林西比、南非、赞比亚	毛里求斯
西非	贝宁、布基纳法索、科特迪瓦、塞内加尔、冈比亚、几内亚、几内亚比绍、利比里亚、马里、塞拉利昂、尼日尔、尼日利亚、多哥	佛得角、加纳	

资料来源:联合国开发计划署。

三、非洲在国际贸易中的地位

近年来,非洲对外贸易活动的绝对规模和相对规模都获得了较大增长,但是非洲贸易总额占全球贸易总额的比例却仍然很低。一方面,非洲进出口贸易总额的绝对规模增长迅速,1990—1999 年非洲平均进出口贸易总额为 2834.66 亿美元,2000—2013 年则增加了两倍多,为 8887.37 亿美元,2013 年高达 14604.05 亿美元;另一方面,非洲进出口贸易总额增长率上升快,且快于世界平均水平,1980—1989 年非洲货物出口平均增长率为 -2.76%,1990—1999 年上升为 3.3%,2000—2013 年则进一步上升为 14.03%,超过世界货物出口增长率(9.64%)的平均水平,成为世界各地区货物出口增长率最快的地区[①]。然而,虽然对外贸易总额获得了较快的增长,但非洲对外贸易总额的世界市场份额仍旧处于低水平,

---

① 资料来源:联合国贸易和发展会议数据库。

非洲进出口贸易总额占世界进出口贸易总额的平均比重在 1990—1999
年仅为 2.38%,2000—2013 年的这一比重略有上升,但仍旧不到 3%,非
洲的对外经贸活动在世界市场中仍处于边缘化的地位①。由表 1-2 可
知,相较于其他地区,非洲进出口贸易在全球贸易中的占比较小,2014 年
非洲商品出口总额仅占世界商品出口总额的 3.0%,同期亚洲和欧洲的
份额分别为 32.0% 和 36.8%,远远高于非洲;进口方面的情况也是一样。

表 1-2 世界各地区进出口额在贸易总量中的占比(1993—2014 年)

（单位:%）

地区	出口占比			进口占比		
	1993 年	2003 年	2014 年	1993 年	2003 年	2014 年
非洲	2.5	2.4	3.0	2.6	2.2	3.4
亚洲	26.0	26.1	32.0	23.5	23.5	31.5
独联体	1.5	2.6	4.0	1.2	1.7	2.7
欧洲	45.3	45.9	36.8	44.5	45.0	36.4
中东	3.5	4.1	7.0	3.3	2.8	4.2
北美	17.9	15.8	13.5	21.3	22.4	17.7
中南美洲	3.0	3.0	3.8	3.3	2.5	4.0
世界	100.0	100.0	100.0	100.0	100.0	100.0

资料来源:世界贸易组织。

相较于世界其他地区,非洲的制成品出口在商品出口总额中的份
额最低,2014 该比例仅为 21.3%,同期亚洲的份额最高,其次是欧洲;
非洲的制成品进口在商品进口总额中份额,低于除亚洲之外的其他几
个地区(见表 1-3),非洲制成品的低出口值很明显地反映出非洲处于
全球价值链的低端。非洲的出口商品高度集中于资源型商品,由表
1-4 可知,相比于其他国家和地区,非洲燃料和矿产品占商品出口总额
的比重较高,2010 年高达 66%,2014 年也占到 63%。

———————————

① 资料来源:联合国贸易和发展会议数据库。

表1-3　不同地区制成品贸易进出口额在商品贸易中的份额（2014年）

（单位：%）

地区	制成品出口份额	制成品进口份额
非洲	21.3	63.6
亚洲	80.0	59.9
独联体	22.4	75.6
欧洲	74.8	68.5
中东	20.7	72.1
北美	67.6	75.0
中南美洲	25.5	65.3
世界	66.2	66.2

资料来源：世界贸易组织。

表1-4　世界各地区农产品、燃料和矿产品出口比重（2010—2014年）

（单位：%）

地区	农产品		燃料、矿产品	
	2010年	2014年	2010年	2014年
非洲	10	11	66	63
亚洲	6	7	11	11
独联体	8	9	65	66
欧洲	10	11	11	11
中东	3	2	65	65
北美	11	11	15	17
中南美洲	28	31	42	40
世界	9	10	20	20

资料来源：世界贸易组织。

四、非洲在国际投资中的地位

在相当长的时期内，非洲外国直接投资（Foreign Direct Investment）的流入远远落后于世界其他国家和地区。受益于21世纪初全球经济的普遍繁荣,非洲大陆改变了 20 世纪 80—90 年代经济增长缓慢的状况,宏观经济形势整体趋好,许多非洲国家采取鼓励外资流入的政策,吸引全球投资者的关注,非洲大陆的外资流入规模也显著增加。如图1-6 所示,2000 年以来非洲吸引外国直接投资流量规模显著增加。1990 年非洲大陆吸引的 FDI 流量仅为 28. 46 亿美元,2001 年上升为199. 43 亿美元,2014 年则进一步增加至 539. 12 亿美元。同时非洲外资年均流入额占世界外资年均流入额的比重也有所上升,从 1990—1999 年的 1. 67%上升为 2000—2014 年的 3. 17%。

(单位:百万美元)

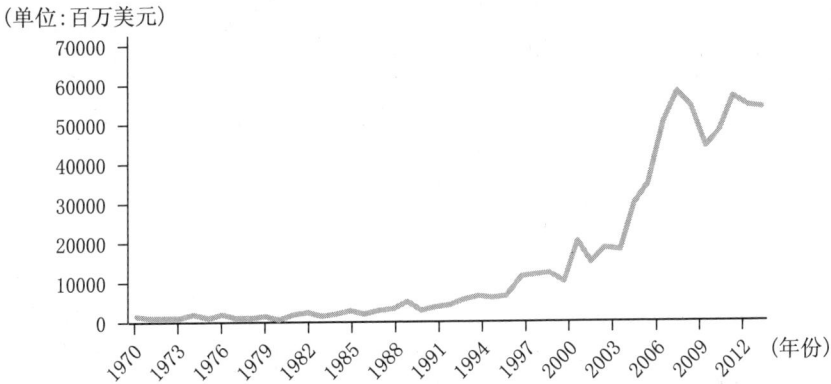

图1-6 非洲外国直接投资流量变动情况(1970—2014 年)

资料来源:联合国贸易和发展会议数据库。

近年来,虽说非洲获得的外国直接投资有所增加,但在世界总量中的比例依然偏低,相比于其他发展中地区非洲吸引的 FDI 流入仍较少。尽管 2000 年以来非洲外资投入的绝对数额呈现了较大幅度的增加(见图 1-6),但非洲在世界外资流入的占比仍然不及 20 世纪 70 年代的水平。20 世纪 70 年代非洲外资年均流入额占世界和发展中国家外资年均流入总额的比重分别为 4. 69%和 18. 98%;但是到 2012—2014 年这两个比例分别下降为 3. 17%和 8. 53%。通过横向比较可以发现,非洲吸引的外国直接投资占比普遍低于世界其他发展中地区(见表1-5)。

同时,2014 年非洲吸引外国直接投资为 580 亿美元,而同期东亚和东南亚吸引外国直接投资为 3830 亿美元,南亚的外国直接投资流入为 410 亿美元,西亚的外国直接投资流入为 430 亿美元,拉美和加勒比地区为 1700 亿美元,非洲吸引的 FDI 流入还远远低于东亚和东南亚地区及拉美和加勒比地区①。

表 1-5　非洲与世界其他经济体年均吸收 FDI(流量)比较

年份	世界 (亿美元)	发达 经济体 (亿美元)	发展中 经济体 (亿美元)	非洲 (亿美元)	非洲年均占 世界比重(%)	非洲年均占发展 中经济体比重(%)
1970—1979	239.69	180.48	59.22	11.24	4.69	18.98
1980—1989	929	722.93	205.99	22.02	2.37	10.69
1990—1999	4021.26	2796.50	1180.53	67	1.67	5.68
2000—2014	11822.32	6863.01	4398.02	375.14	3.17	8.53

资料来源:联合国贸易和发展会议数据库。

第二节　非洲的产业结构及制造业发展状况

一、非洲产业结构

(一)非洲三次产业情况

相比于世界其他地区,非洲国家的产业结构明显特征是农业所占比重较高,而工业集中于采掘业,制造业和服务业所占比重较低;且 1995 年以来,非洲农业、工业和服务业三个产业以及制造业在国民生产总值中的比重没有发生明显的变化(见图 1-7)。相比而言,亚洲以农村和农业为主的经济体自 20 世纪 60 年代后都发生了很大的农业结

---

① 资料来源:联合国贸易和发展会议数据库。

构调整,农业的生产率获得了提高,这些亚洲国家,要么走向工业化生产,要么发展了农产品加工业。然而,非洲地区在很长时间内都忽视农业,但却又不得不依靠农业来维持生计。传统农业继续吸收着非洲国家的大多数劳动力,20 世纪末将近 3/4 的非洲人仍依靠农业部门来维持生计,这一比例甚至高于 20 世纪 60 年代末其他发展中国家的水平(Ndulu 等,2009)。与此同时,虽然非洲国家重视工业的发展,但主要集中于采掘业,非洲的制造业一直处于较低的发展阶段。非洲产业结构的主体是农业和采掘业,制造业和服务业发展缓慢,经济结构较为单一。非洲现有的资源型产业结构在某种程度上制约了产业结构升级。

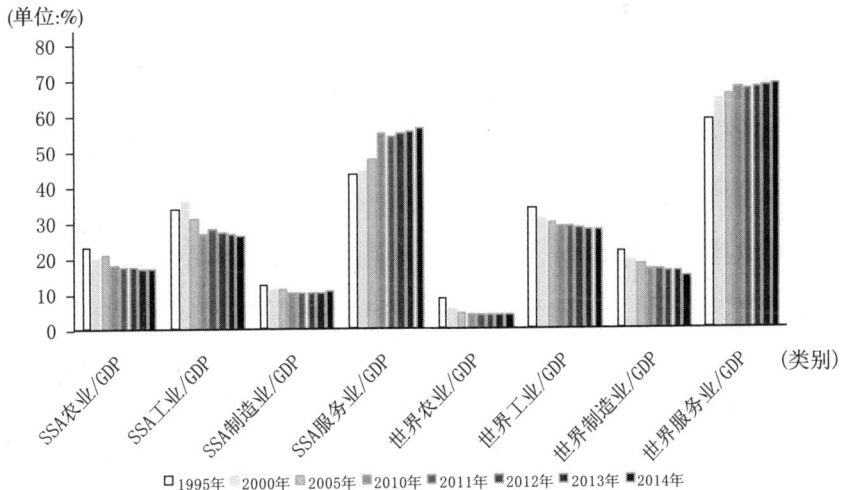

图 1-7　撒哈拉以南非洲和世界产业结构情况(1995—2014 年)

资料来源:世界银行。

(二)非洲国家的产业结构特征

由表 1-6 可知,在可获得数据的 53 个非洲国家中,2014 年农业占 GDP 比例较高的国家有:马里、几内亚比绍、塞拉利昂、多哥、布基纳法索、尼日尔、埃塞俄比亚、肯尼亚、布隆迪、坦桑尼亚、马拉维、科摩罗、卢旺达、乍得、中非,这些国家中农业占 GDP 的比例均在 30% 以上,其中乍得和塞拉利昂两国的农业占 GDP 的比例超过 50%,国民经济严重依赖农业生产;工业占 GDP 比例较高的国家有:毛里塔尼亚、几内亚、喀麦隆、利比亚、刚果(布)、刚果(金)、加蓬、赞比亚、莱索托、博茨瓦纳、斯威士兰、纳米比亚、埃及、阿尔及利亚,这些国家大部分都是采掘业较为发达的国家,其中加蓬、刚果(布)和利比亚三国工业占 GDP 比例超过 50%,其余 11 国工业占 GDP 比例在 30%—50%;制造业占 GDP 比例高于 10% 的国家有:塞内加尔、贝宁、喀麦隆、刚果(金)、马拉维、毛里求斯、南非、斯威士兰、津巴布韦、纳米比亚、埃及、突尼斯、摩洛哥,其中斯威士兰制造业占 GDP 比例高达 37.4%,其余 12 个国家制造业占 GDP 比例处于 10%—20%,高于世界平均水平 14.7% 的国家只有 6 个,分别为刚果(金)、毛里求斯、斯威士兰、埃及、突尼斯、摩洛哥;服务业占 GDP 比例高于 60% 的国家有:乍得、厄立特里亚、冈比亚、莱索托、毛里求斯、纳米比亚、圣多美和普林西比、塞内加尔、塞舌尔、南非、突尼斯,其中乍得、毛里求斯和塞舌尔三国服务业占 GDP 比例超过 70%,高于世界平均水平 68.5%,其余 8 个国家均在 60%—70%,但低于世界平均水平。

表 1-6 非洲国家产业结构特征(2014 年)

(单位:%)

农业/GDP	工业/GDP	制造业/GDP	服务业/GDP
30%—50%:肯尼亚(30.2)、马拉维(30.8)、坦桑尼亚(31.5)、卢旺达(33.1)、布基纳法索(34.2)、科摩罗(35.6)、尼日尔(36.5)、布隆迪(39.3)、马里(40.3)、埃塞俄比亚(41.9)、多哥(42.0)、几内亚比绍(43.9)、中非(47.8)	30%—50%:喀麦隆(30.1)、纳米比亚(31.8)、莱索托(31.9)、赞比亚(32.9)、刚果(金)(33.2)、几内亚(37.6)、博茨瓦纳(38.7)、埃及(39.0)、毛里塔尼亚(39.2)、斯威士兰(44.1)、阿尔及利亚(45.7)	10%—20%:马拉维(10.3)、纳米比亚(10.7)、津巴布韦(11.9)、塞内加尔(13.1)、南非(13.3)、喀麦隆(14.3)、贝宁(14.4)、埃及(16.4)、毛里求斯(16.5)、突尼斯(16.7)、刚果(金)(17.8)、摩洛哥(18.2)	60%—70%:塞内加尔(60.7)、纳米比亚(61.0)、突尼斯(61.9)、冈比亚(62.8)、厄立特里亚(63.0)、圣多美和普林西比(66.5)、莱索托(68.1)、南非(68.1)

续表

农业/GDP	工业/GDP	制造业/GDP	服务业/GDP
50%以上:塞拉利昂(54.1)、乍得(52.6)	50%以上:加蓬(57.5)、刚果(布)(69.4)、利比亚(78.2)	20%以上:斯威士兰(37.4)	70%以上:乍得(74.7)、毛里求斯(73.3)、塞舌尔(71.1)

注:利比亚工业/GDP 数据为 2008 年;厄立特里亚服务业/GDP 数据为 2009 年。
资料来源:世界银行。

从世界银行统计数据可以看出,非洲国家的产业结构具有以下特征。

第一,非洲国家的产业结构比较畸形。农业在许多非洲国家的 GDP 中所占比例过高,2014 年农业占 GDP 比例超过 30%的非洲国家有 15 个,超过 20%的国家有 29 个,而世界平均水平为 3.9%。非洲地区工业占 GDP 的比重虽然与世界平均水平差不多,有些年份甚至还高于世界平均水平,但大部分都以采掘业为主,制造业明显落后,高于世界制造业平均水平的非洲国家只有 6 个。这说明虽然经过了长期的经济发展,非洲许多国家的经济依然没有摆脱单一产业为主的经济结构,依然严重依赖农业和采掘业,以原始农业和能源、矿产资源开采为主。单一产业结构更容易受到外部环境的影响,一旦国际大宗商品市场出现价格波动,非洲国家的经济发展将受到严重冲击。

第二,工业以采掘业为主,制造业落后于世界水平。非洲工业占 GDP 的比重虽然不低,但其工业是以采掘业为支柱,依靠出口石油、天然气、磷酸盐、铀、铁、钻石等资源,是资源密集型行业,缺乏相关产业链的深加工,制造业落后于世界平均水平,也缺乏劳动密集型产业,难以解决新增劳动力的就业问题。石油已经成为阿尔及利亚、利比亚、尼日利亚、安哥拉、加蓬、刚果(金)等国的经济支柱,成为最主要的外汇来源和经济增长的主要推动力。博茨瓦纳依靠丰富的钻石资源和长期的政治稳定,获得了较好的发展。斯威士兰、几内亚等国在农业发展的基础上,积极推动资源型加工工业的发展,并取得了较快的经济增速。

第三,农业和服务业所占比重偏高。随着非洲国家进行农业改革,农业对国民经济的贡献有所下降,从 1995 年的 22.9% 下降到 2014 年的 17.1%,但是距离世界平均水平(3.9%)还有很大的差距,要全面提升非洲农业发展水平还需要较长的一段时间。许多非洲国家农业水平较为落后,缺乏基础的农业灌溉设施和相关的配套服务。服务业在非洲各国国民经济中的比重一直在增大,非洲的服务业对 GDP 的贡献从 1995 年的 43.5% 上升到 2014 年的 56.5%,虽然离 2014 年世界平均水平 68.5% 还有一定的差距,但是非洲的服务业发展很快,特别是电子通信业的发展,为其他产业的发展提供了便捷的服务。

二、非洲制造业发展状况

(一)非洲制造业发展水平低且呈下降趋势

根据 UNCTAD 的统计数据可知,非洲制造业对国内生产总值(GDP)的贡献在 1990 年达到巅峰,此后呈现下降趋势(见表 1-7)。非洲制造业在 GDP 中的份额从 1970 年的 12.98% 上升到 1990 年的 14.71%,此后制造业占 GDP 的比重从 1990 年的 14.71% 下降到 2014 年的 10.38%。相比于世界和其他发展中国家和地区,非洲地区制造业的规模也不大,非洲制造业占 GDP 的比重低于世界平均水平和发展中经济体水平,同期世界制造业占 GDP 的份额均在 16% 以上,发展中经济体制造业占 GDP 的份额均在 14% 以上,而除南非外,非洲其他地区绝大多数年份制造业占 GDP 的份额基本都在 14% 以下。自 1990 年以来在非洲大陆,除西非外其他地区制造业对 GDP 的贡献均呈现明显的下降趋势。1990—2014年,在东非制造业占GDP的份额从16.16%下降到8.28%;在南非,这一比重从22.37%下降到13.3%;在中非,则从9.91%下降到6.94%;在北非,从14.12%下降到11.76%。从各区域的比较来看,南非、东非和北非制造业的发展情况优于中非和西非。

表1-7　非洲各区域工业和制造业产值占GDP的比重(1970—2014年)

(单位:%)

地区	产业	1970年	1980年	1990年	2000年	2010年	2011年	2012年	2013年	2014年
世界	工业	37.25	37.42	32.35	28.88	29.29	30.05	29.93	29.66	29.5
	制造业	25.75	22.48	20.63	17.19	16.68	16.72	16.57	16.48	16.49
发展中经济体	工业	33.03	41.71	36.89	36.62	38.96	39.89	39.42	38.48	37.98
	制造业	15.09	14.85	18.65	15.49	21.09	20.81	20.51	20.37	20.25
非洲	工业	29.4	36.74	33.04	33.94	34.48	35.06	35.46	33.73	32.99
	制造业	12.98	11.47	14.71	13.33	10.38	10.03	9.78	9.99	10.38
东非	工业	25.08	25.56	23.65	18.84	20.87	21.76	22.3	22.54	22.64
	制造业	16.16	17.31	16.13	11.55	9.58	9.87	8.9	8.59	8.28
中非	工业	35.67	37.18	34.16	50.13	54.43	57.89	57.58	53.1	53.5
	制造业	9.91	12.58	10.7	8.49	7.14	6.54	6.6	6.74	6.94
北非	工业	35.25	50.47	36.84	39.04	42.49	40.16	42.04	39.38	38.12
	制造业	14.12	9.6	13.58	13.19	11.5	11.01	10.64	10.97	11.76
南非	工业	38.38	47.91	40.33	32.64	30.48	30.47	30.15	30.45	30.19
	制造业	22.37	21.25	23.07	18.68	14.39	13.4	13.17	13.25	13.3
西非	工业	20.64	26.09	23.31	27.62	24.7	27.68	27.03	26.02	25.04
	制造业	6.28	6.98	8.55	9.97	7.25	7.72	8.11	9.02	9.7

资料来源:联合国贸易和发展会议数据库。

(二)非洲制造业结构

根据联合国工业发展组织的统计数据可以发现如下特征(见表

1-8）。首先，总体来看，非洲制造业产值年均增速下降，占全球制造业产值的份额仍然很低。2009年金融危机以前，非洲制造业发展情况相对较好，制造业产值年均增速较快，之后受金融危机影响速度明显放缓，2000—2009年非洲制造业产值年均增长速度为9.2%。分产业来看，同期5个制造业细分产业的年均增长速度高于10%，其中办公、会计和计算器具产业更是高达30%以上；但金融危机发生后，2009—2012年除办公、会计和计算器具产业外，其他产业的年均增长速度均为负值。非洲占全球制造业的份额也是同样的情形，由2000年的0.63%上升到2009年的1.58%，之后，下降到2012年的0.41%。其次，长期以来，非洲严重依赖于资源型制造业和低技术制造业。资源型制造业（包括食品和饮料、烟草制品、木制品、纸和纸制品、焦炭和成品油、橡胶和塑料制品、非金属矿产品和基本金属）占非洲制造业总体的份额一直很高，基本都在1/3以上，2012年接近于1/2；低技术制造业（纺织品、服装和毛皮皮革制品和鞋类、印刷及出版、金属制品和家具）占非洲制造业总体的份额基本也都在1/3左右。最后，中高技术制造业（包括化学品和化学制品、机械设备，办公、会计和计算器具，电器机械及设备，广播、电视和通信设备，医学、精密光学仪器，汽车、挂车、半挂车，其他运输设备）占非洲制造业总体的份额不高，但近年来非洲在促进中高技术制造业发展方面已经取得一定进展。2000—2009年中高技术制造业产值年均增速为13.19%，增长迅速，同期资源型制造业产值年均增速为8.73%，低技术制造业产值年均增速为6.1%。同时中高技术制造业在非洲制造业总体的份额也从2000年的19.39%增加至2009年的26.82%，但受金融危机影响，2012年又降为11.55%。

表 1-8 非洲制造业结构（2000—2012 年）

（单位:%）

制造业部门	非洲制造业产值占总体的份额			年均增长速度		非洲制造业产值占世界的份额		
	2000 年	2009 年	2012 年	2000—2009 年	2009—2012 年	2000 年	2009 年	2012 年
15 食品和饮料	18.44	22.57	27.07	11.68	-33.16	1.02	2.68	0.84
16 烟草制品	2.12	1.69	6.19	6.47	-3.02	0.94	4.16	4.17
20 木制品	3.2	3.31	2.49	2.76	-49.53	0.96	1.56	0.2
21 纸和纸制品	7.05	3.73	5.26	2.51	-43.77	0.71	1.38	0.26
23 焦炭和成品油	0.92	0.62	1.13	5.88	-49.91	2.81	3.57	0.39
25 橡胶和塑料制品	2.71	1.57	0.81	5.44	-41.65	0.54	1.02	0.2
26 非金属矿产品	3.93	2.22	1.59	13.55	-23.43	0.8	2.64	1.4
27 基本金属	2.89	2.07	1.65	6.52	-42.16	1.01	1.92	0.37
资源型制造业	**41.26**	**37.78**	**46.19**	**8.73**	**-34.16**	**1.01**	**2.33**	**0.68**
17 纺织品	10.36	7.85	3.96	9.62	-42.83	0.75	3.14	0.76
18 服装、毛皮	7.53	7.36	11.66	1.74	-29.43	2.77	4.14	1.9
19 皮革制品和鞋类	3.91	2.85	2.27	4.47	-23.03	1.14	1.68	0.75
22 印刷及出版	4.97	7.07	12.74	5.23	-41.67	0.4	1.61	0.35
28 金属制品	7.13	5.7	4.43	7.95	-43.27	0.37	0.85	0.15
36 家具	4.14	3.73	2.74	7.52	-42.08	1.18	2.6	0.54
低技术制造业	**38.04**	**34.56**	**37.8**	**6.1**	**-38.61**	**0.75**	**0.8**	**0.42**
24 化学品和化学制品	2.97	4.82	0.81	8.93	-26.66	0.41	1.06	0.42
29 机械设备	–	0.01	0.09	15.24	-65.26	0.21	0.55	0.03
30 办公、会计和计算器具	3.27	3.87	3.2	33.18	40.03	—	—	—
31 电器机械及设备	0.77	0.44	0.47	11.29	-40.99	0.45	1.43	0.29
32 广播、电视和通信设备	0.26	0.37	0.22	2.51	-35.53	0.07	3.35	—
33 医学、精密光学仪器	6	3.39	2.01	13.39	-47.33	0.05	2.96	0.64
34 汽车、挂车、半挂车	0.28	0.71	0.78	2.51	-47.14	0.48	0.73	0.08
35 其他运输设备	5.84	5.08	3.97	21.27	-35.29	0.06	0.42	0.12
中/高技术制造业	**19.39**	**26.82**	**11.55**	**13.19**	**-45.19**	**0.28**	**1**	**0.16**
制造业	**100**	**100**	**100**	**9.2**	**-37.08**	**0.63**	**1.58**	**0.41**

注:"—"指数值过小,"37 回收利用"未放入。

资料来源:联合国工业发展组织。

中高技术制造业占非洲制造业总体的份额增长是非常重要的,技术密集型制造业有更大的学习效应,并且对其他经济部门有更多的溢出效应;此外,技术密集型制造业还能产生更高的附加值,并施加更高的进入壁垒。而简单的行业如资源型制造业和低技术制造业一旦竞争日趋激烈,产生的利润便会较低而且不可持续;但资源型制造业和低技术制造业部门一般不需要强大的人力资本基础,是大多数发展中国家开始工业化的主要切入点。

(三)非洲制造业企业特征

非洲制造业企业占主导地位的是小公司,企业规模流动性偏低,企业之间互动性差。

非洲制造业的一个重要特征就是在企业数目和企业平均规模方面的优势薄弱。大体都是部分规模很小的工业企业和一些主要存在于原材料和采掘部门的大型企业(往往是外资或国有)共存的情况。值得注意的是,这些小微非洲企业中绝大比例是非正式的企业。此外,在企业规模分布上的一个特点是"中层缺失",也就是说很少有中小企业(Bigsten 和 Söderbom,2006)。从长期经济增长的角度看,非洲企业的平均规模小是个很大的问题,因为公司规模及出口活动与生产率息息相关(Rankin 等,2006)。小公司往往比大公司的生产力差很多。

非洲国家除了在企业规模分布上表现出大量的微型和小型企业的特征外,另一个显著的特征是企业规模的流动性也非常低。换句话说,就是微型和小型企业很难成为中型企业,中型企业很难成为大型企业(Sandefur,2010;Van Biesebroeck,2005b)。此外,一些大中型企业制造业产值和出口总额占据了绝大多数的非洲总体制造业产值和出口总额。例如,在埃塞俄比亚,31 个大中型企业的出口总额约占埃塞俄比亚出口总额的一半(Sutton 和 Kellow,2010)。除了产业集群内的相关企业,非洲企业之间缺乏互动是一个值得关注的问题。因为企业之间的联系对提高企业竞争力有积极的作用。双方的合作(规模经济以及范围经济,创新、学习和技能发展)和集聚(增加了当地获得熟练劳动力、投入和机械的可能性)有利于企业的发展(Altenburg 和 Eckhardt,2006)。

第三节　非洲制造业发展战略及其反思

非洲国家工业落后、制造业发展不足的现象依然严峻,据世界银行统计数据,1990—2014 年撒哈拉以南非洲地区工业增加值占世界的比重均在 3% 以下,1991—2014 年撒哈拉以南非洲地区制造业增加值占世界的比重均在 2% 以下。大部分非洲国家制造业增加值对国内生产总值的贡献较低。但制造业发展是发展中国家和后发展国家加快工业化进程的必经之路。因地制宜实施正确的工业化与制造业发展战略,是推动制造业发展的关键所在。独立以后非洲国家先后遵循过进口替代战略和出口导向战略来发展制造业,企图助推本国工业化;然而,经过几十年的实践探索,非洲大陆多数国家并未在加快工业化进程上取得很好的成绩。非洲对工业化尤其是制造业的探索之路,有许多共性的经验和教训。

一、独立后非洲工业化发展战略的探索

在取得独立后的早期发展阶段,非洲国家主要采取高度的保护政策来促进进口替代,本质上,这是一种保护性的工业发展战略,在一定程度上推动了非洲国家制造业的发展。然而,一旦制造业生产体系的雏形建立,这种扶持性制造业发展战略的弊端也会逐渐展现出来。由

于违背经济资源优化配置的原则,进口替代型的工业化战略在许多非洲国家的工业中扶持了低效率营运和高成本的企业,这种战略慢慢被部分国家所放弃。20世纪90年代以来,全球矿产品等资源类产品价格大幅上涨,非洲国家凭借其资源优势吸收了大量的外国投资,有限的经济资源逐渐向资源开采和贸易部门侧重,由此形成了资源出口型导向战略。虽然短期内矿制品加工等制造业行业得到了快速发展,但也导致制造业结构单一,缺乏可持续发展后劲。与此同时,由于资源出口导向型国家制造业往往处于全球产业链的前端,在经济全球化浪潮下,全球经济的波动在这些经济体中会被放大。单纯地依靠出口发展战略,也不能从本质上提升非洲国家制造业的国际竞争力。

(一)进口替代发展战略

20世纪60年代大多数非洲国家选择了进口替代发展战略,以满足内部需求来带动本国工业发展。进口替代发展战略指一国采取如关税保护、进口配额等各种措施,通过促进本国国民经济所需工业品的生产,限制外国同类工业品的进口,以产品的本国生产替代进口,促进本国工业和制造业的发展。进口替代发展战略分为两个阶段:首先是消费品国内生产代替国外进口,如食品和饮料、烟草制品等农产品加工业和纺织品、服装和毛皮等轻工制造业产品;其次是资本品和中间产品的国内生产代替国外进口,如电器机械、机械设备和运输设备等中高技术制造业产品。进口替代实际上是一种贸易保护政策,在非洲国家工业发展的初期起到了一定的促进作用。非洲国家先保护和替代消费品,完成后就进而转向资本品和中间品的保护和替代,作为一种制造业发展战略,具有明显的促进作用。20世纪60—70年代,非洲国家工业发展水平较快,1965—1973年撒哈拉以南非洲国家的工业增加值年均增长率高达13.5%,同时占GDP的比重提高到24%(姜忠尽、尹春龄、

1991）。

但是推行进口替代战略也给非洲国家带来了不利的影响。首先，这种工业和制造业的发展是在非洲国家的高度保护政策下进行的，替代产业的企业没有提高产品质量和生产效率的动力，使产品在国际市场上的竞争力很弱。其次，消费品保护和替代阶段中，生产使用的中间产品和原材料等主要依赖进口，增加产品生产成本的同时也使外汇日益短缺。最后，由于技术和管理经验的缺乏，非洲国家没有有效的经济机制使得进口替代由消费品转向资本品和中间品。

（二）出口导向发展战略

非洲国家在推行进口替代战略过程中遇到的一系列问题促使其调整战略和政策，转向出口导向发展战略，以借助外部需求带动本国工业发展。即通过出口退税或出口补贴等各种措施，促进国内加工工业的发展，逐步用低技术制造业产品出口代替资源型产品出口，用中高技术制造业产品出口代替低技术制造业产品出口，促进本国工业和制造业的发展。出口导向发展战略也分为两个阶段：首先是通过促进低技术的轻工制造业行业产品的出口，来替代资源型产品的出口，如促进发展农产品加工业和劳动密集型产品加工业的产品出口；其次是以中高技术制造业产品的出口来替代轻工制造业行业产品的出口，如促进本国资本和技术密集型产品的出口。出口导向发展战略是以本国比较优势为基础来发展相关产业，并根据比较优势的动态变化适时调整自身的产业发展政策。非洲国家利用其资源丰富及劳动力廉价的优势，大力发展出口加工工业，建立出口加工区。一些依靠出口农矿产品和石油资源的非洲国家纷纷建立起一系列的加工工业部门，产品主要面向国际市场。

出口导向发展战略也为非洲国家带来了一些不利影响。首先，出口导向战略使这些国家工业和制造业的发展依赖世界市场,容易受到世界市场经济波动的冲击,如上节中我们看到的,2008 年全球金融危机对非洲制造业各行业的发展冲击都很大。其次,非洲国家技术水平较低,使得出口加工企业仍局限于农矿产品的初加工或半加工生产和低端制造业的加工生产,没有开发新产品的能力,在世界市场上竞争力较弱。最后,出口加工业主要面向世界市场,同时人均收入低、购买力弱,使得加工工业更加依赖世界市场,为了追求出口收益可能会使出口主导行业更容易局限于某些少数行业,不利于产业结构的优化。

总体来说,独立后非洲国家运用过两种不同的发展战略推进制造业的发展,两种战略都对非洲国家制造业的发展起了一定的促进作用,但也存在局限性。经过多年的努力和奋斗,大多数非洲国家并没有在工业化的道路上取得很大的进步。自 20 世纪 80 年代开始,许多非洲国家总结过去发展战略的经验,并积极探寻应采取何种战略才能推动制造业健康、快速地发展(陈宗德,2003)。

二、非洲未来工业化发展战略

一些非洲国家和机构也在不断反思走出上述两种发展战略的困境,有意识地努力打造自身的制造业体系。非洲各国和各机构积极推出一些工业化和制造业发展的战略和政策。

近年来,非洲区域组织和次区域组织不断推出非洲工业化和制造业发展战略。由表 1-9 可知,非盟、非洲发展银行、东非共同体、南部非洲共同体和西非国家经济共同体等推出了一系列的战略或政策来促进非洲整体或次区域制造业的发展。以区域组织非盟为例,2001 年、2008 年和 2015 年非盟先后通过了"非洲发展新伙伴关系""加速非洲工业化发展行动计划"(倪涛等,2014)和"2063 年议程的前十年

（2014—2023）规划"（Africa Union，2015），旨在实现非洲工业化可持续发展，加快以制造业为主的工业化，发展劳动密集型制造业，提高产品附加值；吸引外资促进生产与出口的多样化，特别是农工业、制造业等领域的多样化；注重农产品加工业发展，到2023年时实现农业要素生产率翻倍等目标（Africa Union，2015）。以次区域组织东非共同体为例，2012年该组织推出"2012—2032年东非共同体工业化战略"，旨在促进区域内工业化发展，到2032年实现制造业多元化，制成品出口中本地增加值提高到40%以上，加强国家和区域机构设计和管理产业政策的能力，加强制造业部门的研发、技术和创新能力，制造业出口与进口的比值提升到25%，制造业出口占总出口的份额提升至60%等目标（African Development Bank，2014）。

表1-9　部分非洲组织机构的制造业发展战略

组织机构	年份	战略规划	主题/制造业目标
非盟	2001	非洲发展新伙伴关系	非洲走上可持续工业化道路，发展劳动密集型制造业，提高产品附加值；吸引外资促进生产与出口的多样化，特别是农工业、制造业等领域的多样化；注重农产品加工业发展，到2023年时实现农业要素生产率翻倍
	2008	加速非洲工业化发展行动计划	
	2015	2063年议程的前十年（2014—2023）规划	
非洲发展银行	2016	非洲2016—2025年工业化战略	预计投资560亿美元，通过培育工业化政策、加速基础设施和工业项目的支持、提高资本市场流动性、促进企业发展、增进战略伙伴关系以及发展高效的工业集群等6项计划来实施
东非共同体	2012	2012—2032年东非共同体工业化战略	促进区域内工业化发展，到2032年实现制造业多元化，制成品出口中本地增加值提高到40%以上，加强国家和区域机构设计和管理产业政策的能力，加强制造业部门的研发、技术和创新能力，制造业出口与进口的比值提升到25%，制造业出口占总出口的份额提升至60%

续表

组织机构	年份	战略规划	主题/制造业目标
南部非洲共同体	2015	2015—2020年发展规划 工业发展战略 区域发展指导计划	将工业作为最优先发展行业,其次是制造业;有效利用资源,增加产品附加值;提高产品多样化,增强区域竞争力;建立共同市场,加强基础设施建设;2063年前走上高科技产业道路
西非国家经济共同体	2010	工业发展共同政策	加强西非工业多样化发展,到2030年将原材料本地加工比例提高至30%;制造业对GDP的贡献率提高至20%;区域内制造业产品贸易达到50%;西非地区对世界市场制造业出口份额提升至1%以上

资料来源:African Development Bank,"Eastern Africa's Manufacturing Sector:Promoting Technology,Innovation,Productivity and Linkages",*African Development Bank*,2014,pp.27-28;Africa Union Commission,"Agenda 2063 First Ten-Year Impmentation Plan 2014-2023",Africa Union Commission,2015,pp.16-22;倪涛、李凉、孙健、吴刚、车斌:《非洲工业化有望迎来快速发展阶段》,《人民日报》2014年8月5日。

  非洲各国也陆续制定推进其本国工业化和制造业的发展战略。由表1-10可知,布隆迪、埃塞俄比亚、肯尼亚、卢旺达、乌干达、坦桑尼亚、尼日利亚、摩洛哥、博茨瓦纳和南非等国均推出了一系列的战略或政策来促进本国制造业的发展。以埃塞俄比亚为例,该国于2001年、2010年和2015年分别通过了"工业发展战略""2010/2011—2014/2015增长与转型计划"和"2015/2016—2019/2020增长与转型计划",计划对纺织及服装业、皮革及皮革制品行业、农产品加工业等制造业行业给予特别支持,打造工业园区、产业园区,加强联通吉布提的基础设施项目建设、面向全球市场,旨在实现制造业成为本国经济主导部门的目标;以肯尼亚为例,该国于2008年、2012年和2013年陆续推出"肯尼亚2030展望""工业发展总体规划""国家工业政策框架"和"2013—2017中期计划Ⅱ",旨在实现提高原材料本地增加值,将制造业产值占

GDP 的比重提升至 15%,维持制造业产值 10% 的增长率,改善边境基础设施,打造出口加工区和经济特区,增加自由贸易协议的签订等目标。

表 1-10　部分非洲国家的制造业发展战略

国家	年份	战略规划	主题/制造业目标
布隆迪	2006	减贫战略框架 2（CSLP II），布隆迪 2025 展望	农产品加工主导的工业化;对出口部门给予优先支持;改善边境基础设施
埃塞俄比亚	2001	工业发展战略	制造业成为经济的主导部门,对纺织及服装业、皮革及皮革制品行业、农产品加工业等制造行业给予特别支持;打造工业园区、产业园区;加强联通吉布提的基础设施项目建设,面向全球市场
	2010	2010/2011 — 2014/2015 增长与转型计划	
	2015	2015/2016 — 2019/2020 增长与转型计划	
肯尼亚	2008	肯尼亚 2030 展望	提高原材料本地增加值;将制造业产值占 GDP 的比重提升至 15%;维持制造业产值 10% 的增长率;改善边境基础设施;打造出口加工区和经济特区;增加自由贸易协议的签订
		工业发展总体规划	
	2012	国家工业政策框架	
	2013	2013—2017 中期计划 II	
卢旺达	2000	卢旺达 2020 展望	从农业经济体转型为知识型经济体;将工业产值占 GDP 的比重提升至 20%;增加自由贸易协议的签订;打造产业集群
	2011	国家工业政策	
	2013	2013—2018 经济发展和减贫战略 II	
乌干达	2008	国家工业政策	提高原材料和农产品加工的本地增加值;到 2040 年实现:工业产值占 GDP 的比重提升至 31%,制成品出口份额提升至 50%,工业部门劳动力份额提升至 26%,工业部门劳动生产率提升至 24820 美元,提高吸收技术转移和溢出的能力,研发支出占 GDP 的比重提升至 2.5%
	2010	5 年国家工业部门战略计划	
	2013	乌干达 2040 展望	
坦桑尼亚	1996	可持续工业发展政策	将制造业增速提升至 12.1%;以经济发展特区和出口加工区加快制造业发展
	1999	2025 坦桑尼亚展望	
	2011	2011/2012 — 2015/2016 五年发展规划	

续表

国家	年份	战略规划	主题/制造业目标
尼日利亚	2010	2010—2020 年制造业发展目标	增强制造业对国内生产总值的贡献,预计 2019 年将制造业产值占 GDP 的比重提高到 10%;2013 年前把生产成本降低 25%,将制成品进口比重降至 55%,将制成品出口比重提高至 20%;到 2020 年时将制造业平均产能利用率提升至 65%;产品国产化率年均提高 5%
	2014	工业革命计划	
摩洛哥	2014	2020 年加速工业发展计划	计划通过吸引外资来加速农产品加工业、纺织及服装业、家电、电子等行业的发展
博茨瓦纳	1997	制造业发展计划	发展纺织、机动车装配、电器、服装和珠宝等规模较小但增长迅速的行业
南非	2013	2013—2014 年工业政策行动计划	加快工业化,促进纺织、服装等劳动密集型加工制造业的发展

资料来源：African Development Bank, "Eastern Africa's Manufacturing Sector: Promoting Technology, Innovation, Productivity and Linkages", *African Development Bank*, 2014, pp.27-28。

近年来,部分学者们的关注点转移到亚洲国家的产业结构调整和非洲工业化的关系问题上。佩奇(Page,2012)指出,成本的上升以及亚洲国内需求的扩大为非洲工业化提供了机遇,改善投资环境应更多地注重基础设施和技术的差距,而不是管理上的改革;同时非洲各国应出台更多推动出口、建立企业产能并支持产业集聚的政策;非洲工业化成功与否也在很大程度上取决于新的国际投资者的态度以及政策如何被实施。阿耶蒂和莫约(Aryeetey 和 Moyo,2012)则强调了国家当局在工业化战略中的重要作用,认为非洲可以借鉴许多东亚国家追求结构转型和工业化的经验,根据自己当前的企业的实际生产能力和资源禀赋条件等实际情况来设定目标,同时制定清晰的结构转型和工业化战略,最重要的是必须坚持既定的政策,并随着环境的改变而作出相应的调整和修改。莫里斯和费塞海尔(Morris 和 Fessehaie,2014)认为只有大力发展制造业才能真正地减轻非洲的贫困并实现可持续发展,同时还应注重提高企业的竞争力并发展主导企业。

从非洲国家和机构的政策实践探索以及已有学者研究来看，非洲国家制造业发展应立足于比较优势，提高农产品加工业、纺织服装业、家电和电子等产业上的竞争优势，延伸制造业产业链，主动承接亚洲国家尤其是中国轻工制造业、汽车装配以及建材业等产业的转移，形成具有非洲自身特色的制造业发展体系。

21世纪以来，国际经济环境发生新的变化，亚洲国家尤其是中国产业结构调整和升级，大量劳动密集型产业开始向外转移。虽然非洲现阶段工业化程度不高，制造业占国民生产总值的比重也不高，但近年来非洲经济快速发展，人均收入水平的提高使非洲中产阶层的规模不断扩大，再加上丰富的自然资源、廉价的劳动力、不断完善的基础设施，非洲国家工业化和制造业发展战略也应顺应形势作出一定的调整，抓住国际产业转移的新机遇，积极承接制造业的转移，促进非洲制造业的发展，加快其工业化进程。

本章主要对非洲国家经济发展的特征事实进行了梳理概括，并对非洲国家制造业发展状况做了深入讨论，可以看到：非洲国家在2000年后开始呈现稳健的增长态势，尤其是撒哈拉以南非洲经济呈现出积极的增长趋势，平均增长率高于全球平均水平，同时近年来非洲非资源型国家增长速度明显增快；但与此同时，本章也可以看到，非洲不同国家间的经济社会发展不平衡。相比于世界其他地区，非洲国家的产业结构明显特征是农业所占比重较高，而工业集中于采掘业，制造业和服务业所占比重较低；长期以来，非洲制造业发展水平低，依赖于资源型制造业和低技术制造业，但近年来中高技术制造业发展方面已经取得了一定进展；非洲制造业企业小公司占主导地位，企业规模流动性低，企业之间互动性差。非洲国家在独立后,为促进制造业发展,陆续探索了进口替代战略和出口导向战略;虽然在前期这些制造业发展战略都取得了一定的成效,但局限性也较为明显,非洲国家制造业产值在 GDP 中的占比依然普遍偏低。部分非洲国家开始反思走出上述两种发展战略的困境,有意识地努力打造自身的制造业体系。非洲各国和各机构也积极推出一些工业化和制造业发展的战略和政策,本章对此做了初步的归纳梳理。着眼于未来,本书认为,非洲国家工业化和制造业发展战略应主动顺应国际经济环境的变化,抓住国际产业转移的新机遇,主动承接国际产业转移。

第二章　非洲 FDI 流入及中国对非洲投资的特征事实

第一节　非洲 FDI 流入的特征事实

一、FDI 流入规模及其变化特征

在相当长的时期内,非洲外国直接投资的流入远远落后于世界其他国家和地区。2000 年以来世界经济的普遍繁荣,使非洲地区改变了 1980—1990 年经济增长缓慢的状况,宏观经济形势整体变好,再加上许多非洲国家采取政策鼓励外国资本流入,逐渐吸引了世界投资者的注意,非洲地区的外国资本流入规模也显著增加。根据联合国贸易和发展会议(United Nations Conference on Trade and Development, UNCTAD)数据库的统计数据,1970—2016 年非洲外国直接投资流量的变动情况可以分为三个阶段。

第一阶段,1970—1989 年,非洲外国直接投资低水平徘徊时期。20 世纪 80 年代,科学技术尤其是交通和通信技术的飞速发展使得世界资本流动出现快速增长的态势。世界外国直接投资流量从 20 世纪 70 年代的年均 239.69 亿美元,猛增至 20 世纪 80 年代的年均 929 亿美元,增长了 2.88 倍。而同期大多数非洲国家的经济发展水平较低,人

均收入的绝对数额很低,非洲吸引的外国直接投资额较少,1970—1979年、1980—1989年的外国直接投资年均流入额仅为11.24亿美元和22.02亿美元(见表2-1)。

第二阶段,1990—1999年,非洲外国直接投资流入规模缓慢上升时期。20世纪90年代,世界外国直接投资流量继续呈现快速发展的态势,年均流入额达到4021.26亿美元,比20世纪80年代增长了3.3倍。1990—1999年,非洲国家经济形势也普遍好转,经济调整取得初步成效,投资环境有所改善,非洲外资流入额呈现稳步上升的态势,年均外资流入额为67亿美元。这一时期非洲外国直接投资流入量有所增长,但速度却低于其他发展中国家,因此非洲外资流入额占世界和发展中国家的比重出现大幅下降。非洲外资流入额占世界和发展中国家外资流入总额的比重分别从1980—1989年的2.37%和10.69%,下降到1990—1999年的1.67%和5.68%(见表2-1)。

第三阶段,2000—2016年以来,非洲外国直接投资流入规模迅速增长时期。2000年以来,随着全球化进程的加快,世界外国直接投资流入额继续保持高速增长,2000—2016年的年均流入额高达12827.70亿美元。非洲大陆的外资流入规模也显著增加,从2000年的96.2亿美元迅速提升至2008年的577.7亿美元,增长了5倍;随后受国际金融危机的不利影响有所下降,2010年非洲外资流入额降为440.7亿美元,危机过后外资流入额继续上升,2016年非洲外资流入额为593.73亿美元。这一时期,非洲外资流入额快速增长的主要原因有两个:第一,发展中经济体的崛起使得国际市场上对初级产品的需求量日益增长,导致非洲资源驱动型的外资流入迅猛增加;第二,部分非洲国家的私有化进程加快,商业环境逐步改善,市场驱动的外资流入也不断增加。

近年来,虽说非洲获得的外国直接投资有所增加,但在世界总量中的比例依然很低,处于边缘化的地位。尽管 2000 年以来非洲外资流入的绝对数额呈现了较大幅度的增加,但非洲在世界外资流入格局中的地位却不及 20 世纪 70 年代的水平。1970—1979 年非洲外资年均流入额占世界和发展中国家外资年均流入总额的比重分别为 4.69% 和 18.98%,但是到 2000—2016 年这两个比例分别下降为 3.90% 和 10.35%,落后于同期其他发展中地区(见表 2-1)。

表 2-1　非洲与世界其他经济体年均吸收 FDI(流量)比较(1970—2016 年)

阶段	年份	世界(亿美元)	发达经济体(亿美元)	发展中经济体(亿美元)	非洲(亿美元)	非洲年均占世界比重(%)	非洲年均占发展中经济体比重(%)
第一阶段	1970—1979	239.69	180.48	59.22	11.24	4.69	18.98
	1980—1989	929.00	722.93	205.99	22.02	2.37	10.69
第二阶段	1990—1999	4021.26	2796.50	1180.53	67.00	1.67	5.68
第三阶段	2000—2016	12827.70	7468.94	4839.92	500.78	3.90	10.35

资料来源:联合国贸易和发展会议数据库。

二、FDI 国别分布特征

外国直接投资在非洲大陆的地域分布较为集中,基于资源寻求型和市场寻求型的投资动机,外国直接投资主要流入拥有丰富的矿产资源、经济发展水平较高、宏观经济环境较为稳定、经济更加开放的非洲国家。

首先,从地区分布来看,得益于丰富的石油和天然气资源,长期以来外国直接投资主要流入北非地区。表 2-2、表 2-3 显示,2000—2010 年北非吸收的外国直接投资流量平均在非洲的占比高达 38.89%,存量平均占比为 34.08%。2011 年政治的动荡使得流入北非地区的外国直接投资占比大幅下降,为 15.82%,之后又迅速增加,2016 年该数值上升为 24.40%。西非地区也是非洲外国直接投资的重流入地,2000—2010 年西非吸收的外国直接投资流量平均占比高达 21.98%,2011 年西非地区超过北非地区成为非洲外国直接投资流入最多的地区,吸收的外国直接投资占比为 39.74%,其中尼日利亚和加纳是西非地区吸收外国直接投资最多的国家。近年来,东非地区的外国直接投资也逐渐增加,2013 年东非地区吸收的外国直接投资流量占比增加为 27.46%。由于南非是非洲地区吸收外国直接投资最多的国家,因而南非地区的外国直接投资总体规模比较大,2000—2010 年平均流量占比为 15.41%。中非地区吸收外国直接投资规模较小,且波动较大,2000—2010 年中非地区吸收的外国直接投资流量占比为 12.48%,2012 年下降为 4.21%,2013 年则进一步下降为 3.06%,2016 年则又增加至 12.12%。

表2-2 非洲各地区吸收的外国直接投资流量占比(1970—2016 年)

(单位:%)

年　份	东非地区	中非地区	北非地区	南非地区	西非地区	撒哈拉以南地区
1970—1979	11.17	15.52	16.37	10.68	46.27	83.81
1980—1989	6.85	15.30	40.65	5.18	32.03	59.65
1990—2000	13.33	10.37	29.65	15.33	31.32	71.70
2000—2010	11.24	12.48	38.89	15.41	21.98	65.37
2011	21.14	9.47	15.82	13.83	39.74	87.81
2012	25.37	4.21	30.39	11.11	28.92	73.70
2013	27.46	3.06	25.31	17.85	26.33	77.82
2014	26.81	14.61	22.71	12.20	23.67	79.66
2015	25.75	15.44	21.22	16.02	21.57	81.59
2016	24.71	12.12	24.40	14.51	24.26	77.39

资料来源:联合国贸易和发展会议数据库。

表 2-3　非洲各地区吸收的外国直接投资存量占比(1980—2016 年)

(单位:%)

年　份	东非地区	中非地区	北非地区	南非地区	西非地区	撒哈拉以南地区
1980—1989	8.41	8.18	33.14	32.59	17.69	67.01
1990—1999	8.22	7.99	36.18	22.42	25.18	64.11
2000—2010	8.62	9.94	34.08	30.32	17.04	68.30
2011	9.62	8.98	34.15	28.43	18.82	68.77
2012	11.11	8.06	33.78	26.89	20.17	69.28
2013	12.89	7.88	34.38	23.85	20.99	68.77
2014	14.38	8.66	33.71	21.83	21.42	69.49
2015	15.12	14.47	32.15	17.64	20.62	71.07
2016	15.36	15.65	31.01	17.67	20.30	72.04

资料来源:联合国贸易和发展会议数据库。

其次,从国别的视角来看,外国直接投资在非洲大陆的分布也比较集中。由 2011 年非洲经济展望报告可知,2000—2009 年,非洲 15 个石油出口国占到非洲外国直接投资流入总额的 75%,占到来自经济合作与发展组织(Organization for Economic Co-operation and Development, OECD)国家外资流入总额的 85%。由表 2-4 可知,2000 年非洲外国直接投资流入最多的前五位国家(尼日利亚、埃及、南非、安哥拉、突尼斯)占非洲吸引外国直接投资总额的份额为 52.9%,前十位国家占比为 70.1%。2016 年非洲外国直接投资流入最多的前五位国家和前十位国家占比均有所上升,分别为 56.6%和 75.5%。2016 年安哥拉、埃及、尼日利亚、加纳和埃塞俄比亚等国吸收的外国直接投资均超过 30 亿美元。由此可见,非洲外资流入的国别高度集中。

表 2-4　非洲外资流入额前十位国家（1970—2016 年）

1970 年	2000 年	2006 年	2009 年	2012 年	2014 年	2016 年
南非	尼日利亚	埃及	安哥拉	尼日利亚	南非	安哥拉
利比亚	埃及	尼日利亚	埃及	莫桑比克	刚果（布）	埃及
尼日利亚	南非	苏丹	尼日利亚	南非	莫桑比克	尼日利亚
加纳	安哥拉	突尼斯	南非	刚果（金）	埃及	加纳
利比里亚	突尼斯	摩洛哥	苏丹	加纳	尼日利亚	埃塞俄比亚
科特迪瓦	摩洛哥	利比亚	阿尔及利亚	摩洛哥	摩洛哥	莫桑比克
津巴布韦	苏丹	刚果（布）	利比亚	埃及	加纳	摩洛哥
喀麦隆	坦桑尼亚	阿尔及利亚	刚果（布）	刚果（布）	赞比亚	南非
肯尼亚	阿尔及利亚	乌干达	突尼斯	苏丹	坦桑尼亚	刚果（布）
赞比亚	毛里求斯	赞比亚	加纳	赤道几内亚	刚果（金）	阿尔及利亚
前五位在非洲占比77.5%	前五位在非洲占比52.9%	前五位在非洲占比66.3%	前五位在非洲占比58.7%	前五位在非洲占比46.8%	前五位在非洲占比47.5%	前五位在非洲占比56.6%
前十位在非洲占比84.6%	前十位在非洲占比70.1%	前十位在非洲占比85.5%	前十位在非洲占比77.5%	前十位在非洲占比72.7%	前十位在非洲占比72.8%	前十位在非洲占比75.5%

资料来源:联合国贸易和发展会议数据库。

三、FDI 产业布局特征

总体上,外国直接投资在非洲地区的投资产业日趋多样化。丰富的自然资源是非洲经济快速增长的重要影响因素。一直以来,流入非洲资源产业的外国直接投资规模最大。20 世纪 80 年代至 21 世纪初,非洲吸引的外国直接投资高度集中于自然资源领域。1980—1995 年,非洲的外国直接投资主要流入了第一产业,占外资流入总额的54.6%,流入第二产业的外资份额为 20.6%,流入第三产业的外资份额为 24.8%(朴英姬,2011)。由 2005 年非洲经济发展报告可知,1996—2000 年,流入非洲第一产业的外国直接投资份额为 55%。早期进入非洲大陆的跨国公司,如英国石油、埃克森美孚、雪佛龙等也主要投资非洲的石油产业。由 2002 年世界投资报告可知,1996 — 2000 年,对石油产业的投资占美国对非洲 FDI 流入总量的 60%。由 2005 年和 2006 年世界投资报告可知,2004 年安哥拉、埃及、赤道几内亚、尼日利亚的石油产业占外国直接投资流入量的比重分别高达 93%、64%、94%、90%。

但近年来,外国直接投资在非洲地区产业分布越来越多元化。2004 年以来,非洲第一产业吸收的外国直接投资呈现大幅下降趋势,相比之下,制造业和服务业的外国直接投资流入量呈现上升的趋势,2003 年第一产业占到非洲外国直接投资流入总量的 63%(401 亿美元),2004 年这一比例下降到 57%(235 亿美元),2005 年第二产业(主要是制造业)的外国直接投资流入量超过了第一产业,并且这种情况一直持续下去,到 2012 年,第三产业的外国直接投资流入量也超过了第一产业。据 2013 年非洲吸引力调查报告可知,2003 — 2012 年进入非洲石油和天然气产业的外国直接投资,虽然占非洲绿地投资总额的比重为 30%,但占非洲绿地投资项目总数的比重则仅为 7.8%。相比而言,进入制造业、服务业和基础设施等产业的非洲绿地投资规模增长迅速,由 2014 年世界投资报告可知,2004 年服务业的绿地投资占比为 13%,2013 年则快速增加至 63%,制造业 2004 年的占比为 34%,由于服务业吸收的外国直接投资更多,2013 年制造业吸收的外国直接投资下降为 26%,而第一产业占比则从 2004 年的 53% 大幅下降至 2013 年的 11%。并且,由表 2-5 可知,外国直接投资在非洲项目最集中的 10 个产业部门中,2003 — 2013 年煤、石油和天然气及矿产和金属部门占据非洲外国直接投资项目总数的 12.1%,而在初始年份 2003 年时占据 28.5% 的比例,说明这十多年里这一比重一直在下降。2003 — 2013 年

金融服务领域的外国直接投资新增项目占项目总数的份额最高,为
17.5%,而在初始年份 2003 年时占据 11.0% 的比例,说明金融服务业
吸收的外国直接投资项目呈现上升的趋势。此外,电信、媒体和科技,
消费品和零售(RCP),商业服务等产业也都呈现上升态势。同时由表
2-6 可知,从投资项目最集中的前十位产业部门的主要流入国家中可
以看出,南非是最主要的东道国。

表 2-5　非洲外国直接投资项目最集中的 10 个产业部门(2003—2013 年)

(单位:%)

产业部门	金融服务	电信、媒体和科技	RCP	商业服务	RHC	矿产和金属	煤、石油和天然气	运输和物流	DIP	汽车
项目总数	17.5	16.3	13.9	9.2	8.6	6.6	5.5	4.9	4.8	4.1
投资总量	2.1	8.7	4.8	1.0	22.9	14.2	31.8	2.3	1.3	2.7
创造就业	2.7	7.5	16.8	1.9	19.2	21.2	5.3	2.0	3.5	11.9

资料来源:Ernst, Yong, "EY's Attractiveness Survey Africa 2014: Executing growth", *EY's Attractiveness Survey*, 2014, p.31。

表 2-6　投资项目最集中的前十位产业部门的主要流入国家

(单位:%)

产业部门	2007—2011 年		2012—2013 年	
	国家	占比	国家	占比
金融服务	安哥拉	15.7	埃及	10.2
	埃及	10.5	南非	9.4
	南非	6.5	加纳	7.8
电信、媒体和科技	南非	23.7	南非	24.1
	摩洛哥	9.8	尼日利亚	11.9
	突尼斯	9.1	肯尼亚	9.6
消费品和零售	埃及	16.9	尼日利亚	14.7
	南非	11.7	南非	13.0
	摩洛哥	11.3	埃及	9.5
商业服务	南非	19.2	南非	25.8
	摩洛哥	17.1	肯尼亚	9.7
	埃及	10.7	摩洛哥	8.1

续表

产业部门	2007—2011 年		2012—2013 年	
	国家	占比	国家	占比
房地产、酒店管理与建设	摩洛哥	20.2	埃及	9.5
	埃及	12.1	阿尔及利亚	8.3
	突尼斯	8.7	南非	7.1
矿产和金属	南非	15.2	南非	15.5
	赞比亚	8.0	加纳	12.1
	博茨瓦纳	7.6	纳米比亚	8.6
煤、石油和天然气	埃及	15.2	埃及	16.3
	南非	11.3	莫桑比克	14.3
	尼日利亚	10.0	南非	12.2
运输和物流	南非	17.4	南非	17.2
	安哥拉	11.2	肯尼亚	14.9
	摩洛哥	9.9	摩洛哥	9.2
DIP（金属制品）	南非	27.5	南非	31.0
	摩洛哥	11.3	肯尼亚	10.7
	突尼斯	8.8	赞比亚	7.1
汽车	南非	28.9	南非	31.1
	摩洛哥	15.7	摩洛哥	17.8
	突尼斯	9.6	肯尼亚	13.3

资料来源：Ernst, Yong, "EY's Attractiveness Survey Africa 2014: Executing Growth", *EY's Attractiveness Survey*, 2014, p.32。

四、FDI 来源国特征

非洲大陆外国直接投资来源国的结构特征集中表现为，发达国家是非洲最重要的外资来源国。21 世纪以来，随着新兴经济体在全球经济发展中的地位日益增强，以金砖国家为代表的新兴经济体逐渐成为非洲重要的投资主体，尤其是，中国对非洲地区的直接投资增长迅速。并且，随着非洲区域一体化的不断发展，非洲大陆内部的跨国投资也日益成为非洲国家外国直接投资的重要来源。

（一）发达经济体是非洲外国直接投资主力

长期以来，英国、美国、德国、法国是非洲外国直接投资的主要来源国。2000年以前,非洲的外国直接投资流入主要来源于美国、法国和英国,由2002年世界投资报告可知,1996—2000年,美国对非直接投资规模占发达国家对非直接投资规模的比重约为37%,法国、英国的占比也很高,分别为18%、13%。2000年以来,无论是从流量还是存量视角来看,虽然发达经济体对非直接投资地位有所下降,但仍然是非洲大陆外国直接投资的投资主体。由2010年世界投资报告可知,2000—2008年非洲吸收的外国直接投资流量72.1%来源于发达经济体,这一占比虽然与1995—1999年的79%相比有所下降,但发达经济体对非直接投资的存量规模一直处于绝对领先地位,从1995年的89%上升为2008年的91.6%。由2013年全球投资趋势监测报告可知,2010年发达经济体对非直接投资流量为267.3亿美元,占非洲吸引外国直接投资的比重进一步下降为68%。其中,欧盟对非直接投资规模为162.18亿美元,占比为41%;北美对非直接投资规模为92.81亿美元,占比为23%。由2014年非洲经济展望报告可知,2012年OECD国家对非直接投资流量为157亿美元,相对于2008年的340亿美元数额有所下降,OECD国家在非洲FDI流入中的地位下降。截至2015年年底,英国、美国、法国对非直接投资存量规模分别为580亿美元、640亿美元、540亿美元,三个国家的投资存量规模远高于其他国家(见表2-7),发达经济体仍占据对非投资的主力地位。

表2-7　非洲外商直接投资前九位来源地(2009年、2015年)

(单位:十亿美元)

年份		英国	美国	法国	中国	南非	意大利	新加坡	印度	马来西亚
FDI存量	2009	48	44	49	9	16	10	13	12	16
	2015	58	64	54	35	22	22	16	17	12

资料来源:UNCTAD, *World Investment Report* 2017.New York and Geneva:UNCTAD,2017,p.44。

（二）新兴经济体在非洲的投资地位上升，中国对非投资增长迅速

进入 21 世纪，中国、印度、巴西等新兴经济体日益崛起，经济实力发展迅速，并加速融入国际投资的浪潮，逐渐成为非洲大陆投资的新兴主体。由图 2-1 可知，2003—2015 年的 13 年中新兴经济体对非直接投资流量规模较大，金砖国家（巴西、俄罗斯、印度、中国、南非）中印度对非直接投资流量总额最高，为 439 亿美元；中国次之，为 365 亿美元；南非紧随其后，为 362 亿美元；俄罗斯和巴西排在后面，分别为 126 亿美元和 97 亿美元。同时金砖国家对非直接投资存量规模也增长迅速，由 2014 年非洲经济展望报告可知，2009 年金砖国家对非直接投资存量占非洲吸引的外国直接投资存量总额的 8%，2012 年则增加至 12%，为 677 亿美元。由 2013 年全球投资趋势监测报告可知，金砖国家对非绿地投资规模占非洲绿地投资总额的比例也从 2003 年的 19% 上升为 2012 年的 25%。

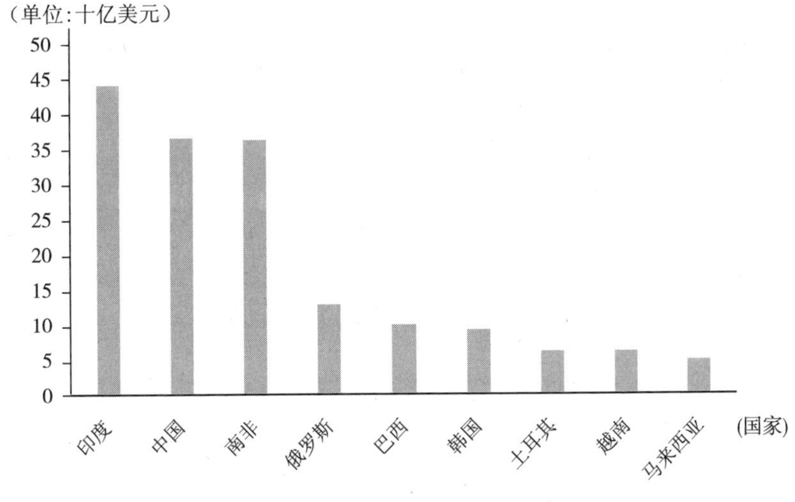

图 2-1 新兴经济体对非直接投资流量规模（2003—2015 年）

资料来源：fDi Markets。

由表2-7可知,中国、印度和马来西亚是对非洲投资存量最多的三个发展中国家。中国对非直接投资一直保持良好的发展势头,2005—2012年中国对非直接投资流量由3.92亿美元增至25.17亿美元,年均增长速度为30.4%;存量由15.95亿美元增长至217.3亿美元,增长了12倍多(见表2-8)。印度对非直接投资流量规模从1996年的0.38亿美元上升为2008年的25.6亿美元(Paul,2012),2010年达到51.16亿美元,之后印度对非直接投资规模有所下降,2011年为26.61亿美元,2012年降为18.29亿美元;2012年印度对非直接投资存量达到132.61亿美元,毛里求斯占印度对非直接投资存量的93.2%(见表2-9)。印度对非投资主要集中在毛里求斯、南非、利比亚、摩洛哥、尼日利亚等国。马来西亚对非直接投资存量从2008年的150亿美元增加到2012年的159.58亿美元,毛里求斯占马来西亚对非直接投资存量的43.4%(见表2-10)。

表2-8 中国对非直接投资的流量和存量规模(2005—2012年)

(单位:百万美元)

年 份		2005	2006	2007	2008	2009	2010	2011	2012
存量	非洲	1595	2557	4462	7804	9332	13042	16244	21730
	南非	112	168	702	3049	2307	4153	4060	4775
	赞比亚	160	268	429	651	844	944	1200	1998
	尼日利亚	94	216	630	796	1026	1211	1416	1950
	阿尔及利亚	171	247	394	509	751	937	1059	1305
	安哥拉	9	37	78	69	196	352	401	1245
	苏丹	352	497	575	528	564	613	1526	1237
	刚果(金)	25	38	104	134	397	631	709	970
	津巴布韦	42	46	59	60	100	135	576	875
	莫桑比克	15	15	34	43	75	75	98	337
	埃塞俄比亚	30	96	109	126	283	368	427	607

年 份		2005	2006	2007	2008	2009	2010	2011	2012
流量	非洲	392	520	1574	5491	1439	2112	3173	2517
	安哥拉	—	22	41	-10	8	101	73	392
	刚果（金）	5	37	57	24	227	236	75	344
	尼日利亚	53	68	390	163	172	185	197	333
	赞比亚	10	87	119	214	112	75	292	292
	津巴布韦	1	3	13	-1	11	34	440	287
	阿尔及利亚	85	99	146	42	229	186	114	246
	莫桑比克	3	—	10	6	16	—	20	231
	埃塞俄比亚	5	24	13	10	74	59	72	122
	南非	47	41	454	4808	42	411	-14	-815
	苏丹	91	51	65	-63	19	31	912	-2

资料来源：联合国贸易和发展会议数据库，双边 FDI 统计。

表 2-9 印度对非直接投资的流量和存量（2010—2012 年）

（单位：百万美元）

国家/地区	存 量			流 量		
	2010 年	2011 年	2012 年	2010 年	2011 年	2012 年
非洲	11886	13103	13261	5116	2661	1829
毛里求斯	11051	12063	12355	5098	2582	1762
尼日利亚	129	160	185	—	—	—
南非	217	217	180	—	—	—
摩洛哥	134	101	115	—	—	—
利比亚	92	84	113	—	—	—

资料来源：联合国贸易和发展会议数据库，双边 FDI 统计。

表2-10 马来西亚对非直接投资的流量和存量（2008—2012年）

（单位：百万美元）

年 份		2008	2009	2010	2011	2012
存量	非洲	15000	16188	17064	19627	15958
	毛里求斯	3329	4869	5756	7159	6922
流量	非洲	2220	819	718	3595	−412
	毛里求斯	1735	1081	430	2082	−732

资料来源：联合国贸易和发展会议数据库，双边FDI统计。

（三）非洲内陆跨国投资增长潜力日益显现

随着非洲大陆区域经济一体化的不断推进，南非、肯尼亚等国家经济实力的增强，非洲国家之间的跨国投资也逐渐兴起。由2014年世界投资报告可知，非洲绿地投资项目来源的分布中，欧洲、北美对非绿地投资项目的数量占比分别从2003—2008年的44%、18%下降为2009—2013年的41%、13%。相比之下，非洲国家内部投资增长迅速，2003—2008年非洲内部跨国投资占比为10%，2009—2013年增加为18%，其中，南非、肯尼亚、尼日利亚的投资占比分别从3%、1%、1%，上升为7%、3%、2%。并且，由2013年非洲吸引力调查报告可知，2007—2012年非洲内部跨国投资新增项目数量的增加高出发达国家4倍左右，是非洲大陆以外新兴经济体新增投资项目的2倍。由表2-11可知，2007—2012年非洲外国直接投资新增项目最主要的20个投资来源国中，有3个为非洲国家，分别为南非（第5位）、肯尼亚（第11位）、尼日利亚（第16位），增加的投资项目分别为235个、113个、78个。值得注意的是，南非在非洲内陆的跨国投资中处于重要的地位，截至2012年年底，南非对非洲地区的投资存量为235.79亿美元（见表2-12），占非洲吸引外国直接投资存量的比重为3.67%。另外，由2013年非洲吸引力调查报告可知，2003—2012年南非在非洲的跨国投资项目总数增加了536%，新增投资项目仅

2007—2012 年就增长了 57%,2012 年仅次于英国、美国,南非的新增投资项目高达 75 项。此外,南非对其他非洲国家的直接投资分布广泛,其中博茨瓦纳、加纳、毛里求斯、莫桑比克、纳米比亚、尼日利亚、津巴布韦均是南非对外直接投资的重要目的地(见表 2-12)。

表 2-11　非洲吸收外国直接投资新增项目数量最多的 20 个来源国(2007—2012 年)

(单位:个)

投资来源国	新增项目数量	投资来源国	新增项目数量
美国	516	肯尼亚	113
英国	456	日本	105
法国	398	瑞士	105
印度	237	意大利	94
南非	235	加拿大	86
阿联酋	210	尼日利亚	78
西班牙	194	澳大利亚	69
德国	173	荷兰	58
中国	152	韩国	57
葡萄牙	137	沙特阿拉伯	56
其他国家	844		

资料来源:Ernst, Yong, "EY's Attractiveness Survey Africa 2013: Getting down to Business", *EY's Attractiveness Survey*,2013,p.34。

表 2-12　南非对非洲直接投资存量(2007—2012 年)

(单位:百万美元)

国家/地区	2007 年	2008 年	2009 年	2010 年	2011 年	2012 年
非洲	12500	11060	15804	18524	22789	23579
博茨瓦纳	137	165	361	433	958	1113
加纳	454	534	734	855	1376	1951
毛里求斯	4864	4733	6682	8051	9915	10622
莫桑比克	840	836	867	1158	2926	2175
纳米比亚	107	55	95	201	1439	1119
尼日利亚	4649	3050	4115	3618	1775	2171

续表

国家/地区	2007 年	2008 年	2009 年	2010 年	2011 年	2012 年
津巴布韦	152	74	372	856	1199	906

资料来源:联合国贸易和发展会议数据库,双边 FDI 统计。

第二节 中国对非洲投资的特征事实

一、中国对非洲投资规模快速增长

随着中国鼓励本国企业"走出去"战略的实施,中国对非直接投资规模也迅速增长,并已成为非洲主要的外资来源国之一。一方面,如图 2-2 所示,中国在非洲地区直接投资的流量规模在 2003 年为 0.75 亿美元,仅在五年间就增长了 72 倍多,2008 年高达 54.91 亿美元。随后,受全球金融危机的影响,2009 年中国对非直接投资流量规模下降为 14.39 亿美元,接着又迅速反弹,在 2011 年恢复至 31.73 亿美元,2014 年上升至 32.02 亿美元。另一方面,中国对非直接投资存量规模增幅也很迅速,从 2003 年的 4.9 亿美元增加至 2014 年的 323.5 亿美元,翻了 65 倍多。

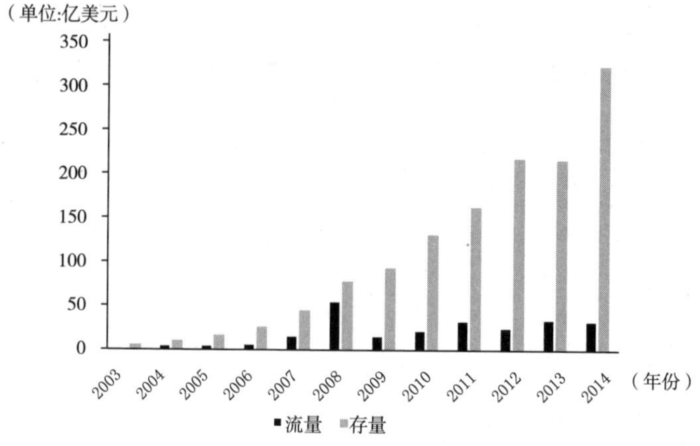

图 2-2 中国对非直接投资流量和存量规模(2003—2014 年)

资料来源:2010 年度中国对外投资统计公报、2014 年度中国对外投资统计公报。

与此同时,由图 2-3 可知,从非洲每年吸引外资流量总额来看,中国所占的比重上升也很快,从 2003 年的 0.41%迅速上升为 2008 年的 9.49%,受世界金融危机的冲击该数值 2009 年大幅下降,但在 2011 年又迅速回升至 7.44%,并成为非洲前三个(法国、美国、中国)外资主要来源国之一,之后受国际市场大宗商品价格波动以及非洲埃博拉疫情的影响,2014 年中国所占比重为 5.49%,有所下降,但整体仍呈现上升的趋势;从非洲吸引外资总存量来看,中国的占比一直呈现上升的趋势,从 2003 年占比不到 0.3%,到 2014 年占比为 4.54%。

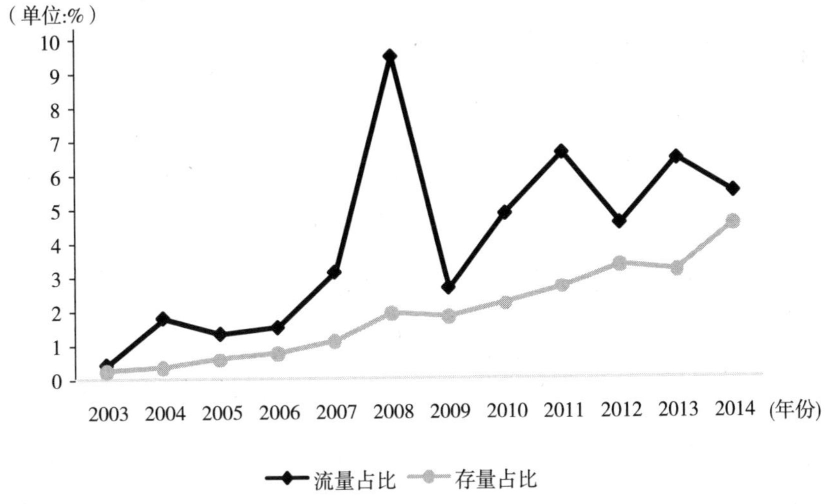

图 2-3　中国对非投资占非洲吸引外资的比重(2003—2014 年)

资料来源:联合国贸易和发展会议数据库、2010 年度中国对外投资统计公报、2014 年度中国对外投资统计公报。

二、投资的地域覆盖率高,但地区不平衡

由 2014 年中国对外直接投资统计公报可知,截至 2014 年年底,中国对非洲地区的投资已经遍布非洲大陆 52 个国家,中国在非洲地区投资的境外企业覆盖率为 86.7%,并且相比于亚洲、欧洲、北美洲、拉丁

美洲和大洋洲,非洲覆盖率排名第二,仅次于亚洲(97.9%),中国企业"走出去",共在非洲设立了3152家境外企业,占同期中国投资境外企业总数的10.6%。

但中国对非直接投资仍主要集中在几个少数的国家,具有很强的地区不平衡性。一方面,中国对非的直接投资主要集中在阿尔及利亚、南非、苏丹、尼日利亚、赞比亚等国。从流量规模来看,由表2-13可知,2003年吸引中国外资流入的前十个非洲国家占比为87.85%,2007年进一步上升为91.59%,2014年吸引中国外资流入的前十个非洲国家共计吸引投资26.51亿美元,占非洲吸引中国外资流入总额的82.8%。从存量规模来看,由表2-14可知,截至2014年年末,吸引中国外资流入的前十个非洲国家依次为南非、阿尔及利亚、尼日利亚、赞比亚、刚果(金)、苏丹、津巴布韦、安哥拉、加纳和刚果(布),共计吸引投资218.71亿美元,占非洲吸引中国外资存量总额的67.6%。另一方面,从中国投资企业的国家分布来看,截至2011年年底,国有企业投资前十位非洲东道国主要分布在赞比亚(67家)、尼日利亚(62家)、埃塞俄比亚(47家)、苏丹(43家)、坦桑尼亚(39家)、阿尔及利亚(38家)、安哥拉(35家)、南非(35家)、肯尼亚(33家)和津巴布韦(32家);民营企业投资前十位非洲东道国主要分布在尼日利亚(155家)、南非(101家)、埃及(65家)、埃塞俄比亚(60家)、加纳(51家)、赞比亚(50家)、刚果(金)(49家)、安哥拉(41家)、坦桑尼亚(39家)、肯尼亚(32家)(张娟、刘钻石,2013)。因此无论从中国对非直接投资流量和存量的分布来看,还是从中国企业对非投资的东道国选择来看,中国对非直接投资的国家分布依旧不平衡。

表 2-13　中国对非直接投资流量前十位国家（2003—2014 年）

国家	2003 年		国家	2007 年		国家	2014 年	
	规模（百万美元）	占比（%）		规模（百万美元）	占比（%）		规模（百万美元）	占比（%）
尼日利亚	24.40	32.62	南非	454.41	28.86	阿尔及利亚	665.71	20.79
毛里求斯	10.27	13.73	尼日利亚	390.35	24.80	赞比亚	424.85	13.27
南非	8.86	11.84	阿尔及利亚	145.92	9.27	肯尼亚	278.39	8.69
赞比亚	5.53	7.39	赞比亚	119.34	7.58	刚果（布）	238.60	7.45
马里	5.41	7.23	尼日尔	100.83	6.40	尼日利亚	199.77	6.24
加纳	2.89	3.86	苏丹	65.4	4.15	中非	182.24	5.69
阿尔及利亚	2.47	3.30	刚果（金）	57.27	3.64	苏丹	174.07	5.44
埃及	2.10	2.81	利比亚	42.26	2.68	坦桑尼亚	166.61	5.20
贝宁	2.09	2.79	安哥拉	41.19	2.62	埃及	162.87	5.09
毛里塔尼亚	1.70	2.27	埃及	24.98	1.59	刚果（金）	157.56	4.92
合计	65.72	87.85	合计	1441.95	91.59	合计	2650.67	82.8

资料来源：2010 年度中国对外投资统计公报、2014 年度中国对外投资统计公报。

表 2-14　中国对非直接投资存量前十位国家（2014 年）

国家	存量（百万美元）	占比（%）
南非	5954.02	18.40
阿尔及利亚	2451.57	7.58
尼日利亚	2323.01	7.18
赞比亚	2271.99	7.02
刚果（金）	2168.67	6.70
苏丹	1747.12	5.40
津巴布韦	1695.58	5.24
安哥拉	1214.04	3.75
加纳	1056.69	3.27
刚果（布）	988.76	3.06

国家	存量 （百万美元）	占比 （%）
合计	21871.45	67.6

资料来源:2014 年度中国对外投资统计公报。

三、投资产业日趋多元化

中国对非直接投资产业也日趋多元化,投资的产业领域不断拓宽,逐步从能源领域扩展到建筑业、制造业、商品贸易业、农业等,几乎涵盖所有产业部门。由图 2-4 可知,2014 年中国对非投资产业分布较广,排名前八位的产业和其所占份额依次为:建筑业,所占份额为 23.7%;交通运输、仓储和邮政业,所占份额为 17.6%;制造业,所占份额为 15.7%;采矿业,所占份额为 13.1%;金融业,所占份额为 8.6%;租赁和商务服务业,所占份额为 4.4%;农/林/牧/渔业,所占份额为 4.1%;房地产业,所占份额为 3.9%。国际上一些媒体声称中国对非洲的投资带有"掠夺资源"的性质,这是与事实不符的。实际上从产业分布来看,由 2014 年中国对外直接投资统计公报数据可知,流量方面,2014 年非洲建筑业吸引的中国外资流入份额为 23.7%,制造业吸引的中国外资流入份额为 15.7%,这两个产业的外资流入份额均高于采矿业(份额为 13.1%);存量方面,截至 2014 年年底,非洲建筑业吸引的中国外资流入存量份额为 24.7%,也略高于采矿业(份额为 24.5%)。另据 2014 年中国对外投资合作发展报告可知,制造业是中国企业对撒哈拉以南非洲投资最具吸引力的产业,制造业投资所占份额高达 30%多;2009—2012 年,非洲制造业吸引的中国企业直接投资额为 13.3 亿美元,截至 2012 年年底,非洲制造业吸引的中国企业投资存量高达

34.3 亿美元。

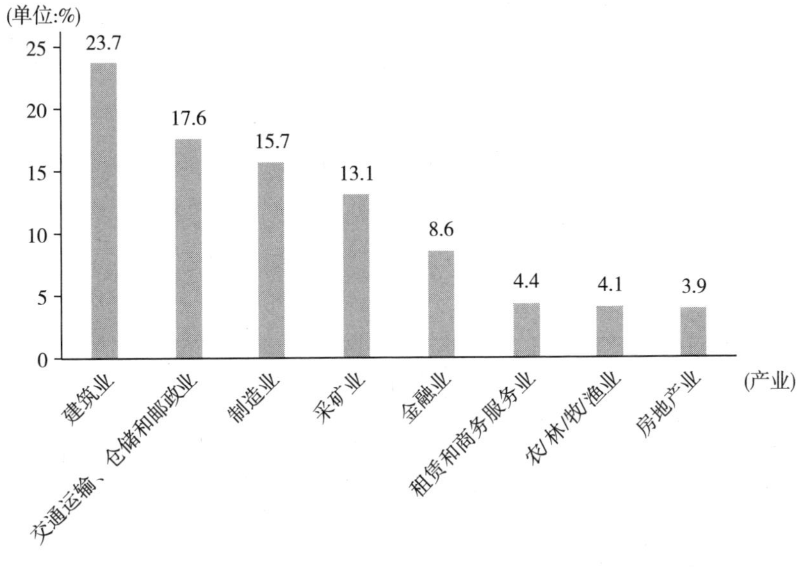

图 2-4　中国对非直接投资流量分布排名前八位产业(2014 年)

资料来源:2014 年中国对外直接投资统计公报。

四、对外承包工程持续增长

　　非洲一直是中国对外承包工程的重要市场。由图 2-5 可知,2003 年以来中国对非承包工程快速发展,中国对非洲承包工程新签合同额由 2003 年的 38.7 亿美元上升到 2014 年的 754.9 亿美元,年均增长速度为 31%;同期完成营业额由 26 亿美元上升到 529.7 亿美元,年均增长速度为 31.5%。另据 2015 年中国对外投资合作发展报告可知,2014 年非洲地区新签合同额和完成营业额分别占中国对外承包工程新签合同总额和完成营业总额的 39.4% 和 37.2%;从行业分布来看,2014 年新签合同额行业分布中,交通运输行业所占份额为 46.5%,建筑行业所占份额为 23.1%,电力行业所占份额为 11.6%。

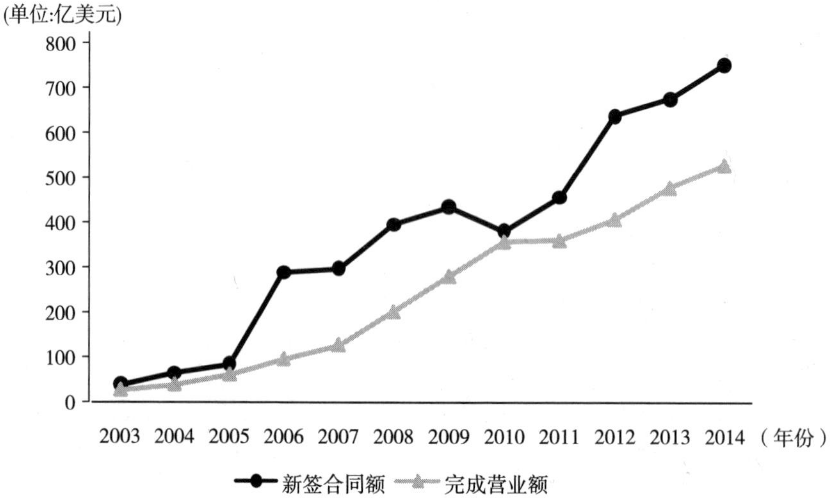

(单位:亿美元)

图 2-5　中国对非承包工程额(2003—2014 年)

资料来源:中国对外承包工程商会。

　　由图 2-6 和图 2-7 可知,2014 年中国对非承包工程新签合同额排名前五位非洲国家依次为尼日利亚(占比 23.46%)、阿尔及利亚(占比 12.92%)、肯尼亚(占比 7.09%)、埃塞俄比亚(占比 6.73%)、安哥拉(占比 4.6%),排名前五位非洲国家新签合同总额为 413.6 亿美元,占同期非洲新签合同总额的 54.79%;同期中国对非承包工程完成营业额排名前五位非洲国家依次为埃塞俄比亚(占比 12.89%)、安哥拉(占比 12.08%)、阿尔及利亚(占比 11.95%)、尼日利亚(占比 8.55%)、刚果(布)(占比 4.78%),排名前五位非洲国家完成营业总额为 266.2 亿美元,占同期非洲完成营业总额的 50.25%。

　　本章对非洲 FDI 流入和中国对非投资的特征事实做了总结梳理,可以看到,第一,总体来看,非洲吸引 FDI 在经历三个发展阶段后,FDI 流入规模占全球总量的比重仍然不高,但近年来外资流入情况呈不断

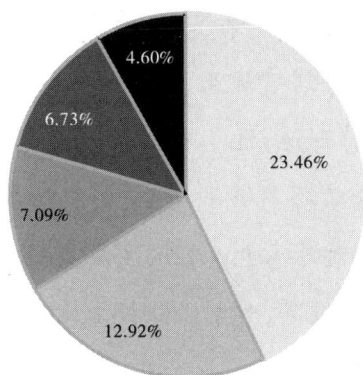

尼日利亚 阿尔及利亚 肯尼亚 埃塞俄比亚 安哥拉

图 2-6 中国对非承包工程新签合同额排名前五位国家(2014 年)

资料来源:中国对外投资合作发展报告 2015。

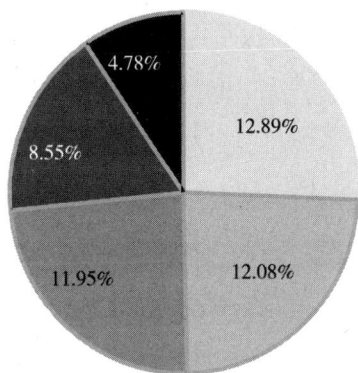

埃塞俄比亚 安哥拉 阿尔及利亚 尼日利亚 刚果(布)

图 2-7 中国对非承包工程完成营业额排名前五位国家(2014 年)

资料来源:中国对外投资合作发展报告 2015。

加速态势。第二,从国别分布来看,FDI 主要流入国家仍相对集中,流入最多的前十位国家的占比一直在 70% 以上的水平;从投资国来看,发达经济体是非洲外国直接投资主力,但近年来新兴经济体的流入开始加快,特别是中国对非投资迅速增长,同时非洲内部国家之间的跨国投资的增长潜力也逐步显现。第三,从产业分布看,产业布局日趋多元化,逐步从能源领域扩展到建筑业、制造业、商品贸易业、农业等,几乎涵盖所有产业部门。特别地,近年中国对非投资规模也呈快速增长趋势;目前投资的区域分布还不够平衡;中国企业"走出去"步伐不断加快,非洲成为中国企业对外承包工程的主要市场;值得注意的是中国投资产业分布多元化程度较高,对制造业投资比重已超过采矿业。

第三章 国际产业转移的趋势及中国对非洲产业转移的现实基础

第一节 国际产业转移的趋势

一、第二次世界大战后国际产业转移的历史阶段

中国学者王虎(2008)认为第二次世界大战后,国际上出现了三次大规模的产业转移。

第一次产业转移发生在20世纪50—60年代。当时美国国内进行产业结构升级,将传统劳动密集型产业通过直接投资转移到日本和德国等国。作为战败国的日本在第二次世界大战后经济不景气,工资水平低、人力成本便宜,且教育水平高,工人熟练程度较高,完全可以满足承接劳动密集型产业产品生产的需要。日本制造业很快在全球占据重要份额,"日本制造"开始享誉全球,自1964年开始日本制造业占出口商品总额的比重超过90%,而世界同期水平仅为54%[①]。由于第二次世界大战后欧洲有重建需求,在美国主导的马歇尔计划(The Marshall Plan)推动下,德国依靠良好的工业基础在承接此轮国际产业转移中表

[①] 资料来源:世界银行。

现突出。马歇尔计划特别规定资金中用在制造业上的投资应不少于60%(夏路,2003)。

第二次产业转移发生在20世纪70—80年代。科技革命加速了美国、日本和德国的产业结构升级,集中力量发展资本和技术密集型产业,并且日本在承接大量美国劳动密集型制造业的转移后,工资上涨速度很快,不再具有比较优势,使日本的劳动密集型制造业大量向外转移。而此时经过进口替代战略的实施,有了一定轻工制造业发展基础的"亚洲四小龙"(新加坡、韩国、中国台湾、中国香港)已经转向了出口导向战略,积极主动地抓住了这次产业转移的机会,承接了此次劳动密集型制造业的转移。中国香港以服装业为主,制成品出口份额稳步上升,1965年韩国、新加坡和中国台湾制成品出口为总出口的份额分别为59.4%、34.2%和41.5%,而1980年该份额跃升至89.9%、53.9%和87.9%(陈明路,1999)。

第三次国家产业转移从20世纪80年代后期开始。由于"亚洲四小龙"经济体量小、劳动力总量不多,劳动密集型产业的迅速发展使其劳动力成本快速增加,低劳动力成本优势逐渐丧失,必须将劳动密集型制造业转移到其他低成本地区。由世界劳工组织统计数据可知,1995年新加坡月平均工资为1566美元,韩国月平均工资为1585美元,中国香港月平均工资为1406美元,中国台湾月平均工资为1295美元,而同期中国大陆月平均工资仅为53美元。这时中国开始实行改革开放,低成本优势恰好为中国承接"亚洲四小龙"的劳动密集型产业转移提供很好的机会。借助区位优势,中国香港将纺织服装产业转入深圳和珠三角地区,中国台湾将轻工制造业转移到福建、浙江等地,韩国在东北、山东等地投资建厂,新加坡和苏州联合建设新加坡工业园区,将众多制造企业转移到该园区。

二、国际产业转移的新趋势

（一）国际产业转移沿全球价值链①进行

国际分工是一国产业发展的重要推动力,而价值链分工更是将各国生产环节纳入到全球制造的一体化生产中。20世纪90年代以来,产业转移不再局限于产品生产全过程的整体转移,而是沿着价值链对其进行拆分,以链条的某个环节为对象进行国际转移,将其配置到更具比较优势的国家和地区中。随着各国全球价值链参与程度的提高,国际产业转移的深度和广度都有了很大提升。据2014年非洲经济展望报告可知,相较于1995年,世界各地区的全球价值链参与程度都有所提高,其中欧洲、北美洲、东亚(不包括中国)、非洲等地区以及中国和印度两国的参与度提高程度更高,而俄罗斯和中亚、东南亚、拉丁美洲和中东、南亚(不包括印度)的参与度提高程度相对偏低(见图3-1)。发达国家依靠技术和科研优势,占据价值链高端,将价值链低端部分(如劳动密集型环节)转移到发展中国家和地区。国际间转移的不再是某一产业或产品,而是某产业或产品中不同附加值的环节和工序。国际产业转移的实质变为不同国家和地区依据自身成本优势对价值链的不同环节进行承接和调整(张少军、李东方,2009)。

（二）中国在国际产业转移中的地位上升

20世纪90年代以来,作为第三次产业转移的主要承接国,中国经济高速增长,中国制造业增加值总额由1991年的1232.8亿美元上升到2013年的28570亿美元,年均增长速度高达15.4%,远高于同期世界制造业增加值年均增长速度(4.3%);制造业增加值占世界的比重

---

① 由全球性跨企业网络组织为实现商品或服务的价值而连接起来的,产品从研发设计、生产制造到销售和回收处理的整个循环过程。

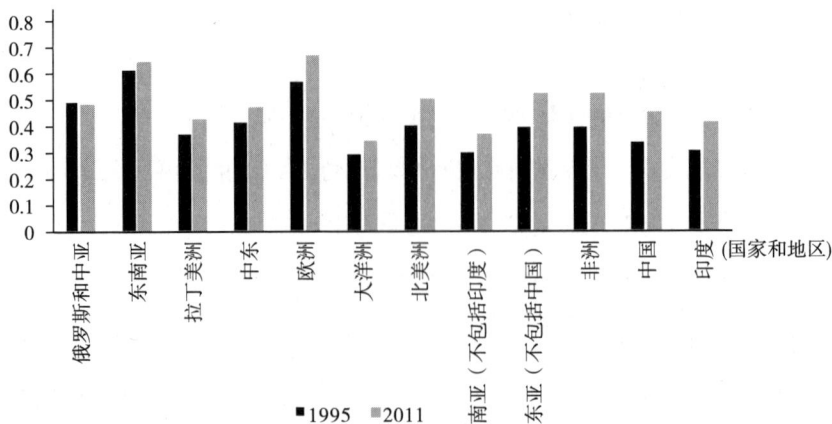

图 3-1　世界各地区各主要国家全球价值链参与度（1995 年、2011 年）

资料来源：2014 年非洲经济展望。

由 1991 年的 2.6% 上升到 2013 年的 24.1%；同时制造业出口占商品出口的比重由 75.1% 上升到 2015 年的 94.3%[①]。但 2010 年以来中国制造业行业的许多优势开始衰退，制造业外移的压力开始显现，也出现了向外转移的迹象。2014 年中国对外直接投资流量总额高达 1231.2 亿美元，而 2002 年这一数值仅为 27 亿美元，2002—2014 年年均增长速度高达 37.5%；截至 2014 年年末，中国对外直接投资存量总额为 8824.6 亿美元，相当于 2002 年（299 亿美元）的 29 倍[②]。近年来中国的经济实力和科技创新能力都明显增强，跨国公司和民营企业的资本实力和经营能力也明显增强，迫于中国国内产业结构升级和生产成本上升的压力，纺织服装、家电和通信设备等行业的一些企业开始通过境外投资的方式将处于产业价值链低端的一些部门向国外转移，中国逐步加入了产业转移转出国的行列，在转出国中的地位不断提高。

---

① 资料来源：世界银行。
② 资料来源：2014 年度中国对外直接投资统计公报。

1. 中国对外直接投资规模增长迅速

中国对外直接投资一直处于高速发展的态势,在流量方面,2012—2014 年,中国连续三年位列世界第三大对外投资国,同时对外直接投资流量有与引进外资接近平衡的趋势。2009 年以来,中国对外直接投资流量总额与实际利用外资总额之间的差距越来越小,2014 年两者之间基本接近平衡,差距仅为 53.8 亿美元(见图 3-2)。在存量方面,截至 2014 年年末,中国对外直接投资存量在全球对外直接投资存量中的占比为 3.4%[①],位列世界第八大对外直接投资存量国。中国对外直接投资快速发展,使其逐渐进入了国际产业转移转出国之列,在国际产业转移转出国中的地位不断提升。

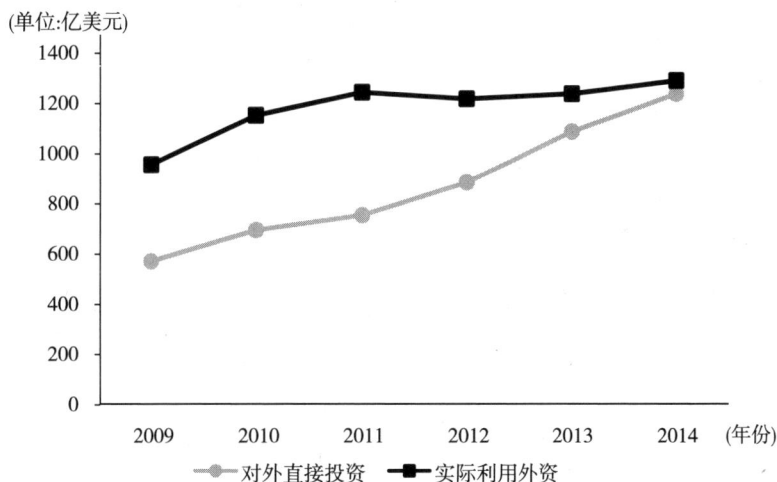

图 3-2 中国对外直接投资和实际利用外资流量总额(2009—2014 年)

资料来源:2014 年度中国对外直接投资统计公报、世界投资报告 2015。

2. 中国企业"走出去"步伐加快

截至 2014 年年末,中国投资者在世界 186 个国家和地区设立了

---

① 资料来源:2014 年度中国对外直接投资统计公报。

2.97万家对外直接投资企业(也称境外企业),在世界的投资覆盖率为80%。分地区来看,截至2014年年末,中国在亚洲设立的境外企业约1.7万家,占中国境外企业总数的57.1%;在北美洲设立的境外企业约3800家,所占比重为12.7%;在欧洲设立的境外企业约3300家,所占比重为11.2%;在非洲设立的境外企业约3000家,所占比重为10.6%;在拉丁美洲设立的境外企业约1500家,所占比重为5.3%;在大洋洲设立的境外企业900多家,所占比重为3.1%①。从行业分布来看,排名前五位的行业依次为批发和零售业、制造业、租赁和商业服务业、建筑业和采矿业;前三位行业是对外直接投资最为集聚的行业,截至2013年累计数量约1.88万家,所占比重为63.2%,其中批发和零售业占比为29.5%,制造业占比为20.6%,租赁和商务服务业占比为13.1%②。

第二节　国际产业转移的影响因素分析

影响国际产业转移的因素包括很多方面,主要包括要素成本、要素禀赋、社会环境、政策、市场和基础设施等因素。

一、要素成本

要素成本是影响国际产业转移的重要因素,在其他条件不变的情况下,产业向成本较低处转移。不同的行业类型中,各种要素的重要程度和所占成本比重各不相同。资源密集型产业转移中优先考虑的是转移地的资源丰富性和价格;劳动密集型产业转移首先要考虑的是劳动

---

① 资料来源:2014年度中国对外直接投资统计公报。
② 资料来源:2014年度中国对外直接投资统计公报。

力价格和劳动力供应(刘易斯,1978);资本和技术密集型产业转移时考虑的首要因素是获取资本和技术的成本。厂商的目标是实现利益最大化,为了取得较高的收益,必然要控制成本。如果企业在本国内面临着较高的成本压力,如劳动力价格、资源价格等上升导致成本上升,该企业就有将其产品的制造转移到其他要素成本较低国家的动力,进而保持低成本和高收益。产业转移一般从劳动密集型产业的转移开始,而后过渡到资本和技术密集型产业的转移上,因此劳动力价格是影响国际产业转移的首要原因,作为生产成本的重要组成部分,劳动力价格越低的国家越有利于吸引产业向其转移。杨海洋(2013)指出劳动力成本是企业决定对外投资的主要条件,被投资国的工资水平越低,劳动生产率越高,国际产业转移就越可能发生。

二、要素禀赋

比较优势是国际产业转移的基础,根据 H-O 理论可知,一国产业的发展跟它的要素禀赋有很大的关系,商品价格主要由要素价格决定,而要素价格又由要素供给决定。生产要素在不同国家之间的丰裕程度不同,禀赋之间的差异影响产业国际转移。劳动力、自然资源和资本构成生产要素的三个部分。劳动力供应是影响国际产业转移的重要因素,因为劳动力供给决定着劳动力成本。当本国的劳动力供给明显不足时,而以外籍劳工来弥补本国劳动力不足的现象会遇到诸如语言、宗教文化等因素的问题,面对此种情形,该国可能会选择将产业向他国转移,以此减轻劳动力成本上升带来的不利后果。当然自然资源也可以由资源丰富但制造业发展水平较低的国家流向制造业发展水平较高但资源稀缺的国家,但是较高运输成本的存在使得企业选择将产品转移到自然资源丰裕的国家进行生产。一般情况下,发展中国家拥有充足的劳动力而资本稀缺,发达国家拥有丰富资本而劳动力供应不足。当发展中国家提供优惠的吸引外国直接投资的政策,减少外国直接投资的风险,降低外国直接投资的成本,往往可以吸引发达国家资本流入发展中国家,并与发展中国家充足的劳动力和自然资源相结合而获得产业发展的高收益。

三、其他影响因素

社会环境、政策、市场、基础设施等因素也影响着国际产业转移。社会环境主要涉及国家政局、地区安全、社会治安和政府官员清廉度等方面,这些都是企业选择产业转移承接地时必然会考虑的因素;政局稳定、社会治安良好在一定程度上规避了产业转移的风险;潜在承接地的社会环境较好,对转出国将更有吸引力;反之转出国会不予选择。政策包括税收优惠政策、投资优惠政策、市场准入规则和环境保护政策等,产业政策明确产业转移导向,引导产业有序转移承接,承接国政策体系的完善和稳定影响着投资者的投资决策和投资收益。市场主要指承接地市场,市场大小和消费习惯也影响着产业转移,市场规模是生产集中的主要要素之一,承接国消费品市场容量越大、购买力越强,就越容易吸引转出国;而如果因为独特风土人情或礼仪问题而导致居民短期内很难改变消费习惯,限制了居民的购买欲望,转出国出于市场风险的考虑会规避向该地区投资。基础设施主要涉及承接国的电力、交通运输、通信设施等;基础设施落后不仅会削弱本国产业的国际竞争力,还会增大外国投资者的经营成本,不利于企业经营的顺利进行;而良好的基础设施可以降低运输费用,节约交易成本,是产业转移的重要保障条件。

第三节　中国产业向外转移的主要因素及其区域选择

一、中国产业向外转移的主要因素分析

(一)劳动力成本上升

劳动力成本是影响制造业在国际间转移的主要因素,中国制造业向外转移的压力主要来自劳动力成本因素,主要体现在以下两个方面。

首先,随着中国劳动力的成本上升,与其他发展中国家相比,中国的劳动力成本开始不具优势。如图 3-3 所示,1995 年以来中国名义月平均工资增长快速,由 1995 年的 445.7 元上升到 2013 年的 4289.5 元,增长了 8 倍多,年均增长率为 13.4%;另据世界劳工组织统计数据可知,同期日本、德国和美国等发达国家工资水平虽然高于中国,但其工资增长十分缓慢,年均增长率均不到 2%;同期在巴西、印度、墨西哥、印度尼西亚和泰国等发展中国家中,除巴西外,其余四国的名义月平均工资均低于中国。中国工资增长速度很快,逐渐减弱了其劳动力价格优势。

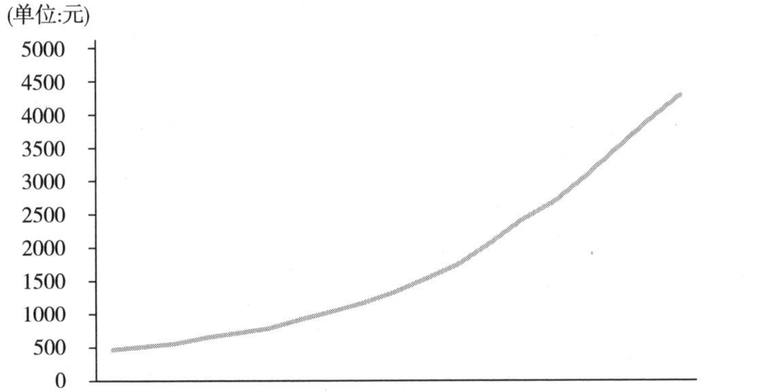

(单位:元)

图 3-3　中国名义月平均工资变动情况(1995—2013 年)

资料来源:世界劳工组织。

　　其次,中国的劳动力供给将出现刘易斯拐点(劳动力过剩向短缺的转折点)。一方面,计划生育政策是造成中国有效劳动力供给下降的主要原因。计划生育政策使得中国人口的出生率下降,由 1960 年的 20.86‰下降到 2014 年的 12.4‰①。出生率的下降使得适龄的劳动力供给在逐年减少。1970 年中国人口年均增长率为 2.76%,1998 年后该数值降到了 1%以下,到 2015 年时下降到 0.51%②。如图 3-4 所示,自 20 世纪 90 年代以来,中国新增劳动适龄人口(15—64 岁)整体呈现下降的趋势,1990 年中国新增劳动适龄人口为 839 万人,而 2014 年这一数值仅为 225 万人,下降了 614 万人,之后进一步下降,根据国际劳工组织数据可知,2017 年开始中国新增劳动适龄人口降为负值。而同期埃塞俄比亚新增劳动适龄人口呈现缓慢上升的趋势,并在 2016 年开始超过中国新增劳动适龄人口。另一方面,劳动参与率的下降也是中国劳动力供给下降的一个重要原因。随着中国人均收入的提高和人口老龄化趋势的加强,许多劳动适龄人口不再工作,使中国的劳动参与率逐步降低,由 1990 年的 84.2%降低到了 2015 年的 77.4%③,进而引起中国劳动力的短缺。如表 3-1 所示,2015 年劳动适龄人口结构中 15—24 岁和 25—34 岁劳动人口所占份额相比于 1990 年有所下降,尤其是 15—24 岁劳动人口份额下降了 17.9%;同期 35—54 岁和 55—64 岁劳动人口所占份额上升,尤其是 35—54 岁劳动人口份额上升了 14.3%。同时相比于 1990 年,2015 年 15—24 岁和 25—34 岁人口的劳工参与率分别下降了 23.8%和 4.7%。"用工荒"逐渐成为中国制造业发展中不可忽视的问题,劳动适龄新增人口的下降和劳动参与率的降低使制

---

① 资料来源:世界银行。
② 资料来源:世界银行。
③ 资料来源:世界劳工组织。

造业行业出现劳动力供不应求的局面。

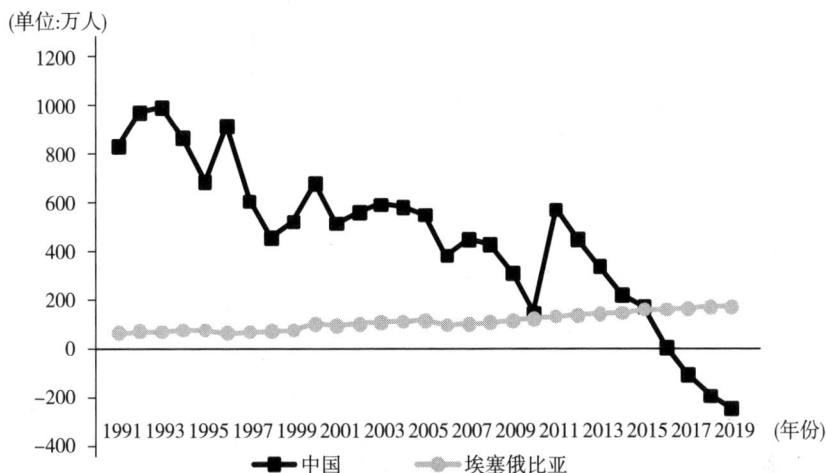

图 3-4 中国与埃塞俄比亚新增劳动适龄人口数量变动情况(1991—2019 年)

注:2018 年及之后是预测数据。

资料来源:国际劳工组织。

表 3-1 中国劳动适龄人口年龄结构和劳动参与率(1990—2015 年)

(单位:%)

年龄	人口年龄结构占比			劳动参与率		
	1990 年	2000 年	2015 年	1990 年	2000 年	2015 年
15—24	30.8	19.1	12.9	78.2	68.7	54.4
25—34	28.1	32.3	26.3	94.6	92.8	89.9
35—54	34.6	41.5	48.9	90.6	89.1	87.2
55—64	6.5	7.2	11.9	56.6	59.5	59.1

资料来源:国际劳工组织。

(二)资源禀赋不足

中国资源禀赋不足也是带来制造业向外转移压力的原因之一。中国是世界上第一大能源生产和消费国,但能源产量的增加小于能源消耗量的增加,同时单位 GDP 能耗一直在增长,能源净进口占能源使用总量的比重也一直在上升(见图3-5),资源的供给影响着中国制造业的增长。

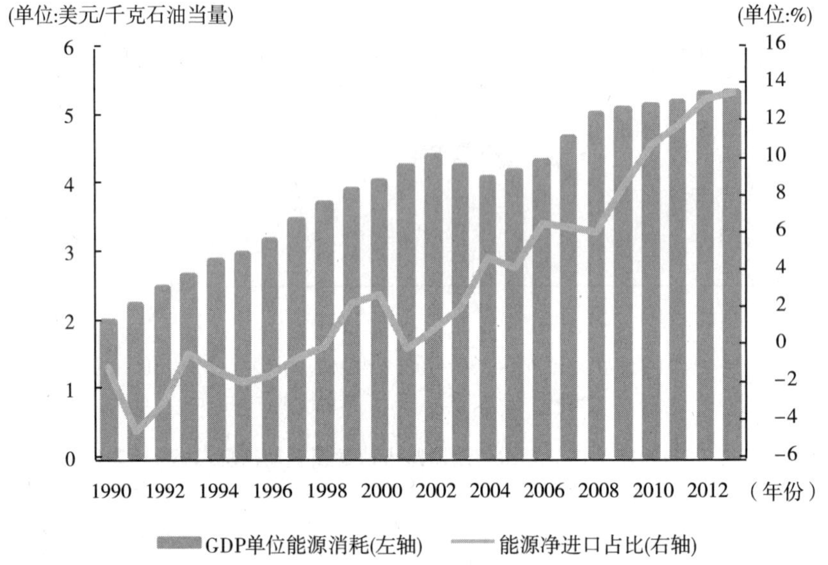

图 3-5　中国单位 GDP 能源消耗和能源净进口占比(1990—2013 年)

资料来源:世界银行。

由表3-2、表3-3和表3-4可以看出2011—2015年中国部分矿产品产量减少,但消费量仍保持较高水平,一次能源和石油供给不足。2015年中国原煤、粗钢、黄金、原盐和水泥的产量跟2014年相比均有所下降。2015年一次能源生产总量为36.2亿吨标准煤,2011—2015产量年均增长速度为1.6%;但2015年一次能源消费总量为43亿吨标准煤,比产量要高,同时2011—2015年消费总量年均增长速度为2.7%,快于产量的增长速度;一次能源自给率也由2011年的87.9%降为2015年的84.2%。2015年中国原油生产量为2.15亿吨,2011—2015年产量年均增长速度为1.4%;石油消费总量为5.41亿吨,是原油产量的两倍还要多,同时2011—2015年石油消费量年均增长速度为

3.6%,是原油产量增长速度的两倍还多;石油自给率也由 2011 年的
43.3%降为 2015 年的 39.7%。本国产量和消费量的差额必然要通过
进口来满足,资源进口依赖提高了原材料的价格,进而提高了中国的制
造成本,削弱了中国商品的国际竞争力。

表 3-2　中国一次能源产量与消费量变化情况(2011—2015 年)

(单位:亿吨标准煤)

年份	产量	消费量
2011	34.0	38.7
2012	35.1	40.2
2013	35.9	41.7
2014	36.0	42.6
2015	36.2	43.0

资料来源:中国国土资源部。

表 3-3　中国原油产量与石油消费量变化情况(2011—2015 年)

(单位:亿吨)

年份	原油产量	石油消费量
2011	2.03	4.69
2012	2.04	4.91
2013	2.10	5.02
2014	2.11	5.20
2015	2.15	5.41

资料来源:中国国土资源部。

表 3-4　中国主要矿产品产量及增长速度(2015 年)

产品名称	单位	产量	比 2014 年增长(%)
原煤	亿吨	37.5	-3.3
原油	亿吨	2.15	1.5

续表

产品名称	单位	产量	比 2014 年增长（%）
天然气	亿立方米	1346.1	3.4
粗钢	亿吨	8.0	−2.2
黄金	吨	450.1	−0.4
10 种有色金属	万吨	5155.8	6.8
磷矿石	万吨	14203.7	13.7
原盐	万吨	5975.0	−1.7
水泥	亿吨	23.6	−5.3

资料来源：中国国家统计局、中国黄金协会。

二、中国产业向外转移的区域选择

从影响国际产业转移的各个因素可以分地区探讨中国制造业会向哪一个国家或者地区转移。各个因素选取的解释指标和分析如表3-5所示。分地区来看，欧洲和北美地区国家已经积极参与过前三次的国际产业转移，绝大多数国家都是发达国家，人均收入大都远高于中国；大洋洲除澳大利亚之外基本都是岛国，不适合工业发展，因此这三个地区不予考虑。亚洲尤其是东南亚国家、非洲和南美洲国家有可能承接中国产业的转移，而且中国对外直接投资的 80% 分布在发展中国家，截至 2014 年年末，中国对发展中国家投资存量占比为 82.5%[①]，因此接下来对东南亚、南亚、非洲和南美洲地区的部分发展中国家进行分析。

---

① 资料来源：2014 年度中国对外直接投资统计公报。

表 3-5　国际产业转移各影响因素选取的解释指标

因素	解释指标	指标具体含义	指标来源
劳动力成本	月平均工资	直接反映劳动力成本	世界劳工组织
	劳动生产率	人均产出（2000 年 = 100）来反映劳动力素质	
要素禀赋	劳动人口	15 岁及以上,直接反映劳动力供给情况	世界劳工组织
	劳动参与率	15 岁及以上,影响劳动力增加情况	
社会环境	警务部门可靠性	反映社会治安状况,0 = 最差,10 = 最好	Fraser Institute
政策	营商便利指数	1—189,1 = 最有利于营商的法规	世界银行
市场	人均 GDP	反映市场大小和消费能力	世界银行
基础设施	物流绩效指数:基础设施	与贸易和运输相关的基础设施的质量（1 = 很低,5 = 很高）	世界银行

（一）向东南亚转移

东南亚包括文莱、柬埔寨、印度尼西亚、老挝、马来西亚、缅甸、菲律宾、新加坡、泰国、东帝汶和越南 11 个国家,国土面积约 450 万平方千米,2015 年人口约 6.3 亿①。其中文莱和新加坡是高收入国家②,文莱国家很小,国土面积仅为 5770 平方千米,③而新加坡在第二次产业转移中已经承接过制造业转移,所以这两国承接转移的可能性不大,其他 9 个国家都是中等（中高和中低）或低收入国家,都有可能承接中国制造业的转移。

由表 3-6 可知,除马来西亚外,其他东南亚国家的工资水平并不

---

① 资料来源:2015 年世界人口数据报告。

② 按世界银行 2012 年人均国民总收入划分标准:1005 美元或以下者为低收入国家;1006—3975 美元为中低收入国家;3976—12275 美元为中高收入国家;12276 美元或以上者为高收入国家。

③ 资料来源:世界银行。

高,有劳动力成本优势;印度尼西亚、菲律宾、泰国和越南经济情况相对较好,人均 GDP 和中国有一定差距,有可能承接中国产业转移;马来西亚工资水平相对较高,而柬埔寨、老挝、缅甸和东帝汶的人均 GDP 较低,市场消费能力不强,在一定程度上制约了这些国家承接产业转移;但同时要注意到除缅甸外,其他 8 个国家的劳动生产率均低于中国,劳动力素质不高会在一定程度上削弱这些国家的竞争力;再者,劳动人口数量虽多但总体规模不大,9 个国家劳动总和为 3.23 亿人,仅占中国劳动力人口的 40%;除东帝汶外,其他国家的劳动参与率和中国的差别不大,说明劳动力增加的可能有限,一旦中国制造业完全向这些国家转移,很快就会出现劳动力供不应求的现象,进而导致劳动力成本的上升。

表 3-6　影响中国制造业向东南亚国家转移的因素对比

国别	月平均工资(美元)	劳动生产率(美元)	劳动人口(万)	劳动参与率(%)	警务部门可靠性	营商便利指数排名	人均 GDP(美元)	物流绩效指数:基础设施
中国	692	362.7	80761	70.9	5.50	84	6416	3.66
柬埔寨	121	200.2	862	80.9	3.24	127	1021	2.58
印度尼西亚	—	171	12546	67.4	5.22	109	3834	2.92
老挝	—	205.3	343	77.4	—	134	1538	2.21
马来西亚	682	137.4	1448	63.3	6.89	18	10877	3.56
缅甸	—	698.3	3046	78.0	3.10	167	—	2.14
菲律宾	215	142.6	4431	64.7	4.39	103	2636	2.60
泰国	391	148.2	3991	71.4	3.67	49	5775	3.40
东帝汶	174	213.6	28	41.3	4.29	173	988	—
越南	212	190.4	5631	78.3	4.45	90	1683	3.11

注:"—"指数值缺失;月平均工资为 2010—2014 年数据,警务部门可靠性为 2013 年数据,物流绩效指数:基础设施为 2014 年数据,其他均为 2015 年数据。
资料来源:世界银行、世界劳工组织和 Fraser Institute。

从社会环境方面来看,仅印度尼西亚和马来西亚两国的警务部门可靠性指数大于5,说明柬埔寨、缅甸、菲律宾、泰国、东帝汶和越南等国的社会治安情况不是很好,社会治安风险会影响这些国家对投资者的吸引力;从营商便利指数的排名来看,马来西亚、泰国和越南的排名在100以前,相对其他国家来说,这3个国家制定了更有利于营商的法规;从基础设施方面来看,这些国家的指数都小于中国,其中马来西亚、泰国和越南的指数大于3,说明相对所选取的其他东南亚国家来说,这3个国家的基础设施质量较好。

总体来说,由于存在工资和劳动力的优势,东南亚国家如泰国和越南等会承接一部分中国的产业,但由于市场规模有限,中国的产业转移不可能完全转移到东南亚国家。

(二)向南亚转移

南亚包括阿富汗、孟加拉国、不丹、印度、伊朗、马尔代夫、尼泊尔、巴基斯坦和斯里兰卡9个国家。国土面积约689万平方千米。2015年人口约18.34亿,占世界总人口的25%①,是世界上人口最为稠密的地区,据人口资料局(Population Reference Bureau,PRB)2015年数据可知,阿富汗人口3220万、孟加拉国人口1.6亿、不丹人口80万、印度人口13.14亿、伊朗人口7850万、马尔代夫人口30万、尼泊尔人口2800万、巴基斯坦人口1.99亿、斯里兰卡人口2090万。除印度和伊朗是中高收入国家外,其他国家均为低收入国家。不丹和马尔代夫人口很少,国土面积很小,这两国承接制造业转移的可能性不大,其他7个国家有承接中国产业转移的可能。

从表3-7中可知,南亚各国劳动力工资水平较低,仅从工资水平

---

① 资料来源:2015年世界人口数据报告。

来看,南亚地区是很好的承接地选择。劳动人口较多,7个国家劳动人口总数为69890万,占中国劳动人口总数的87%。而且南亚各国人口增长速度很快,2015年这7个国家的人口增长速度均高于中国(0.51%),同时其中6个国家(不包括斯里兰卡)的人口增长速度还高于世界水平(1.18%),较快的人口增长速度将会带来更多的劳动力供应。另据世界劳工组织统计数据可知,自2013年开始印度新增劳动适龄人口人数均超过中国,并且从2017年开始中国新增劳动适龄人口为负数。充足的劳动力供应使得南亚地区的劳动力价格增加较慢。同时也要注意到,虽然工资水平低,但这7个国家的劳动生产率并不高,均低于中国,而达到投资者预期劳动生产率花费的培训费用同样增加了劳动力成本;除孟加拉国和尼泊尔外,其他5个国家的劳动参与率并不高(仅在50%左右),说明这些国家大量劳动力处于闲置状态。

表3-7 影响中国制造业向南亚国家转移的因素对比

国别	月平均工资(美元)	劳动生产率(美元)	劳动力人口(万)	劳动参与率(%)	警务部门可靠性	营商便利指数排名	人均GDP(美元)	物流绩效指数:基础设施
中国	692	362.7	80761	70.9	5.50	84	6416	3.66
阿富汗	84	149.5	956	52.5	—	177	624	1.82
孟加拉国	60	195.3	7060	62.2	2.62	174	973	2.11
印度	137	228.9	50161	53.7	4.72	130	1806	2.88
伊朗	—	110.4	2691	44.5	5.05	118	5937	2.42
尼泊尔	—	136.9	1594	83.0	4.72	99	690	2.26
巴基斯坦	119	113.3	6619	53.9	3.07	138	1152	2.67
斯里兰卡	134	219	809	51.8	4.42	107	3638	2.23

注:"—"指数值缺失;月平均工资为2007—2013年数据,警务部门可靠性为2013年数据,物流绩效指数:基础设施为2014年数据,其他均为2015年数据。
资料来源:世界银行、世界劳工组织和Fraser Institute。

南亚各国中,警务部门可靠性指数仅伊朗高于 5,孟加拉国仅为 2.62,社会治安不稳加大了投资风险;营商便利指数排名情况仅尼泊尔低于 100 名,且阿富汗和孟加拉国均排在 170 之后;7 国基础设施指数也都排在 3 名以后,物流发展达不到投资者的需要。这些因素均不利于南亚国家承接中国产业的转移。

由世界银行统计数据可知,2014 年南亚地区的制造业增加值约为 3555 亿美元,仅占世界制造业总额的 3.18%,南亚制造业并没有快速增长。究其原因,首先,南亚国家虽然劳动力充足,但劳动生产率低下,增加了培训成本。其次,印度宗教种类较多,不同宗教信仰带来不同的生活或消费习惯,增加了投资者的管理成本。再者,南亚国家政局不稳定,例如巴基斯坦与印度间的边界冲突,巴基斯坦国内的武装政变。这些问题都给投资者带来了风险,削弱了南亚国家的投资吸引力,南亚国家承接中国产业转移的能力受到限制。

(三)向非洲转移

2015 年,在 53 个非洲国家中有 26 个低收入国家①、17 个中低收入国家②、9 个中高收入国家③、1 个高收入国家④,非洲是发展中国家最为集中的地区。非洲国家比较多,表 3-8 中笔者选取了截至 2014 年年底中国对非投资存量排名前十六位的国家来分析非洲国家承接中国产业转移的可能性。

---

① 26 个国家为:贝宁、布基纳法索、布隆迪、中非、乍得、科摩罗、刚果(金)、厄立特里亚、埃塞俄比亚、冈比亚、几内亚、几内亚比绍、利比里亚、马达加斯加、马拉维、马里、莫桑比克、尼日尔、卢旺达、塞拉利昂、索马里、南苏丹、坦桑尼亚、多哥、乌干达和津巴布韦。

② 17 个国家为:喀麦隆、佛得角、刚果(布)、科特迪瓦、吉布提、埃及、加纳、肯尼亚、莱索托、毛里塔尼亚、摩洛哥、尼日利亚、圣多美和普林西比、塞内加尔、苏丹、斯威士兰、赞比亚。

③ 9 个国家为:阿尔及利亚、安哥拉、博茨瓦纳、加蓬、利比亚、毛里求斯、纳米比亚、南非、突尼斯。

④ 1 个国家为:赤道几内亚。

表3-8 影响中国制造业向非洲国家转移的因素对比

国别	月平均工资(美元)	劳动生产率(美元)	劳动人口(万)	劳动参与率(%)	警务部门可靠性	营商便利指数排名	人均GDP(美元)	物流绩效指数:基础设施
中国	692	362.7	80761	70.9	5.50	84	6416	3.66
阿尔及利亚	—	97.6	1239	43.7	5.12	163	4794	2.54
安哥拉	—	224.7	895	68.4	3.02	181	4153	2.11
刚果(布)	—	124.5	185	69.8	—	176	3163	1.83
刚果(金)	—	138	2968	71.1	—	184	384	1.83
埃及	283	124.1	3024	49.4	3.89	131	2707	2.86
赤道几内亚	—	214.7	42	82.0	—	180	13276	2.11
埃塞俄比亚	60	219.7	4829	83.0	4.63	146	486	2.17
加纳	105	154.3	1291	77.0	5.14	114	1696	2.67
肯尼亚	427	130.4	1795	67.1	4.78	108	1133	2.40
毛里求斯	762	143.6	62	60.5	5.89	32	9135	2.50
尼日利亚	—	198.6	5746	56.3	2.70	169	2548	2.56
南非	722	123.7	2045	53.0	4.39	73	7575	3.20
苏丹	—	139.4	1152	48.1	—	159	1723	1.90
坦桑尼亚	—	188.9	2303	78.6	4.11	139	842	2.32
赞比亚	—	182.2	660	75.3	5.07	97	1619	2.31
津巴布韦	—	60.6	751	82.4	3.27	155	819	2.25

注:"—"指数值缺失;月平均工资为2010—2013年数据,警务部门可靠性为2013年数据,物流绩效指数:基础设施为2014年数据,其他均为2015年数据。
资料来源:世界银行、世界劳工组织和Fraser Institute。

由表3-8可知,大部分非洲国家的人均GDP都很低,所选取的非洲国家中只有赤道几内亚、毛里求斯和南非的人均GDP比中国高,其他国家的人均GDP都比中国低。大多数非洲国家是中等收入和低收入国家,经济不发达使得这些国家的工资水平较低,如埃塞俄比亚月平均工资不到中国的十分之一。非洲劳动力供应一直都非常丰富,拥有

五十多个国家和地区的非洲人口众多,2015 年非洲地区约有 11.71 亿人口①,拥有近 4.53 亿劳动人口,25 岁以上劳动参与率为 72.7%②。同时非洲国家的人口增长速度较快,据世界银行统计数据可知,2015 年仅有两个国家(毛里求斯和利比亚)的人口增长速度低于中国(0.51%),世界人口增长速度仅为 1.18%,而非洲有 12 个国家③人口增长速度在 3% 以上,其中尼日尔高达 4% 以上。并且所选取的 16 个国家中,接近一半的国家劳动参与率高于中国,尤其是赤道几内亚、埃塞俄比亚和津巴布韦三国的劳动参与率在 80% 以上,说明这些国家的劳动适龄人口工作意愿较强。

除安哥拉、赤道几内亚和埃塞俄比亚外,其他国家的劳动生产率并不高,在一定程度上制约了非洲劳动力优势的发挥;除阿尔及利亚、加纳、毛里求斯和赞比亚之外,其余大多数国家的警务部门可靠性指数均在 5 以下;除毛里求斯、南非和赞比亚,其他国家的营商便利指数排名都在 100 位以后;除南非之外,基础设施指数都在 3 以下,这些因素都会在一定程度上削弱非洲国家的竞争力。

总体来看,虽然存在着基础设施不佳、政府效率低等不利因素,但非洲工资水平低、劳动力供应充足,并且自然资源十分丰富,存在一定的制造业发展空间,经过努力或许可以使制造业成为推动经济发展的主导部门,给全球的投资商带来新机会,非洲地区有可能承接中国制造业的转移。

(四)向南美洲转移

南美洲包括阿根廷、玻利维亚、巴西、智利、哥伦比亚、厄瓜多尔、法

---

① 资料来源:2015 年世界人口数据报告。
② 资料来源:世界劳工组织。
③ 12 个国家分别为:乌干达、乍得、冈比亚、刚果(金)、南苏丹、坦桑尼亚、塞内加尔、安哥拉、尼日尔、布隆迪、赞比亚和马拉维。

属圭亚那、圭亚那、巴拉圭、秘鲁、苏里南、乌拉圭和委内瑞拉13个国家,2015年南美洲人口4.14亿①。

南美洲各国中,阿根廷、智利、法属圭亚那、乌拉圭和委内瑞拉5个国家都是高收入国家,在此不予考虑。由表3-9可知,所选取的8个南美洲国家反映其工资水平的变量数据值缺失较多,但人均GDP数值的大小在一定程度上能反映出该国工资水平,如巴西的人均GDP远高于中国,相对应其工资水平高于中国,而玻利维亚人均GDP远低于中国,相对应其工资水平低于中国,工资水平低有利于承接产业转移。但同时,除巴西外,其余各国的劳动人口规模较小;所有南美洲国家的劳动生产率都不高,2015年人均产出都在160美元以下(2000年=100);除巴西外,其余各国的劳动人口规模均较小;绝大多数国家的劳动参与率都不高;除哥伦比亚和苏里南外,其余各国的警务部门可靠性指数均在5以下;除哥伦比亚和秘鲁外,其余各国的营商便利指数都在100以后;所有国家的基础设施指数均在3以下,这些因素均不利于制造业的承接。

表3-9　影响中国制造业向南美洲国家转移的因素对比

国别	月平均工资(美元)	劳动生产率(美元)	劳动人口(万)	劳动参与率(%)	警务部门可靠性	营商便利指数排名	人均GDP(美元)	物流绩效指数:基础设施
中国	692	362.7	80761	70.9	5.50	84	6416	3.66
玻利维亚	134	124	530	73.1	4.09	157	2373	2.17
巴西	873	108.9	10737	67.1	4.85	116	11159	2.93
哥伦比亚	—	123.1	2504	68.6	5.07	54	7448	2.44
厄瓜多尔	—	135.5	736	64.2	4.41	117	5337	2.50
圭亚那		126.5	33	59.5	2.99	137	3663	2.40
巴拉圭	—	116.6	332	71.5	2.09	100	3825	2.46

①　资料来源:2015年世界人口数据报告。

续表

国别	月平均工资(美元)	劳动生产率(美元)	劳动人口(万)	劳动参与率(%)	警务部门可靠性	营商便利指数排名	人均GDP(美元)	物流绩效指数:基础设施
秘鲁	523	152.5	1676	74.1	2.69	50	5974	2.72
苏里南	—	136.8	22	54.5	5.75	156	9279	2.17

注:月平均工资为2009—2013年数据,警务部门可靠性为2013年数据,物流绩效指数:基础设施为
　　2014年数据,其他均为2015年数据。
资料来源:世界银行、世界劳工组织和Fraser Institute。

　　南美洲最大的国家是巴西,劳动力供应充足,2015年劳动人口10737万(见表3-9),制造业的产值也由1990年的1875亿美元增长到了2015年的2507亿美元,增长了1.34倍[1],但巴西劳动力价格上升很快,2013年其月平均工资为873美元,而同期中国仅为692美元,劳动力价格较高限制了巴西对中国制造业转移的承接。玻利维亚、厄瓜多尔、圭亚那、巴拉圭等国人均GDP较低,经济发展水平不高,劳动力工资低,但这些国家劳动人口很少,承接制造业转移的可能性不大。秘鲁月平均工资水平较高,同时劳动生产率较低,哥伦比亚、苏里南人均GDP高于中国,且苏里南的劳动人口仅为22万,这些因素限制了其承接制造业的转移。

　　总体来说,南美洲部分国家工资水平高,劳动生产率低、营商不便利、基础设施不佳,此外据世界银行数据可知,2013年哥伦比亚的基尼系数为0.53,巴西为0.53,智利为0.50,贫富差距较大使这些国家的社会治安状况很差,这些因素使南美洲国家的投资吸引力不大,较难成为中国制造业转移的承接者。

　　总结以上分析,可以得出以下结论:南亚和南美洲不太可能成为中国制造转移的承接者。东南亚和非洲地区部分国家具有劳动力价格低

――――――――――

　　① 资料来源:世界银行。

和劳动力供应充足的优势,使这两个地区未来成为中国制造业的转移方向。但同时,东南亚国家的劳动人口基数不大,而中国制造业规模很大,中国制造业的就业人员为1.24亿人[1],一旦东南亚国家劳动力需求剧增,劳动力成本就会很快上升。相较之下,非洲的劳动力优势非常明显,2015年非洲有11.71亿人口,年轻人比例很高,2015年非洲15—24岁的劳动人口占比为50%[2],劳动力供应充足,工资水平较低。非洲是中国劳动密集型产业转移的下一站(孙琦子,2014),同时劳动密集型产业转移方面,已有中国华坚集团成功转移到埃塞俄比亚的案例。

第四节 非洲承接国际(中国)产业转移的现实基础

一、非洲承接制造业转移的比较优势

一国要想承接产业转移,必须在生产要素某些方面具有比较优势乃至绝对优势,比如资源优势、劳动力优势、资本优势、技术或信息优势。如果把非洲视为一个整体,那么这个由五十多个国家组成的大陆在自然资源和劳动力资源方面拥有绝对优势。

(一)自然资源

非洲属于世界六大产油区之一,被称为"第二个海湾地区",截至2015年年末非洲石油储量1291亿桶,是1995年年末(720亿桶)的1.79倍(见表3-10),石油储量增长快速。由表3-10可知,截至2015年年末,非洲石油的探明储量为1291亿桶,占世界石油探明总储量的7.6%,非洲石油储采比为42.2年,石油储采比仅次于中南美洲与中东两个地区。随着石油勘探开发技术的深入发展,非洲石油的探明储量或将进一步提

---

① 林毅夫:《"一带一路"需要加上"一洲"》,《党政论坛》2015年第4期,第32页。
② 资料来源:世界劳工组织。

高。非洲地区石油产量增速也很快,2015 年石油产量为 837.5 万桶/天,是 1965 年(224 万桶/天)的 2.74 倍(见图 3-6)。另据 2016 年 BP 世界能源统计回顾报告可知,截至 2015 年非洲已探明天然气储量约 14.1 万亿立方米,占世界总储量的 7.5%,是世界重要的天然气储产区。

表 3-10 非洲及其他地区石油探明储量

地 区	1995 年年末	2005 年年末	2014 年年末	2015 年年末		
	储量(十亿桶)	储量(十亿桶)	储量(十亿桶)	储量(十亿桶)	占比(%)	储采比(年)
北美洲合计	126.9	223.6	238.0	238.0	14.0	33.1
中南美洲合计	83.7	103.6	331.7	329.2	19.4	117.0
欧洲和欧亚大陆合计	141.2	139.5	154.6	155.2	9.1	24.4
中东合计	663.3	755.5	803.8	803.5	47.3	73.1
非洲合计	72.0	111.3	129.3	129.1	7.6	42.2
亚太合计	39.1	40.8	42.6	42.6	2.5	14.0
世界合计	1126.2	1374.4	1700.0	1697.6	100.0	50.7

注:储采比是指年末剩余储量除以当年产量得出剩余储量按当前生产水平尚可开采的年数。
资料来源:2016 年 BP 世界能源统计回顾。

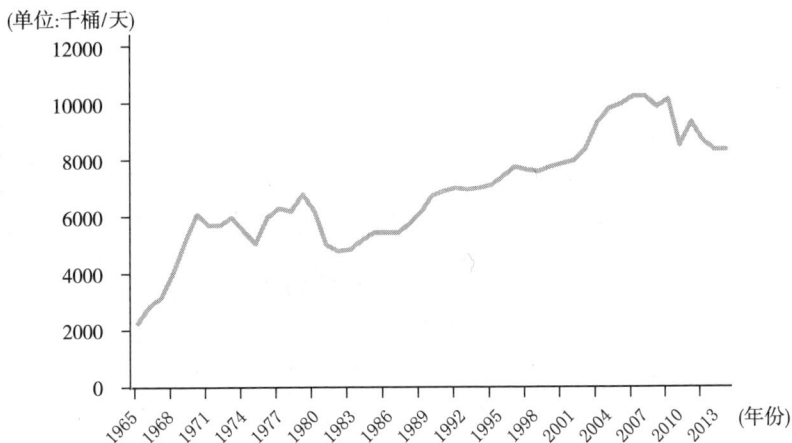

图 3-6 非洲石油产量情况(1965—2015 年)

资料来源:BP Global。

非洲大陆素有"世界原料仓库"的美誉,基本富含工业化所需的各种原材料。非洲拥有的黄金、钻石、铜、银、铀、锰、钴、铬、铂、锗、钯、磷酸盐等十几种珍稀矿物储量均居世界第一位;非洲约22%的土地面积被森林覆盖,盛产红木、黑檀木、花梨木、乌木、胡桃木等多种名贵木材;非洲还是世界可可、咖啡、天然橡胶、油棕、剑麻、丁香、花生、棉花、烟叶等经济作物的重要产地;非洲的渔业、畜牧业资源也相当丰富①。英国之所以最早成为世界工厂,处于其殖民统治之下的非洲国家作为工业原料供应地发挥了不可或缺的作用。日本和中国在走向世界工厂的进程中同样大量借助了非洲的工业原料,只是它们获取原料的手段不再是英国式的武力和强权,而是国际贸易。可以说,对于当前全球所有发达国家的发展,乃至全球工业化与现代化进程的推进,非洲这个原料仓库作出了巨大的贡献。在全球已探明资源不断减少、资源价格日趋攀升的今天,非洲资源优势在生产要素中的重要性更加凸显。所以,在自然资源要素方面,非洲承接制造业转移的条件优越。

(二)劳动力

1. 非洲人口总数多

非洲国家自独立以来人口快速增长,由图3-7可知,1961—2011年五十多年间,非洲人口增长率一直保持在高于世界人口增长率的水平上,两者之间的差距并没有缩小的趋势,非洲人口总量迅速增加;同时自1971年以来,非洲的人口增长率一直高于中国,并且中国人口增长率呈现明显的下降趋势,非洲与中国人口增长率之间的差距将继续扩大。另据世界银行统计数据可知,2011年非洲人口总数为10.34亿,相当于1961年2.8亿的3.69倍,同期中国人口总数和世界人口

---

① 资料来源:2011年撒哈拉以南非洲年鉴。

总数仅为 1961 年的 1.03 倍和 1.33 倍,非洲人口增长速度远高于中国和世界。

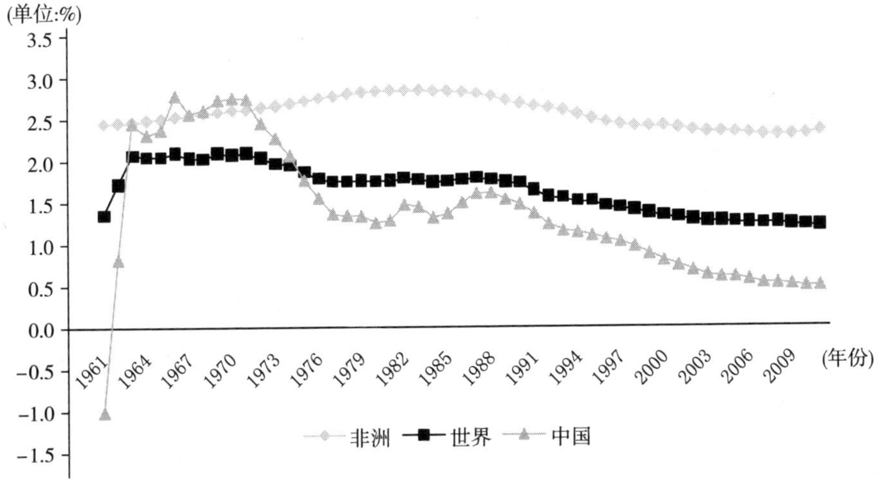

(单位:%)

图 3-7 人口增长率的变动及对比(1961—2011 年)
资料来源:世界银行。

2. 劳动力供应充足

人口基数庞大带来了充足的劳动力供应,据世界劳工组织统计数据可知,2015 年非洲 15 岁及以上劳动力总数为 6.93 亿,非洲 15 岁及以上劳动力占世界的比重已由 1991 年的 9.8% 上升到 2015 年的 12.8%,预计 2020 年会进一步上升到 13.7%。非洲 15 岁及以上劳动力增长速度也明显高于世界和中国水平,并且增速差距有扩大的趋势,1992—2020 年非洲 15 岁及以上劳动力增长速度均在 2% 以上,部分年份高于 3%,而同期世界 15 岁及以上劳动力增长速度均在 2% 以下,并且呈现略微下降的趋势,中国 15 岁及以上劳动力增长速度均在 1.7% 以下,下降趋势明显,且预计到 2019 年将变为负值(见图 3-8)。可以预测,在未来一段时间非洲地区仍将是世界人口和劳动力增长速度最快的地区,劳动力资源十分丰富。

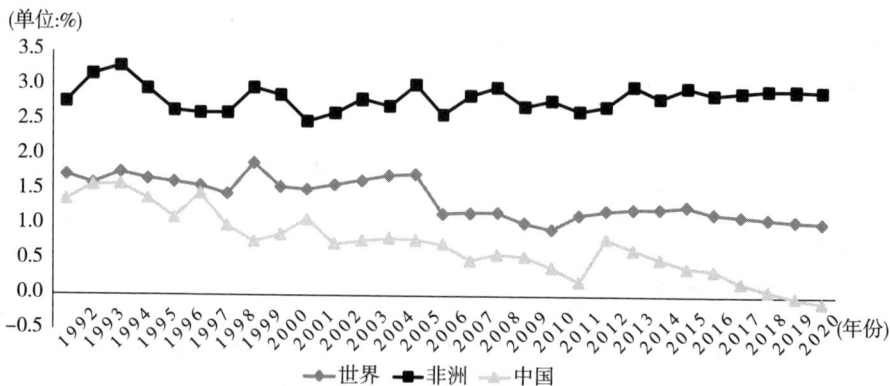

（单位:%）

图 3-8　15 岁以上劳动力增长率的变动及对比（**1992—2020 年**）

注:2018 年及以后是预测值。

资料来源:世界劳工组织。

3. 劳动力后备力量充足

由图 3-9 可知,1990—2014 年间撒哈拉以南非洲 0—14 岁人口占总人口的比重远高于世界和中国水平,同时差距有扩大的趋势。2014 年撒哈拉以南非洲 0—14 岁人口占总人口的比重高达 42.14%,同期世界水平仅为 26.22%,中国为 17.2%。非洲人口具有明显的年轻化特点,使其具有转化为丰富劳动力资源的条件及潜力,非洲劳动力储备良好,未来劳动力供给良好。

4. 劳动力成本低

部分非洲国家已经在制造业细分产业具有明显的劳动力成本优势。由表 3-11 可知,在 Polo 衫、乳制品、木质座椅、冠形瓶塞、皮鞋和研磨小麦六个产业里的月工资比较中,埃塞俄比亚、坦桑尼亚和赞比亚这三个非洲国家产业中具有劳动力成本优势,月工资明显低于中国,如埃塞俄比亚熟练工人工资大概只占中国熟练工人工资的 1/4。同时在埃塞俄比亚、坦桑尼亚、赞比亚三国中,埃塞俄比亚在六个制造业细分产业中的熟练工人和非熟练工人的工资最低。

(单位:%)

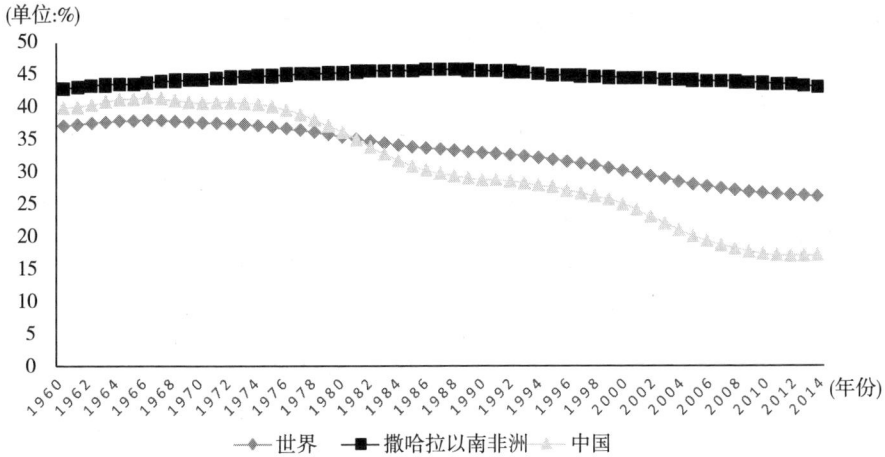

图 3-9 14 岁以下人口占总人口比例的变动及对比(1960—2014 年)

资料来源:世界银行。

表 3-11 中国与部分非洲国家制造业部门的月工资比较(2011 年)

(单位:美元)

行业	中 国		埃塞俄比亚		坦桑尼亚		赞比亚	
	熟练工人	非熟练工人	熟练工人	非熟练工人	熟练工人	非熟练工人	熟练工人	非熟练工人
Polo 衫	311—370	237—296	37—185	26—48	107—213	93—173	—	—
乳制品	177—206	118—133	30—63	13—41	150—300	50—80	106—340	54—181
木质座椅	383—442	206—251	81—119	37—52	150—200	75—125	200—265	100—160
冠形瓶塞	265—369	192—265	181	89	—	—	510	342
皮鞋	296—562	237—488	41—96	16—33	160—200	80—140	—	—
研磨小麦	398—442	192—236	89—141	26—52	200—250	100—133	320—340	131—149
平均	305—399	197—278	77—131	35—53	153—233	80—130	284—364	157—208

资料来源:全球发展方案(Global Development Solutions)。

表 3-11 中的数据是指付给工人的现金工资,但劳动力成本并不仅仅包括现金工资,还包括雇主养老金计划、医疗保险、失业保险和其他附加福利,以及雇主支出培训、住房、娱乐费用,等等。尽管非工资成本的数据并不容易获得,但中国劳动力的非工资成本往往很高,而且上升很快,非工资成本比现金工资增速更快。而许多非洲国家的劳动力非工资成本很低,而且在未来很长一段时间内都将有可能保持这样。

无论是在当下还是在未来,一些非洲国家具有进入劳动密集型制造业的成本优势。

5.非洲劳动参与率高

劳动参与率①作为衡量居民参加生产活动的一个指标,在一定程度上反映了潜在劳动力对于工作收入和闲暇的选择偏好。一般情况下,经济越发达的国家,劳动参与率越低,劳动力成本越高,因为人们选择更多的闲暇。由图 3-10 可知,1990 年以来撒哈拉以南非洲的劳动参与率一直高于世界平均水平,并且两者之间的差距在扩大;同时虽然中国的劳动参与率一直高于非洲,但两者之间差距逐渐在缩小,2013年差距仅为 1%。这说明非洲工资水平仍比较低,使每个家庭中需要更多的成员参与劳动才能获得维持生计的基本收入,进而每个家庭扩大了家庭对社会的劳动力供应。

(单位:%)

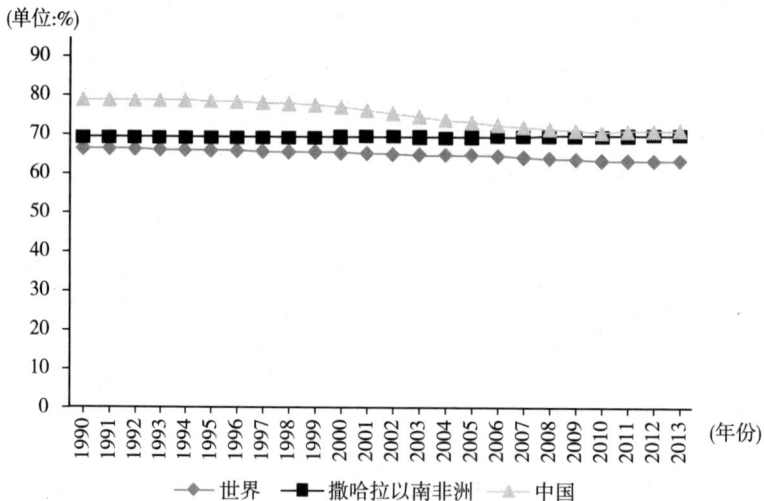

图 3-10   15 岁以上人口劳动参与率的变动及对比(1990—2013 年)

资料来源:世界银行。

———

① 经济活动人口(包括就业者和失业者)占适龄劳动人口的比例。

随着中国劳动力成本的上升,非洲国家应该抓住机遇,充分利用自己自然资源丰富和劳动力充足的优势,积极利用外国直接投资来克服资本和技术不足的问题,承接产业转移,加速非洲制造业的发展进程。

二、非洲承接制造业转移的比较劣势

就资本和技术两项生产要素而言,非洲国家在承接国际产业转移上基本不具备比较优势,甚至可以说处于劣势,同时非洲的制度建设也是一大劣势。

(一)资本

非洲是一个资本要素严重不足的大陆。资本形成的主要来源是储蓄和外国直接投资。非洲整体人均收入低、储蓄总量不足、资本积累有限,虽然近年来外资流入规模很大,但制造业发展投资的资金缺口依然很大。

1.非洲储蓄总量较低

储蓄是资金形成的稳定来源,可以用作资本投资。一直以来非洲的总储蓄量都很低,非洲大部分是中等收入和低收入国家,人均 GDP 不高,生活成本占了收入的很大比重,可用于储蓄的资金比较少。由图 3-11 可知,1970—2011 年非洲国内总储蓄量与世界相比是很低的,同时 1984 年以来中国国内总储蓄量也高于非洲。由世界银行统计数据可知,2000—2011 年非洲国内总储蓄占世界总储蓄的 2.65%,而 20 世纪 70 年代时这一数值为 3.59%,相比之下有所下降,说明非洲国内总储蓄的增长速度很慢。此外,由图 3-12 可知,非洲国内储蓄率也低于世界水平,且远低于中国,1970—2011 年非洲国内储蓄占 GDP 的比重都低于世界和中国水平,但进入 2000 年以来,非洲国内储蓄占 GDP 的比重明显有往世界水平靠近的趋势,但与中国的差距相比于 20 世纪 70 年代反而有所扩大。

(单位:10亿美元)

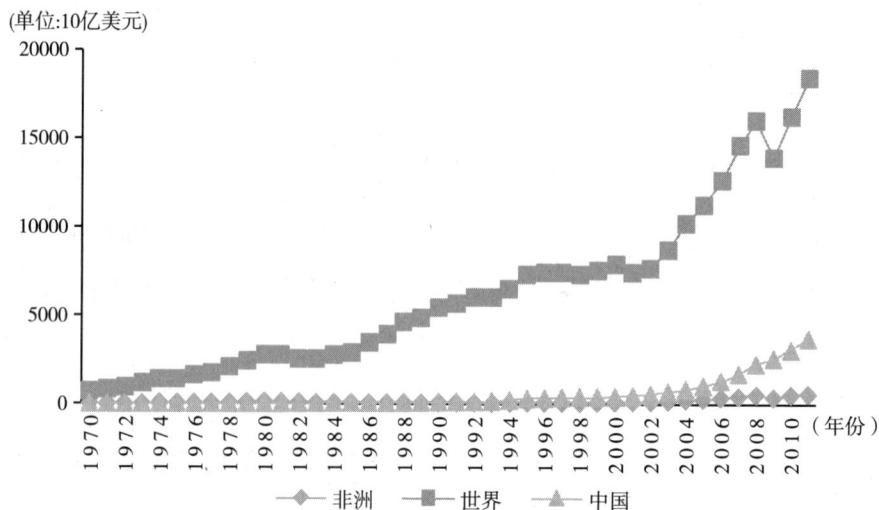

图 3-11　国内储蓄总量的变动及对比(1970—2011 年)

资料来源:世界银行。

(单位:%)

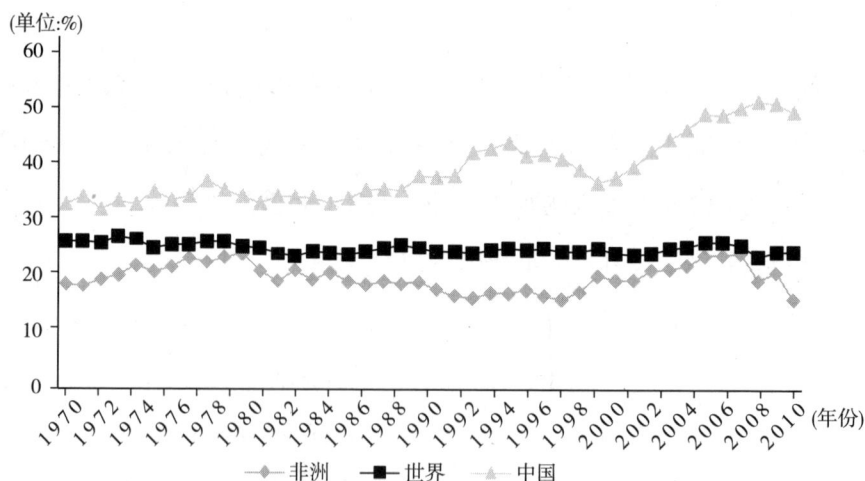

图 3-12　国内储蓄占 GDP 比重的变动及对比(1970—2011 年)

资料来源:世界银行。

2. 非洲外国直接投资总量不高

非洲资源富饶、人口众多,具备吸引外国直接投资的条件,但缺乏良好的投资环境、健全的基础设施和规范的管理制度等保障,使得非洲在很长的时间里成为外国直接投资最不愿意"光顾"的大陆。通过第二章的分析可以看到,进入 21 世纪以来,非洲获得的外国直接投资有所增加,但在世界总量中的比例依然很低。同时,从横向比较情况来看,非洲的外国直接投资占世界总量的比例依然很小,低于世界其他发展中地区。

（二）技术

现代分工体系中,发达国家和发展中国家之间的差距主要体现在科学技术水平上。非洲大部分国家的人均 GDP 不高、研发投入较少、教育支出不足、医疗卫生条件较差等原因,使非洲的科技实力与世界其他国家和地区相比,还有很大的差距。科技水平的落后使非洲在对外贸易中大量出口农产品和矿产品、进口工业制成品。

非洲的研发投入较低,由表 3－12 可知,相比于世界其他国家和地区,非洲研发投入占 GDP 的比重较低,另据世界银行统计数据可知,在可获得数据的 28 个非洲国家中,研发投入占 GDP 的比重均在 1% 以下,仅有 9 个国家的比重在 0.5% 以上,分别是加蓬（0.58%）、南非（0.73%）、埃塞俄比亚（0.61%）、塞内加尔（0.54%）、摩洛哥（0.73%）、突尼斯（0.68%）、肯尼亚（0.79%）、埃及（0.68%）和马里（0.66%）。而 2013 年欧洲与中亚地区、东亚和太平洋地区以及中国的这一比重分别为 1.83%、2.50% 和 2.01%。

表3-12 非洲及世界其他国家和地区研发投入情况

（单位:%）

国家和地区	年份	占GDP比重
世界	2012	2.17
撒哈拉以南非洲	2007	0.55
中东和北非	2010	0.36
南亚	2011	0.77
北美	2012	2.69
欧洲与中亚地区	2013	1.83
拉丁美洲和加勒比地区	2012	0.76
东亚和太平洋地区	2013	2.50
中国	2013	2.01

资料来源:世界银行。

另外,由撒哈拉以南非洲和世界发表的科技期刊文章数量也可以看出非洲在科研上的大致状况。由图3-13可知,2000年以前撒哈拉以南非洲发表的科技期刊数的增长速度基本都在中国和世界增长速度之下。同时,撒哈拉以南非洲科技期刊文章占世界总数的比重依然很低,据世界银行统计数据可知,1985年撒哈拉以南非洲每年发表的科技期刊文章数量占世界总数的比重为1.04%,2000年该数值降为0.68%,之后缓慢上升,到2013年时上升到0.92%,仍低于1985年的水平,总体上呈现出先下降后上升的趋势,尽管跟世界其他国家和地区的差距还很大,但2000年以来撒哈拉以南非洲发表科技期刊文章数增速较快,预计接下来非洲的科研能力会有一定程度的改善。2000年以后撒哈拉以南非洲发表的科技期刊文章数的增长速度加快,绝大多数年份都在世界增长速度之上(见图3-13),说明非洲近十几年来在科技期刊文章的绝对数量上提高很快,科研水平上有了一定提升。

（三）制度

制度是产业发展的保障,但大多数非洲国家的制度并不完善。制

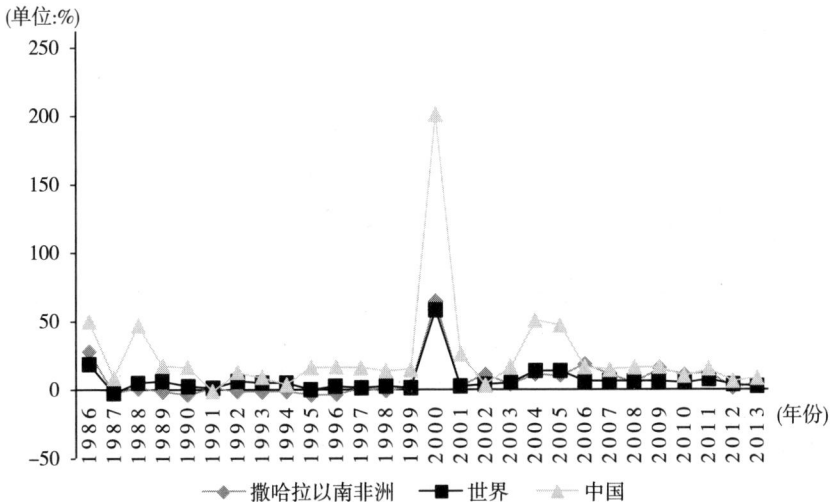

图 3-13　科技期刊文章数量增长速度的变动及对比(1986—2013 年)

资料来源:世界银行。

度缺失的国家腐败问题一般较为严重,而腐败又进一步加剧了制度的不完善性。非洲很多国家长期遭受腐败之苦。

根据透明国际(Transparency International, TI)2014 年清廉指数(Corruption Perception Index, CPI)可知,只有四个非洲国家高于 50 分(见表 3-13)。清廉指数采用百分制(0—100 分),分值越大越清廉,其中,80—100 分表示比较清廉,说明制度建设比较完善,基本控制了腐败;50—80 分为轻微腐败,说明总体清廉状况比较好,但存在着腐败的领域;25—50 分为严重腐败,说明腐败问题已经对国家的发展构成了严峻挑战;0—15 分为极端腐败,说明政治制度十分腐败,政府在反腐方面无作为。非洲作为一个市场不发达、法制不健全、政府干预经济力度较大的地区,腐败问题比较严重。透明国际的指标大体反映了非洲国家的基本情况。通过数据分析,非洲整体在制度建设上是落后于世界平均水平的。在透明国际的指标中,博茨瓦纳获得 63 分,被认为是非洲腐败程度最低的国家。其他超过 50 分的国家分别是：佛得角（57 分）、塞舌尔（55 分）和毛里求斯（54 分）。排名最后的几个国家分别是索马里、苏丹、利比亚、南苏丹、厄立特里亚、几内亚比绍和安哥拉。非洲在制度建设上的问题使得政权更迭频繁，这毫无疑问已经影响了非洲的发展，影响了非洲在制造业发展战略、发展目标和发展方向上的政策持续性，不利于非洲承接国际制造业的转移。

表3-13 非洲国家的清廉指数（2014 年）

非洲国家	清廉指数	全球排名	非洲国家	清廉指数	全球排名
博茨瓦纳	63	31	冈比亚	29	126
佛得角	57	42	多哥	29	126
塞舌尔	55	43	马达加斯加	28	133
毛里求斯	54	47	喀麦隆	27	136
莱索托	49	55	尼日利亚	27	136
纳米比亚	49	55	科摩罗	26	142
卢旺达	49	55	乌干达	26	142
加纳	48	61	几内亚	25	145
南非	44	67	肯尼亚	25	145
塞内加尔	43	69	中非	24	150
斯威士兰	43	69	刚果（布）	23	152
圣多美和普林西比	42	76	乍得	22	154
贝宁	39	80	刚果（金）	22	154
布基纳法索	38	85	津巴布韦	21	156
赞比亚	38	85	布隆迪	20	159
加蓬	37	94	安哥拉	19	161
利比里亚	37	94	几内亚比绍	19	161
尼日尔	35	103	厄立特里亚	18	166
吉布提	34	107	南苏丹	15	171
埃塞俄比亚	33	110	索马里	8	174
马拉维	33	110	突尼斯	40	79
科特迪瓦	32	115	摩洛哥	39	80

非洲国家	清廉指数	全球排名	非洲国家	清廉指数	全球排名
马里	32	115	埃及	37	94
莫桑比克	31	119	阿尔及利亚	36	100
塞拉利昂	31	119	利比亚	18	166
坦桑尼亚	31	119	苏丹	11	173
毛里塔尼亚	30	124			

资料来源:2014年清廉指数,见 https://www.transparency.org。

　　非洲面临的不利因素还包括制造业基础薄弱,工业配套能力差,经营管理人才缺乏等。不过,总的来看,非洲在自然资源和劳动力资源方面的明显优势可以大大弥补其在资本、技术等方面存在的劣势,而且随着时间的推移,非洲的劣势在不断弱化,尤其是各国轰轰烈烈的道路基础设施项目建设和突飞猛进的电信基础设施投入,正在使非洲的投资环境不断改善,流入非洲的外资也在不断增加。在国际产业分工不断细化的背景下,世界范围的产业调整与转移越来越频繁,长期以来在资本、技术等方面具有比较劣势的一些后发国家,通常可以凭借其在劳动力或资源等方面的比较优势,并通过大力吸引外国直接投资"借力发展"的方式促进本国制造业的发展。

　　本章首先对第二次世界大战后的历次国际产业转移的历史特征做了简要梳理,并对20世纪90年代后国际产业转移的新趋势进行了讨论分析。本章认为,当前国际产业转移正在沿全球价值链的方向演变,价值链分工逐步将各国生产环节纳入到全球制造的一体化生产中;中国产业存在向外转移的趋势,中国企业"走出去"的现象开始显现并呈现步伐加快的态势。其次对国际产业转移的影响因素进行了梳理,结合全球各主要地区的劳动力成本、要素禀赋、劳动参与率和经济发展状况等,对中国产业转移的区域可能性展开了讨论。经过对比分析,本书认为,南亚和南美洲不太可能成为中国制造业国际转移的承接者;而东南亚和非洲的部分国家具有劳动力成本低和劳动力供应充足的优势,使得这两个地区未来成为中国制造业的转移方向。但一旦东南亚国家劳动力需求激增,劳动力成本很快上升;相较之下,非洲的劳动力优势非常明显,具有更好的现实基础承接劳动密集型产业转移。最后本章进一步对非洲承接制造业转移的优劣势做了简要分析。非洲拥有的丰富资源形成了得天独厚的资源禀赋,以及劳动力供给充足、劳动力成本低、劳动参与率高,使其在承接国际产业转移的进程中具备较好的比较优势。而不容忽视的是,非洲在承接国际产业转移的过程中,还存在资本不足、技术匮乏以及制度环境相对落后等制约因素。因此,非洲国家应不断改善基础设施和投资环境,借助外国直接投资,积极利用外国直接接投资来克服资本和技术不足的问题,加速制造业的发展进程。

第四章 国际产业转移对非洲制造业 发展水平的影响分析

从第二次世界大战后国际产业转移的路径来看,世界范围内先后出现过三次较大规模的产业转移事件:第一次是战后美国的钢铁、纺织等传统制造业向日本、德国转移;第二次是 20 世纪 70 年代日本轻工、纺织等劳动密集型加工产业向"亚洲四小龙"和拉美国家转移;第三次是在 20 世纪 80 年代中国改革开放后"亚洲四小龙"又将产业转移至中国大陆。随着近年来中国劳动力成本不断上升,国际劳动密集型产业正经历第四次转移,关于在产业转移承接地的选择上,非洲具有很大的可能性,前文已对非洲承接此轮国际产业转移的现实基础展开了系统的分析。韦斯布罗德和惠利(Weisbrod 和 Whalley,2011)的研究表明,中国对撒哈拉以南非洲的投资并非简单地对大宗商品的需求而是对其经济增长有着显著的影响。当然经济增长并不等同于制造业发展,当下大多数非洲国家推进结构转型,希望劳动力和经济活动从生产率较低的农业向劳动密集型的制造业转移。于是关键问题就在于:国际产业转移以及中国对非投资对非洲制造业发展水平将产生何种影响?

国际产业转移对非洲经济发展的影响效应,尤其是对非洲国家制造业发展的影响效应,是本章讨论的焦点问题。通常来讲,国际产业转移主要有两种方式:一是通过企业兼并、联合研发或并购的方式来拓展国际市场,更新技术,实现产业结构的升级;二是通过外国直接投资的方式,把在国内失去竞争优势或者希望获得竞争优势的产业转移到其他国家。从本质上来说,外国直接投资反映了产业国际梯度转移的规律。无论从理论界还是政策实践层面,以 FDI 为载体的国际产业转移与东道国可持续发展相互作用,一直是备受讨论和关注的焦点问题。对于非洲国家而言,首要的经济发展目标是通过引入 FDI 丰富国内资本,助推产业升级,从依靠农业或资源转向附加值更高的制造业,利用后发优势,积极承接国际产业转移;另外,借助 FDI 带来的先进技术和管理经验,提升和塑造国内传统产业。

本章主要通过实证检验,考察国际产业转移及中国对非投资对非洲国家制造业发展水平的影响效应。文章首先对主流文献关于 FDI 影响效应的理论机制进行了梳理,并基于此提出了相应的研究假设;通过构建实证研究模型,选取 1970—2014 年 53 个非洲国家全样本跨国面板数据,就 FDI 流入对制造业发展的影响效应进行了实证检验。对这些问题的探讨有助于了解国际产业转移对非洲经济发展的影响效应,可为非洲国家调整利用 FDI 政策并使之与非洲本地经济协调发展提供参考建议。

第一节　理论机制分析与研究假设的提出

跨国公司通过 FDI 向国外转移本国不再具有成本优势的产业或边际产业,是国际产业转移的主要实现方式。前文的文献综述部分讨论了 FDI 与制造业转移理论的相关理论观点,可以看到,发展中国家经济发展中的外国直接投资(FDI)因素一直是经济学界经久不衰的论题之一。基于雁形模式理论的观点,工业化国家倾向于将自身成熟的产业通过对外投资转移至发展中国家,以改变自己的比较优势。从上几轮国际产业转移的运行特点来看,国际产业转移主要发生在制造业领域,而对于非洲来说,制造业是非洲国家亟须大力发展的产业,这与当前全球劳动密集型制造业转移的趋势相吻合。从现有文献研究的演进脉络来看,国际产业转移对东道国制造业发展的传导机制主要体现在两个方面:

首先,FDI 对制造业发展水平具有直接作用。FDI 可以通过资本积累使发展中东道国弥补现实存在的储蓄缺口,这对促进经济增长和制造业发展有积极影响。钱纳里和斯特劳特(1966)提出"两缺口"理论模型揭示了发展中国家吸引外资、承接产业转移的必要性,这也成为20世纪80年代中国吸引外资实现经济腾飞的理论基础。从一定程度上讲,弥补资金缺口是促进发展中国家制造业发展的前提条件。当然,这要求 FDI 没有挤出发展中东道国的国内投资。伯仁茨特恩等(1998)基于69个发展中国家的实证研究表明,FDI 没有对这些发展中东道国国内资本投资形成"挤出效应"。正因为如此,我们可以看到,世界各国对 FDI 均保持着友好和开放的态度,大部分发展中国家的外商投资法提出创造有利环境吸引 FDI 流入。FDI 对发展中东道国资本形成的影响主要表现在互补效应方面:第一,从投资国和国际资本市场带来了东道国急需的资金和技术;第二,跨国投资引起投资的乘数效应,一个项目的落地牵引带动东道国企业围绕配套产业扩大投资;第三,改善东道国的投资环境,对国内资本形成起到补充和促进作用。

其次,FDI 对制造业发展水平具有间接作用。间接作用指技术转移和溢出效应。技术转移提高制造业发展的劳动生产率。发展中国家获得先进技术的一个重要途径就是通过跨国企业对东道国投入的 FDI(伯仁茨特恩等,1998),另一个主要途径是通过中间产品的进口(Lee,

1995)。FDI流入东道国工业和制造业,可以建立起新的、效率更高的生产函数,使生产的投入成本下降(这种下降在人力资源充足的情况下尤为明显)。一般情况下,FDI总是有较高的技术成分,FDI的这种技术载体功能可以通过生产性服务业、高新技术产业FDI体现出来,也可以通过其实际投资经营过程中不断地进口中间产品的方式体现出来。除此之外,FDI对东道国还具有技术扩散效应。从宏观层面来讲,FDI对东道国产业发展的投入结构和产品结构产生影响,形成市场竞争的激励机制和技术的创新扩散效应,对本地企业形成技术溢出效应,进而促进全社会劳动生产率的提高。这一点得到许多经验研究的证实,下章将专门展开讨论。大量经验研究(伯仁茨特恩等,1998;亚沃希克,2004;刘,2008)都表明FDI的垂直效应或水平效应在一定程度上提高了劳动生产率。

综合上述分析,本书提出研究假设H1:国际产业转移对非洲制造业发展有积极的助推作用。换言之,FDI的流入有助于非洲东道国制造业人均产出水平的提高。

第二节 国际产业转移对非洲制造业发展影响效应的实证检验

一、回归模型构建与指标说明

本书构建了模型(4.1)来考察FDI流入对制造业发展水平的影响效应。

$$MANU_{i,t} = \alpha_0 + \alpha_1 MANU_{i,t-1} + \alpha_2 FDI_{i,t-1} + \alpha_3 X_{i,t-1} + \varepsilon_{i,t} \quad (4.1)$$

其中,i代表国家,t代表年份,$MANU$代表制造业发展水平,

$FDI_{i,t-1}$ 为核心解释变量，$MANU_{i,t-1}$ 为被解释变量滞后项，$X_{i,t-1}$ 代表除被解释变量滞后项外的控制变量向量，包括人均 GDP、固定资产投资、外贸依存度和农业部门增加值占 GDP 比重等指标变量（引入这些控制变量的理由见下文解释变量说明），$\varepsilon_{i,t}$ 为随机干扰项。上述模型用来检验研究假设 H1。如果在回归模型（4.1）中表示国际产业转移的变量 FDI 的回归系数 α_2 显著为正，说明 H1 为真，即国际产业转移对非洲制造业发展水平的提升有积极的助推作用；若系数不显著，则说明 FDI 并不能影响非洲制造业的发展水平。本书选取非洲 53 个国家[①]跨国面板全样本数据对上述问题进行研究，时间跨度为 1970—2014 年。本章数据主要来源于 UNCTAD 数据库和世界银行的 WDI 数据库。

1. 被解释变量

制造业发展水平（$MANU_{i,t-1}$）是本书分析的核心变量，这里以实际人均制造业增加值作为制造业发展水平的代理变量。通常文献采用制造业增加值占 GDP 的比重来衡量制造业发展水平，比如钱德拉（Chandra,1992）、多津（Dodzin）和瓦姆瓦奇迪斯（Vamvakidis,2004）以及康和李（Kang 和 Li,2011;UNIDO,2013）。但由于非洲国家主要为资源富集型经济体，非洲资源部门的产值波动较大，用制造业增加值占 GDP 的比重作为衡量制造业发展水平的指标可能存在偏差（Wolf,2013、2016）[②]。借

---

① 具体包括：毛里塔尼亚、塞内加尔、冈比亚、马里、几内亚比绍、几内亚、塞拉利昂、佛得角、利比里亚、科特迪瓦、加纳、多哥、贝宁、布基纳法索、尼日尔、尼日利亚、喀麦隆、赤道几内亚、刚果（布）、刚果（金）、加蓬、圣多美和普林西比、安哥拉、苏丹、埃塞俄比亚、厄立特里亚、吉布提、索马里、肯尼亚、布隆迪、乌干达、坦桑尼亚、马拉维、科摩罗、塞舌尔、马达加斯加、毛里求斯、卢旺达、赞比亚、莱索托、南非、斯威士兰、莫桑比克、津巴布韦、博茨瓦纳、纳米比亚、乍得、中非、埃及、利比亚、突尼斯、摩洛哥、阿尔及利亚。

② 由于非洲国家多为资源富集型经济体，资源部门产值波动大，若用制造业增加值占 GDP 比重这一指标衡量制造业发展水平，有时会出现指标在某一时间段占比下降的情况，单从占比指标看，则会被认为部分国家存在"去工业化"（或者制造业发展水平倒退）现象，这显然有失偏颇。用实际制造业人均增加值指标则更为客观，可以避免这一偏差。

鉴沃尔夫(Wolf,2013、2016)的做法,本书以实际人均制造业增加值作为衡量制造业发展水平的变量。

2.解释变量

由于学术界尚未形成统一的国际产业转移量化指标,本章采用FDI的相关数据来表示非洲承接国际产业转移的情况,以实证检验前文提及的研究假设。考虑到一国制造业发展存在"路径依赖"的特征,即制造业发展水平与上一期制造业发展状况有关系(上一期制造业发展水平构成当期制造业发展的基础)。同时,通过梳理已有文献,笔者发现大量研究表明制造业发展程度还取决于收入和市场规模特征、投资、国际贸易等因素(Murphy 等,1989a、1989b;Rowthorn 和 Ramaswamy,1997;Kang 和 Li,2011;Kaya,2010;罗欧森和拉马斯瓦米,1999)。因此,本书在实证模型中引入被解释变量滞后项、人均GDP、固定资产投资、对外贸易依存度等宏观变量作为回归模型的控制变量。

(1)被解释变量滞后项。考虑到一个经济体制造业发展存在路径依赖的特征,制造业发展是一个循序渐进的过程,上一期实际人均制造业增加值势必会影响当期的水平。因此,本书将被解释变量滞后项作为主要控制变量引入回归模型。

(2)FDI 在固定资产投资中的占比(FDI)。使用 FDI 在固定资产投资中的占比这一指标,可以体现 FDI 的相对贡献。本章主要关注制造业,但遗憾的是无法获得非洲国家 FDI 流入的行业细分数据。因此,笔者借鉴康和李(2011)和卡亚(2010)研究中的做法,用 FDI 流入占固定资产投资的比重(现价)来衡量 FDI 的相对贡献,作为表示国际产业转移的变量。如果前文提及的研究假设为真,则该解释变量的回归显著为正。

(3)人均 GDP(GDP/CAP)。家庭收入水平和市场规模是推动工业化理论的基本要素(墨菲等,1989a、1989b)。为减少模型的异方差性,本章使用对数形式的人均 GDP(2010 年不变价)作为家庭收入和市场规模的代理变量,并将这一指标变量作为控制变量引入回归模型。

(4)固定资本形成总额占比(INV)。固定资本形成总额在 GDP 中的占比。投资对 OECD 和发展中国家的工业化水平具有积极作用(罗欧森和拉马斯瓦米,1997;卡亚,2010;康和李,2011),罗欧森和拉马斯瓦米(1997)对此的解释是投资会产生对制造业产品的需求。因此,笔者使用固定资本形成总额在 GDP 中的占比(现价)来分析投资对制造业发展水平的影响,并将该变量作为控制变量引入回归模型。

(5)对外贸易依存度($FTRADE$)。即进出口总额在 GDP 中的占比。国际贸易也是制造业发展水平的一个解释因素,根据罗欧森和拉马斯瓦米(1999)的研究,制成品贸易顺差与国内制造业产出和就业呈正相关,而且可以弥补非制成品的贸易逆差。此外,罗欧森和拉马斯瓦米(1997)还发现进口对工业化水平有负向影响。卡亚(2010)发现,低技术产品的出口对工业化水平有积极影响。考虑到同时引入出口和进口指标变量作为控制变量引入回归模型后,可能会由于变量过多而引发多重共线性问题,结合上述文献研究,本章采用对外贸易依存度这一指标来综合衡量国际贸易对制造业发展水平的影响,并将该变量作为控制变量引入回归模型。

(6)农业部门增加值占 GDP 的比重($AGRI$)。根据非洲的实际情况,现行研究大多发现某些情况下非洲国家的农业部门有着显著的贡献,且农业部门的产值在经济中的占比普遍较大,这势必使经济发展形成路径依赖的特征,不利于制造业等部门的发展。结合已有文献的研究[①],根

---

①　康和李(2011)等文献的研究认为,一个部门的扩张(收缩)必然对应着其他部门的收缩(扩张),其使用服务业部门规模大小来分析经济合作与发展组织国家的去工业化和服务业涌现的现象。

据非洲国家的实际情况,本书在回归模型中加入农业增加值占国民生产总值的比重这一控制变量。

表4-1为模型主要变量说明及数据来源。

表4-1　模型主要变量解释与数据来源

变　量	描　述	数据来源
被解释变量		
制造业发展水平 （ln*MANU*）	取对数后的制造业实际人均产值	WDI 数据库
解释变量（控制变量）		
被解释变量滞后项	被解释变量滞后项	WDI 数据库
外国直接投资 （*FDI*）	FDI 占固定资产投资比重 （体现 FDI 的相对贡献）	UNCTAD 数据库
人均 GDP （ln*GDPCAP*）	取对数后的人均 GDP （衡量地区的市场规模和人均收入状况）	WDI 数据库
固定资产投资 （*INV*）	固定资产投资占 GDP 的比重	WDI 数据库
对外贸易依存度 （*FTRADE*）	以进出口总额占 GDP 的比重 来衡量对外贸易依存度	WDI 数据库
农业部门增加值 （*AGRI*）	农业增加值占 GDP 的比重	WDI 数据库

二、实证分析

（一）样本描述性统计

表4-2给出了所有变量的描述性统计。需要说明的是,人均制造业增加值（*MANU*）、人均 GDP（*GDPCAP*）的指标值均为取对数后的值,其他指标均为占比指标。从表4-2可以看到,大部分变量的最小值、最大值和平均值都相差比较大,这从一个侧面反映出非洲国家之间发展不平衡,呈分化态势。

表4-2　变量描述统计及预期符号

变量	样本数	均值	中位数	标准差	最小值	最大值	预期符号
ln*MANU*	1852	3.978	3.762	1.2777	0.1187	7.3277	
FDI	2309	12.937	4.774	46.736	−252.7	1654	+
INV	1862	21.510	19.430	15.174	2.424	219.07	+
ln*GDPCAP*	2153	6.946	6.778	1.010	4.749	9.912	+
FTRADE	2064	73.693	61.120	45.883	6.320	531.738	+
AGRI	1936	28.170	28.391	15.984	1.865	74.269	—

注:由于个别指标存在缺失值,计算每个变量对应的样本数不一致。

(二)回归结果分析

考虑到模型(4.1)使用被解释变量的滞后项作为解释变量,且解释变量之间可能存在内生性,这里使用二阶段动态 SYS-GMM 方法(dynamic two-step system GMM)对动态面板模型(4.1)的相关参数进行估计。面板数据的参数回归结果如表4-3所示。整体来看,在0.1的显著性水平下,模型(1)—模型(4)的 Arellano-Bond 检验 AR(1)统计量通过检验,而 AR(2)统计量未能通过检验,说明上述四个回归方程的残差项存在一阶自相关,但不存在二阶自相关。从 Hansen 检验的结果来看,四个回归方程也都通过了检验(取显著性水平为0.01,不能拒绝原假设)。因此,无论是否引入控制变量,此处所有模型的拟合效果均较好。

表4-3　国际转移对制造业发展的影响(被解释变量:ln*MANU*)

解释变量	模型(1)	模型(2)	模型(3)	模型(4)
被解释变量滞后项	0.9382***	0.8784***	0.8242***	0.7182***
	(77.66)	(50.83)	(24.25)	(11.79)
FDI	0.0004***	0.0005***	0.0002**	0.0007*
	(6.34)	(4.46)	(1.96)	(1.69)

续表

解释变量	模型(1)	模型(2)	模型(3)	模型(4)
ln*GDPCAP*		0.1564***		0.2977***
		(2.83)		(2.81)
INV			0.0059**	0.0026*
			(2.04)	(1.63)
FTRADE			0.0008	0.0006
			(0.83)	(0.53)
AGRI				−0.0003*
				(−1.65)
C	0.2790***	−0.5680*	−0.5702***	−0.9820***
	(6.24)	(−1.71)	(−4.68)	(−4.63)
Arellano−Bond 检验 AR(1),P 值	0.001	0.002	0.003	0.005
Arellano−Bond 检验 AR(2),P 值	0.319	0.515	0.296	0.331
Hansen 检验(P 值)	0.993	0.985	0.997	0.991
有效样本数	1761	1748	1533	1441

注:*、**、***分别表示在 10%、5%和 1%的显著性水平下显著,括号内为 Z 值。

表 4-3 的模型(1)中解释变量仅包括被解释变量滞后项、外国直接投资;模型(2)—模型(4)在此基础上继续添加控制变量,以考察引入宏观控制变量后,FDI 流入对人均制造业增加值的影响。

第三节　实证结果分析

基于回归结果,本章得出以下几点结论。

一、FDI 对制造业发展的影响效应分析

(一)FDI 对非洲制造业发展水平的总体影响

从实证检验的结果来看,FDI 占固定资产投资比重对应的系数为正,这印证了前文提出的研究假设 H1,即 FDI 的流入对非洲国家制造业发展起到了助推作用,说明以 FDI 为载体的国际产业转移对非洲制

造业发展水平的提高有积极的影响效应。随着经济全球化步伐的逐步加快,FDI 在发展中国家经济中扮演着日益重要的角色,FDI 是发展中国家承接国际产业转移、参与国际产业分工的桥梁和纽带。整体来看,国际产业转移对非洲国家制造业的发展有促进作用。陈磊(2012)、李明伟(2014)等基于中国样本的研究也表明,FDI 对于制造业产值产出水平的提高具有正向的推动作用。

(二)FDI 对非洲资源型及非资源型国家制造业发展水平的影响

鉴于非洲国家众多、各国国情不同,非洲区域经济发展也不平衡,以 FDI 为路径载体的国际产业转移是否可以促进非洲地区制造业发展水平的提高,可能与不同国家的具体情况有关。由图 4-1 和图 4-2 可知,非洲资源型国家[①]和非资源型国家吸引的 FDI 流入额有着不同的趋势。首先,整体来说2004—2016 年非洲资源型国家 FDI 流入绝对数额高于同期非资源型国家 FDI 流入绝对数额,而非洲资源型国家 FDI 流入额占 GDP 的比重低于同期非资源型国家 FDI 流入额占 GDP 的比重。其次,不管是 FDI 流入绝对数额还是 FDI 流入额占 GDP 的比重,非洲资源型国家的波动性均比非洲非资源型国家的要大,资源型国家 FDI 流入绝对数额在 2009 年全球金融危机后有明显的下降趋势,直到 2016 年(418.7 亿美元)才恢复到 2009 年(418 亿美元)的水平,资源型国家 FDI 流入额占 GDP 的比重在 2009 年后也开始下降,直到 2016 年(2.81%)还未恢复到 2009 年(3.30%)的水平;而非资源型国家 FDI 流入一直处于稳定的上升趋势,2004—2008 年 FDI 流入绝对数额平均为

---

① 按照 IMF(2015)非洲资源型国家的分类:阿尔及利亚、安哥拉、博茨瓦纳、喀麦隆、乍得、刚果(金)、刚果(布)、科特迪瓦、埃及、赤道几内亚、加蓬、加纳、几内亚、利比里亚、利比亚、毛里塔尼亚、纳米比亚、尼日利亚、塞拉利昂、南非、苏丹、南苏丹和赞比亚 23 个非洲国家为资源型国家。

97.6 亿美元,2016 年时上升到 244.5 亿美元,同期 FDI 流入额占 GDP
的比重也由 3.61% 上升到 4.69%。总的来看,非洲资源型国家 FDI 流
入明显受世界经济的影响性较大(见图 4-1)。

（单位：十亿美元）

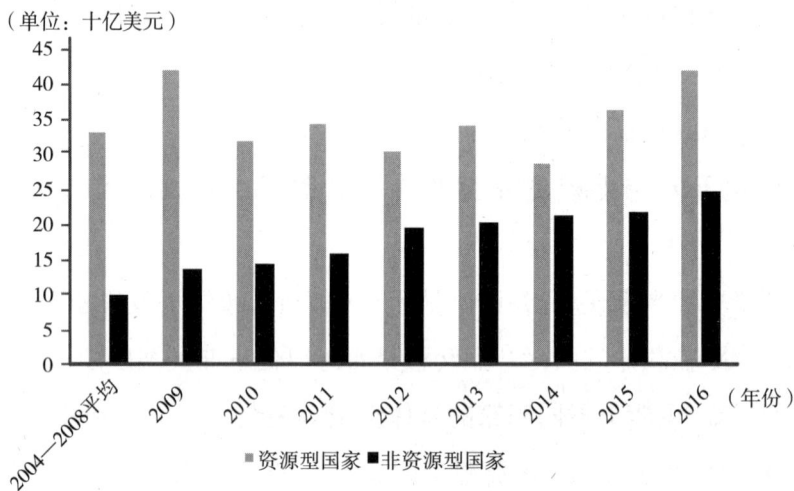

图 4-1　非洲资源型国家和非资源型国家 FDI 流入绝对额(2004—2016 年)
资料来源:国际货币基金组织。

（单位：%）

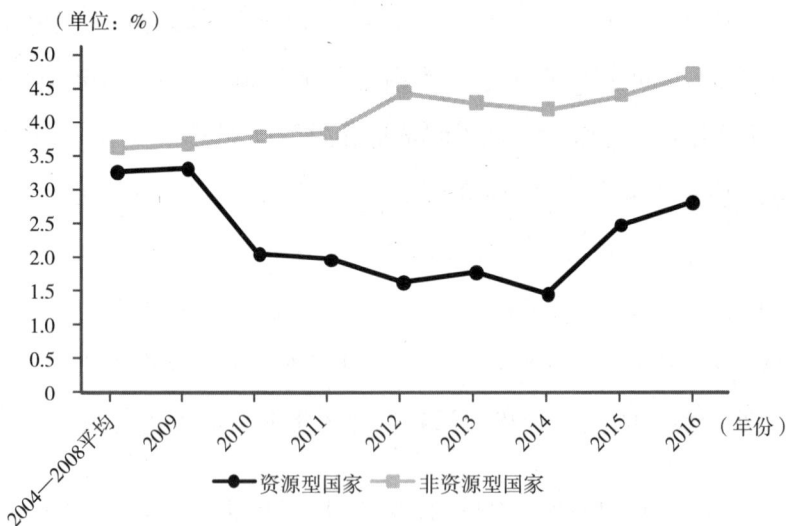

图 4-2　非洲资源国家和非资源国家 FDI 流入占 GDP 的比重(2004—2016 年)
资料来源:国际货币基金组织。

通过梳理已有文献,可以看到,FDI 流入的影响效应的发挥还依赖于地区的资源禀赋情况(亚仕都,2006;阿尔桑等,2006;古伊—迪比,2012)、国家宏观治理等制度变量(UNCTAD,2007)。受上述研究的启发,本书对非洲国家的样本数据做分组研究,以进一步考察国际产业转移对非洲国家制造业发展的影响效应。借鉴 IMF(2015)关于非洲资源型国家的分类做法,本书对非洲 53 个国家的总体样本分为两组:一组是"资源型国家"(resource-rich countries),共 22 个国家,分别是阿尔及利亚、安哥拉、博茨瓦纳、喀麦隆、乍得、刚果(金)、刚果(布)、科特迪瓦、埃及、赤道几内亚、加蓬、加纳、几内亚、利比里亚、利比亚、毛里塔尼亚、纳米比亚、尼日利亚、塞拉利昂、南非、苏丹和赞比亚,作为样本组 1;余下的 31 个国家组成样本组 2。为检验 FDI 对非洲制造业发展水平影响总体样本回归结果的稳健性,笔者对两组样本分别采用了二阶段动态 SYS-GMM 方法对模型参数进行估计,回归结果见表4-4。可以看到,无论是仅考虑 FDI 和人均 GDP 变量的基准模型,还是引入全部控制变量回归模型,分组回归结果显示,两组样本主要变量系数符号与总体样本基本保持一致,这说明实证研究结果具有一定的稳健性。可以看到,样本组 1(资源型国家)主要变量回归系数的绝对值略大于样本组 2(非资源型国家)回归系数的绝对值,这一定程度上反映出,相对而言,国际产业转移对非洲资源型国家制造业发展的促进作用更为明显。通常来说,流入资源型经济体的 FDI 多为资源寻求型的投资,其对产业链配套的制造业产业的发展起到推动作用,虽然非洲资源型国家 FDI 流入的波动性更大,易受到外围经济环境变化的影响,但其对东道国的制造业发展水平的提升也有助推作用。非资源型国家承接国际产业转移则更多地与自身经济发展和市场因素有关。

表 4-4　分组回归结果(1970—2014 年)(被解释变量:ln*MANU*)

解释变量	样本组 1(资源型国家)		样本组 2(其他国家)	
	模型(5)	模型(6)	模型(7)	模型(8)
被解释变量滞后项	0.8863 ***	0.8219***	0.8371***	0.7828***
	(14.25)	(6.60)	(18.30)	(15.45)
FDI	0.0003 ***	0.0005 *	0.0002 ***	0.0004 *
	(3.09)	(1.28)	(3.26)	(1.24)
ln*GDPCAP*	0.1581 **	0.3637 ***	0.1725 ***	0.2209 **
	(2.07)	(2.81)	(2.83)	(2.08)
INV		0.0048		0.0031 *
		(0.17)		(1.68)
FTRADE		0.0013		7.42e-06
		(0.19)		(0.02)
AGRI		−0.0020 *		−0.0084 **
		(−1.17)		(−1.95)
C	−0.6277 *	−0.4670	−0.4815 *	−0.4190 *
	(−1.36)	(−0.83)	(−1.37)	(−1.28)
Arellano − Bond 检验 AR(1),P 值	0.023	0.069	0.033	0.051
Arellano − Bond 检验 AR(2),P 值	0.445	0.320	0.878	0.828
Hansen 检验(P 值)	0.995	0.997	0.976	0.998
有效样本数	723	580	1025	861

注:*、**、***分别表示在 10%、5%和 1%的显著性水平下显著,括号内为 Z 值。

二、主要宏观变量对非洲国家制造业发展的影响效应分析

(一)人均 GDP 指标、固定资产投资占比

对数形式的人均 GDP 指标、固定资产投资占比对应的回归系数显著为正,这意味着市场规模或收入水平的提高对制造业发展有积极的影响,投资占比的提高对制造业人均产出的增长也起到了推动作用。

这与钱纳里工业化阶段理论相吻合,钱纳里通过深入系统考察发展中国家工业经济的发展历程,发现制造业发展受人均 GDP、需求规模和投资率的影响较大。非洲大多数国家目前正处于工业化初期阶段,钱纳里标准产业结构和工业化阶段理论以及邓宁的投资发展周期理论认为该阶段的主要特征为:工业化起步、基础设施改善、FDI 流入增多,此时引进 FDI 的目标主要是通过资本形成机制充分利用劳动力资源,投资主要集中在资源开发类行业以及劳动密集型产业。据世界银行非洲发展指标数据可知,2005 年开始非洲人均 GDP 超过 1000 美元。根据国际经验,人均 GDP 突破 1000 美元后,居民消费将发生结构升级,逐步从生存型消费向发展型和服务型消费演变,具体来看,低需求收入弹性商品(如食品、饮料等)在居民消费支出中的占比将下降,而汽车及零部件、住宅家具、通信、教育等消费支出中的占比将不断上升(黄良浩,2004)。未来随着非洲经济的增长和人均收入水平的提高,非洲整体的市场需求将逐步释放,消费结构的升级有望带动非洲制造业规模的扩张和结构的升级。

进一步地,本书对非洲具体国家人均 GDP 情况做了简要分析。2014 年,非洲共有 17 个国家的人均 GDP 超过 3000 美元(见表 4-5),有 29 个国家①人均 GDP 超过 1000 美元;2013 年,共有 16 个非洲国家人均 GDP 超过 3000 美元,28 个国家人均 GDP 超过 1000 美元②。由表4-5 可知,在人均 GDP 排名前 17 位的非洲国家中,大多数国家的人口

---

① 除表 4-5 中 17 个非洲国家外,另外的 12 个国家分别为苏丹、吉布提、圣多美和普林西比、赞比亚、特科迪瓦、加纳、喀麦隆、毛里塔尼亚、肯尼亚、莱索托、塞内加尔、乍得。

② 2013 年,人均 GDP 超 3000 美元的 16 个非洲国家依次为赤道几内亚、塞舌尔、加蓬、利比亚、毛里求斯、南非、博茨瓦纳、阿尔及利亚、纳米比亚、安哥拉、突尼斯、斯威士兰、佛得角、埃及、刚果(布)、摩洛哥;另有尼日利亚、赞比亚、加纳、苏丹、吉布提、圣多美和普林西比、毛里塔尼亚、特科迪瓦、喀麦隆、肯尼亚、莱索托、塞内加尔 12 个国家人均 GDP 超 1000 美元。

规模并不大,人口规模超 5000 万的国家仅尼日尼亚(1.77 亿人)、埃及(8958 万人)、南非(5406 万人)三个国家;同时只有 5 个国家为高等人类发展指数,大多数国家的经济社会发展水平并不高;17 个国家中有 12 个国家为资源型国家,部分国家工业增加值对国民生产总值的贡献虽高,但却集中在该国资源部门,制造业对国民生产总值的贡献较低,尤其是加蓬、利比亚和刚果(布)三个国家,其工业增加值占 GDP 的份额分别为 57.5%、78.2% 和 69.4%,但制造业增加值占 GDP 的份额分别仅为 3.1%、4.5% 和 4.7%。在这种状况下,期待每个国家都建立完整的工业体系,是不切实际的,一些非洲国家虽然已形成一定的市场规模,但本身条件不足以容纳一个完善的工业体系。一个更可行的路径是非洲立足整体来推动制造业规划发展,加强不同国家之间的协同和联动,释放一体化市场的潜能,推动建立制造业体系。一方面,扩大非洲内部的对外开放,这样有助于促进非洲国家之间的跨国投资(第二章的分析表明非洲内部跨国投资在不断跃升);另一方面,加强区域内的经济合作,推动非洲区域一体化建设(下文将做进一步讨论)。

表 4-5　人均 GDP 超过 3000 美元的非洲国家(2014 年)

排序	国　家	人均 GDP（美元）	人口（万人）	人类发展指数	工业增加值/GDP（%）	制造业增加值/GDP（%）
1	赤道几内亚	18918	78	0.587(中)	—	—
2	塞舌尔	15564	9	0.772(高)	12.3	7.2
3	加蓬	10772	169	0.684(中)	57.5	3.1
4	毛里求斯	10003	126	0.777(高)	23.5	16.5
5	博茨瓦纳	7153	222	0.698(中)	38.7	6.0
6	利比亚	6573	626	0.724(高)	78.2	4.5
7	南非	6472	5406	0.666(中)	29.5	13.3
8	阿尔及利亚	5484	3893	0.736(高)	45.7	—

排序	国　家	人均GDP（美元）	人口（万人）	人类发展指数	工业增加值/GDP（%）	制造业增加值/GDP（%）
9	纳米比亚	5343	240	0.628（中）	31.8	10.7
10	安哥拉	5232	2423	0.532（低）	—	—
11	突尼斯	4329	1010	0.721（高）	29.2	16.7
12	佛得角	3641	50	0.646（中）	16.6	—
13	斯威士兰	3477	127	0.531（低）	44.1	37.4
14	埃及	3365	8958	0.690（中）	39.0	16.4
15	尼日利亚	3203	17700	0.514（低）	24.9	9.8
16	摩洛哥	3190	3392	—	29.3	18.2
17	刚果（布）	3147	4505	0.591（中）	69.4	4.7

注:表格按人均GDP排序;人类发展指数"高"表示处于高等人类发展水平,"中"表示处于中等人类
　　发展水平,"低"表示处于低等人类发展水平;利比亚工业增加值/GDP和制造业增加值/GDP为
　　2008年数据。
资料来源:世界银行、联合国开发计划署。

（二）对外贸易依存度

单纯地扩大对外贸易,并不能带来制造业发展水平的提升。进出口总额占GDP的比重对应的系数并不显著,从一定程度上反映出,非洲国家推行的出口导向的发展战略对制造业发展水平的推动作用并不明显。事实上,由于自然资源丰富,大部分非洲国家的原料和矿业部门在出口中扮演着重要角色,特别是20世纪90年代以来,受益于国际市场对燃料和矿产品需求迅速增加和许多产品价格大幅攀升,非洲燃料和矿业部门吸收了大量的外国投资,非洲出口中燃料和矿产品的比重不断上升。2014年撒哈拉以南非洲燃料出口占商品出口的比重高达40.2%,远高于世界15.3%的水平;同期矿石和金属出口占商品出口的比重为15.4%,而世界平均水平仅为4.1%（见表4-6）。虽然依靠自然资源开发出口短期内可维持自身经济增长,但由于资源型经济体制造业发展基础薄弱、产业结构较为单一,如果过度依赖于开采和出售自

然资源,有限的经济资源向资源开采及贸易部门侧重,可能导致制造业发展缺乏支撑(采矿业附加值低,与其他部门的关联性也较小)。同时,大量自然资源的出口,会使汇率估值过高,这反过来又会削弱本国制造业在国际市场上的竞争力。

表4-6　商品出口中燃料、矿石和金属所占的比重(2000—2014年)

(单位:%)

产品种类	年份	世界	撒哈拉以南非洲
食品	2000	7.1	14.3
	2014	8.7	12.8
农业原材料	2000	1.8	5.3
	2014	1.5	2.7
燃料	2000	13	42.9
	2014	15.3	40.2
矿石和金属	2000	3.2	7.9
	2014	4.1	15.4
制成品	2000	71.3	25.6
	2014	66.5	28.5

资料来源:世界银行。

(三)农业增加值占 GDP 的比重

农业增加值占 GDP 的比重对应的系数显著为负,农业部门对制造业的发展存在"替代效应"。许多非洲国家的农业部门占用大量经济资源,形成路径依赖的特征,不利于制造业发展水平的提升,以撒哈拉以南非洲为例,大部分国家产业结构中农业占比一直较高(见表4-7)。而很多非洲国家农业就业人数占到总就业人数的 70% 以上(见表4-8),占据大量劳动力资源,但绝大部分的农业人口所进行的依然是自给自足的生产方式,生产的目的是养家糊口,而不是作为商品在市场上交换,这种自给自足式的初级发展模式会形成产业发展惯性,阻碍制造业发展和产业结构升级。

表4-7　撒哈拉以南非洲产业结构特征（1995—2014年）

（单位:%）

年份	农业/GDP	工业/GDP	制造业/GDP	服务业/GDP
1995	22.9	33.6	12.1	43.5
2000	19.9	35.9	11.4	44.2
2005	20.9	31.4	11.2	47.6
2010	18.2	27.0	10.4	54.8
2011	17.7	28.1	10.2	54.2
2012	17.8	27.4	10.2	54.8
2013	17.2	27.0	10.5	55.7
2014	17.1	26.4	10.6	56.5

资料来源:世界银行。

表4-8　非洲农业部门就业人数占总就业人数50%以上的国家

国　家	年　份	比重（%）
几内亚	2012	74.8
塞拉利昂	2004	68.5
多　哥	2005	54.1
布基纳法索	2007	67.4
尼日尔	2005	56.9
喀麦隆	2001	61.3
赤道几内亚	1983	76.3
埃塞俄比亚	2013	72.7
肯尼亚	2005	61.1
布隆迪	1998	92.2
乌干达	2013	71.9
坦桑尼亚	2014	66.9
马拉维	2013	64.1
马达加斯加	2012	75.3
卢旺达	2012	75.3
赞比亚	2012	52.2

续表

国　家	年　份	比重(%)
莫桑比克	2003	80.5
津巴布韦	2011	65.8

注:部分数值缺失,表格中的年份均为统计的最近年份数据。
资料来源:世界银行。

第四节　中国对非洲直接投资对非洲制造业发展的影响效应

一、中国对非洲直接投资对非洲制造业发展水平的影响

承接第三次国际产业转移以后,中国的制造业得到了长足的发展,逐步进入工业化中期,但与此同时,随着近年劳动力成本的上升,中国企业逐步将产能转移到国外。而现阶段大多数非洲国家工业化水平仍然较低,面对此种情形,一些非洲国家和跨国机构陆续出台政策加快工业和制造业的发展。从第三章的分析可以看到,中国对非直接投资的规模增长十分迅猛,尤其是近年来,中国企业对非直接投资的地位日益提高,中国已成为非洲主要的外资来源国之一。前文就国际产业转移(以 FDI 表示)对非洲制造业发展水平的影响进行了实证检验,为探究中国对非直接投资对非洲东道国制造业发展水平的影响状况,本节在模型(4.1)的基础上,就中国对非直接投资对非洲东道国制造业发展水平的影响进行了实证检验,即将模型(4.1)中的非洲东道国外国直接投资替换为中国对非直接投资,并在此基础上做实证检验。需要说明的是,由于中国对非洲国家的 FDI 数据统计仅从 2003 年开始,同时对部分国家投资数据缺失导致样本数较少,仅为 200 多个,与表 4-3 所得的

外国直接投资(总体)实证结果不具备可比性。但此处仅作为参照,对实证结果做一比较分析(见表4-9)。

表4-9　对非洲制造业发展影响效应的实证结果对比分析

	仅包含被解释变量滞后项的回归方程系数	包括全部控制变量回归系数
外国直接投资(总体)	0.0004	0.0007
中国对非直接投资	0.0021	0.0034

注:表格第二列对应表4-3第二列实证结果,即控制变量仅包括被解释变量滞后项,第三列对应表4-3第五列实证结果,即包括全部控制变量的回归系数。两种情形下中国对非直接投资指标在0.1的显著性水平下均显著。

通过观察表4-9可以看到,第一,无论是仅包含被解释变量滞后项的回归方程,还是引入全部控制变量后的回归方程,中国对非直接投资对应的回归系数均显著为正,表明其对非洲制造业发展都有着积极的促进作用,这与前文关于外国直接投资(总体)的实证结果相一致;第二,在模型设定相同的情形下,中国对非直接投资指标对应的回归系数要大于外国直接投资(总体)对应的回归系数。比如,在控制全部控制变量影响的情况下,外国直接投资对应的回归系数为0.0007[参见表4-3模型(4)],而中国对非直接投资对应的回归系数为0.0034。当然,这与两个回归结果对应的时间区间有关,但也从侧面反映出,相较于非洲国家外国直接投资(总体)而言,中国对非直接投资对非洲东道国制造业发展的促进作用更为明显。从第三章的分析可知,总体来看,一直以来,外国直接投资主要流入非洲资源产业,流入到矿制品、石油、天然气等资源型部门的外资规模最大。而中国对非直接投资的产业领域分布则更趋多元化,覆盖建筑业、交通运输仓储业、制造业等行业,在非洲东道国,中国企业对这些产业的投资比例均高于采矿业。因此,相较于总体流入非洲东道国的外国直接投资来说,中国对非直接投资更注重帮助非洲东道国发展其自身经济,这有助于改善非洲国家经济基础,培育制造业发展体系。

二、中非制造业产能合作具备坚实基础

开展中非产能合作可以将中国的产业和资本优势与非洲工业化和加快制造业发展的进程相契合,实现互利"双赢"。本书第四章的分析也表明非洲具备相对较好的条件来承接中国制造业的转移,本章前文也分析了中国对非直接投资对非洲人均制造业产值的增加具有明显的正向推动作用。中国企业"走出去"到非洲投资,在制造业相关领域开展合作协作,前景广阔,中非产能合作与非洲工业化进程高度契合。

首先,中非制造业产能合作符合双方发展的现实需要,同时双方具备发展的基础和条件。中国经过改革开放 40 年的高速发展之后,经济发展进入新常态,传统产能过剩的现象开始凸显,并集中在制造业行业,2012 年中国钢铁产能利用率为 72%,水泥为 73.7%,电解铝为71.9%,平板玻璃为 73.1%,船舶为 75%,汽车和煤化工均为 70%,火电设备、水电设备和核电设备均为 70%—75%,风电设备小于 70%,光伏行业为 57%,变压器为 50%,这些行业的产能利用率均低于国际正常产能利用率(80%)的水平①。传统制造业产业产能过剩日趋严峻,中国企业"走出去"是必然选择。中国劳动密集型产业和农产品加工行业的发展较成熟,出于国内生产成本上升的压力,近年来相关企业积极"走出去",到非洲投资建厂,不仅能享受非洲本国优惠政策,还能分享美国、欧盟等给予非洲国家的优惠政策。中国私营企业在中非产业转

---

① 资料来源:中国工业和信息化部。

移和对接过程中的参与度很高,私营资本对非投资的领域不断扩大,涉及行业主要有纺织、医药、工程承包、机械、电信、农业、能源等(刘鸿武、王涛,2008)。从非洲国家来看,大多数非洲国家正处于工业化初期,缺少资本和技术,未能建立起完整的工业体系,对钢铁、水泥等产品基本依赖进口,因此希望引进这些产业,促进制造业的发展。非洲国家也希望加强与中国的产能合作,积极承接中国产业的向外转移,推动非洲国家工业和制造业的发展。

其次,中非制造业产能合作得益于政府和企业强大的推动意愿。中国方面,2015年中国和非盟委员会签署"三网一化"(铁路网、公路网和区域航空网络及工业化)合作备忘录;2015年在中非合作论坛成立15年之际,在第六届部长级会议上,中国提出设立"中非产能合作基金",首批资金100亿美元,用于中非产能合作和产业对接,中国将非洲作为产能合作和产业对接的优先考虑对象。非洲方面,第一章中表1-9和表1-10列举了非洲各国和各机构近年来推出的系列工业化和制造业发展战略和政策,如非盟推出"2063年议程的前十年(2014—2023)规划",旨在实现非洲工业化可持续发展,加快以制造业为主的工业化,发展劳动密集型制造业,提高产品附加值,吸引外资促进生产与出口的多样化,特别是农工业、制造业等领域的多样化等目标;埃塞俄比亚推出"增长与转型计划",计划对部分制造业行业给予特别支持,打造工业园区和产业园区,面向全球市场,旨在实现制造业成为本国经济主导部门的目标。非洲这些战略目标的实现不仅需要大量的外国资本,而且需要引进和吸收国外先进技术与管理经验,这为中国相关企业提供了众多潜在机会。另外,非洲将工业化和一体化作为"2063议程"的明确目标,而中国提出的"一带一路"倡议将对接非洲的"2063议程",为其提供强大支持,如发电站、铁路、公路、机场等基础设施方面,中国的投资和参与将帮助非洲实现"2063 议程"目标①。

在过去中非经济合作中,资源合作占据重要位置,但随着时间的推移,这种合作方式将发生改变。中国经济已进入产业结构调整和升级的关键时期,部分制造业产能过剩问题急需化解;而非洲大陆经过最近十几年的经济飞速发展后正大力推进工业化进程。这些都促使中国和非洲寻找新的合作方式,而其中最有可能的是将中国部分制造业的过剩产能转移到非洲国家。非洲拥有丰富劳动力和自然资源,中国拥有雄厚的资本、先进的技术和成熟的管理经验,中非开展产能合作的条件已经成熟。

本章首先对 FDI 对制造业发展水平影响的理论机制做了归纳与梳理,并基于此提出了研究假设。通过构建实证研究模型,选取 1970—2014 年 53 个非洲国家全样本跨国面板数据,就 FDI 流入对制造业发展的影响效应进行了实证检验。实证结果支持文章提出的研究假设,表明以 FDI 为主要载体的国际产业转移对非洲制造业发展水平的提高有正向的促进作用,外国直接投资流入对非洲国家人均制造业产值的增长起到了助推作用。同时,研究还表明,市场规模(或人均收入)的扩大、固定资产投资的增加对制造业发展也存在积极的影响;农业部门对制造业的发展存在"替代效应"。同时本章还就中国对非直接投资对非洲制造业发展水平的影响做了实证检验,结果表明,中国对非直接投资对应的回归系数显著为正,表明其对非洲制造业发展水平都有着积极的促进作用,这与外国直接投资(总体)的实证结果相一致;同时中国对非直接投资指标对应的回归系数要大于外国直接投资(总体)

① 黄日涵、徐磊祥:《中非合作引入新元素:"一带一路"对接非洲 2063 议程》,《华夏时报》2015 年 12 月 5 日。

对应的回归系数。

随着全球一体化步伐日益加快,FDI 在发展中国家经济中扮演着日益重要的角色,FDI 是发展中国家承接国际产业转移、参与国际产业分工的桥梁和纽带。总的来看,国际产业转移对非洲国家制造业的发展起到了促进作用。中非产能制造业合作具备坚实的基础,符合双方发展的现实需要,具备发展的基础和条件,得益于政府和企业强大的推动意愿。因此,非洲国家应继续加大对外开放力度,充分利用好 FDI,主动承接国际产业转移(尤其是中国制造业转移),积极融入全球一体化的进程中去。进一步优化利用外商投资的环境,利用国际产业转移的契机,发展本国制造业,提升本国的区域经济竞争力,进而更好地承接国际产业转移,实现国际产业转移与本国制造业发展的良性互动。同时,为 FDI 营造一定的配套环境,促进本地企业与跨国公司之间的前向和后向联系。当然,同样应当指出的是,由于数据的可获得性问题,本研究未能找到制造业的就业人数和 FDI 流入的分行业数据,有待今后进一步完善。

第五章　FDI 对非洲本地企业的
技术溢出效应分析

第一节　问题的提出

从理论研究方面来看,大部分理论强调了 FDI 对东道国经济发展的重要性。在上一章中,我们就国际产业转移对非洲制造业发展水平的影响效应进行了整体评估,结果表明,FDI 流入对非洲东道国制造业发展水平的提升有积极的助推作用。那么,FDI 对东道国本地企业是否存在技术溢出效应?该问题也是国际产业转移理论所关注的重要话题。从一国经济的长远发展来看,技术进步已经成为影响一国经济长期增长的关键因素,广义地讲,一个经济体的技术进步可以依赖于自身研发,也可以依靠对外界的模仿、消化吸收再创新,亦即跨国间技术扩散。如何借助外部推动力促进东道国技术进步,进而推动非洲国家经济持续增长是本章讨论的主要话题。

从理论上外国直接投资对东道国的技术溢出效应已经形成了普遍的共识,但对 FDI 技术溢出效应的实证研究却仍然存在很多分歧,目前对发展中国家的样本研究结论大多支持 FDI 存在溢出效应。比如,戈赫和格里纳韦(2004)梳理了一个检验 FDI 溢出效应的文献列表,列举了 42 篇 2002 年之前发表的英文文献,涉及全球范围内不同的经济体,得到正面和负面结果的文献数量各占一半。其中,以发展中经济体为东道国的文献数量是 17 篇,结论支持 FDI 存在正向技术溢出效应的文献为 10 篇。黑尔和朗(Hale 和 Long,2006)列举了 10 项国外文献中 FDI 对中国技术溢出效应的研究成果,其中有 9 篇文献的研究显示出显著的正向溢出效应。从现有的文献来看,大部分学者利用横截面数据或者时间序列数据,直接运用计量方法实证分析 FDI 对东道国企业的技术溢出效应。如秦晓钟(1998)、沈坤荣(1999)等学者利用横截面回归分析了 FDI 的技术溢出效应;巴里等(Barry 等,2005)、巴里奥斯和斯特罗布尔(Barrios 和 Strobl,2002)等学者则利用时间序列数据对该问题展开实证研究。

本章借鉴莱文和劳特(Levin 和 Raut,1997)的思想,基于内生增长模型,在传统的 C-D 的生产函数下,构建 FDI 内生化的技术进步模型,以此将 FDI 促进技术进步的效应分为直接效应、间接效应。通过 FDI 促进技术进步的直接效应和间接效应,测算综合效应。需要说明的是,本书的主题是非洲制造业发展,按理说应该构建制造业的生产函数,就 FDI 对非洲东道国制造业的技术溢出效应展开讨论,但由于 FDI 以及固定资产投资、劳动投入等指标缺乏分产业数据,因此本书仅对非洲经济增长中 FDI 的技术溢出效应进行了实证检验。

第二节　理论机制分析与研究假设的提出

FDI 技术溢出方式主要有产业间溢出和产业内溢出两种。产业间溢出方面,关联效应是主要的产业间溢出效应,包括外资企业与东道国上游供应商和下游的购买商在交易过程中形成的后向关联以及前向关联。罗德里格斯—克莱尔(Rodríguez-Clare,1996)与马库森和维纳布尔斯(1999)的理论模型描述了产业间溢出效应。FDI 一方面增加了上游国内供应商的利润,另一方面这也会促使国内供应商进入上游部门,从而使下游最终产品生产者的竞争力增强。这两方面可以提高上游中间产品行业的整体生产力水平,形成正的技术溢出。产业内溢出效应主要包括竞争效应、示范—模仿效应和培训效应三种。(1)竞争效应。它取决于市场的竞争环境、跨国公司(MNEs)子公司同产业内的东道国企业之间的相互影响程度(达什,1987)。但是竞争效应对东道国而言是一把"双刃剑"。一方面,跨国公司的进入加剧了东道国的市场竞争,促使本地企业提高生产效率;另一方面,如果跨国公司具有明显的竞争优势,最终将东道国的企业挤出市场(艾特肯和哈里森,1999),进而形成垄断,这样竞争就会形成负的溢出作用。(2)示范—模仿效应(科科,1992)。由于外资企业与东道国企业之间存在技术差距,通过学习、模仿进而改造创新,本地企业得以提高自身的技术和生产力水平(芬德利,1978;达什,1987)。(3)培训效应。外资的竞争优势无法完全脱离人力资源而完全物化在先进的设备和技术上,跨国公司子公司势必会与东道国的人力资源相结合(东道国廉价的劳动力往往是外企降低生产成本的重要因素)。例如当地技术管理人员有机会与跨国公司总部派遣的专家一起工作,参与总公司的培训,或参与对产品、生产工艺和技术的改进工作和研发活动等,这些活动都会提高这些人员的素质和能力。而当外资企业培养出的这些高素质人才流动到本地企业中时,溢出效应就会形成。

经验研究方面,大部分经验研究表明 FDI 对发展中东道国具有技术溢出效应(张天顶,2004)。布洛姆斯特伦(1983、1986、1989)对墨西哥的实证研究也证实了 FDI 溢出效应的存在。科科(1994、

1996）、修荷姆（Sjöholm,1999）对发展中东道国 FDI 的研究结果也相继证实了外国直接投资技术溢出效应的结论。进一步地,有研究提出参与 FDI 的国家不同,产生的技术溢出效应也不同（亚沃希克、萨基和斯帕塔瑞奴,2004、2011）。也有学者认为,FDI 技术溢出效应的大小取决于东道国当地企业的吸收能力（卡瑟利亚,2001;法罗里和温克勒,2012）。

基于上述分析,本书提出研究假设 H2:以 FDI 为载体的国际产业转移对非洲东道国经济增长存在正向的技术溢出效应。

第三节　FDI 技术溢出效应的实证检验

一、模型建立和指标选取

本章将 FDI 促进技术进步的效应分为直接效应、间接效应:(1)直接效应。指外资企业相对东道国本地企业的要素生产率优势,传统的关于 FDI 动因的理论也证实了,拥有先进技术和先进管理经验正是产业跨国转移的一个前提条件,因此,外资企业相对于东道国本地企业的要素生产率的提高将直接带动东道国技术进步。(2)间接效应。指外资企业对东道国本地企业的技术溢出,FDI 在东道国固定资产投资中的占比将直接影响技术溢出效应的大小,如果存在正向的溢出效应,则 FDI 的占比越大,技术溢出效应也越显著。

参照现有文献的建模思路,以内生增长理论为建模基础,假设 FDI 是决定区域经济技术进步率的影响因素之一,通过其他的经济变量来解释技术进步率的变化。借鉴莱文和劳特（1997）的思想,采用阿罗（Arrow,1962）的"干中学"的思想,在传统的 C-D 生产函数下,构建

FDI 内生化的技术进步模型。这一建模的核心思想是,将 FDI 因素引入到经济增长模型,以此分解外资企业对东道国技术进步的直接效应和间接效应,并据此测算外资企业对东道国技术进步的综合效应。嵌入 FDI 因素的经济增长模型为:

$$Y_t = A_t L_t^{\alpha} K_t^{\beta} \tag{5.1}$$

这里,Y_t、L_t、K_t、A_t 分别表示 t 年的地区生产总值、劳动力、资本和技术进步;α、β 分别表示劳动和资本的产出弹性。其中:

$$A_t = B_t [1 + \eta SHARE] FDI_t^{\theta} \tag{5.2}$$

(5.2)式即为 FDI 内生化的技术进步表达式,其中,FDI 是外国直接投资,$SHARE$ 代表 FDI 占固定资产投资的比重;θ 为外资企业与东道国企业相比的相对生产率弹性系数,反映外资企业相对生产率优势促进技术进步的直接作用;B_t 表示影响技术进步的各种其他因素;η 是 FDI 占固定资产投资比重的系数,反映了外资企业的技术溢出效果。关于 FDI 技术溢出效应的理论研究隐含了以下假设,即:外资公司在东道国本地投资的份额越高,意味着本地企业拥有更多的技术模仿概率,这也意味着技术溢出效应预期更为显著(芬德利,1978;小泉和科佩奇,1977)。本章试图对非洲国家的 n 值进行实证分析,以测算外资企业对非洲东道国本地企业的技术溢出的综合效果。

这里,η 值代表的经济学含义是非常明显的,$\eta = 0$,则表示不存在技术溢出效应,此时 FDI 对技术进步的作用仅限于第一种渠道直接效应。$\eta > 0$,则说明存在正的技术溢出效应,此时 FDI 对技术进步的直接效应和间接效应两种渠道均存在。$\eta < 0$,则说明存在负的技术溢出效应,此时 FDI 对地区的技术进步可能还存在一定的阻碍作用。可以看出,FDI 通过技术进步来促进经济增长主要通过两种方式:首先是外资

企业自身相对要素生产率 θ 的提高;其次是外资企业对东道国国内部门、本土企业产生的技术外溢效应 η。一般而言,FDI 促进技术进步的综合效应由参数 η 和 θ 共同决定,根据莱文和劳特(1997)的理论模型,用 ν 表示外资企业技术进步的综合效应,则:

$$\nu = \frac{\eta + \theta}{1 - \eta - \theta} \tag{5.3}$$

根据(5.1)式和(5.2)式,可以推导出(5.4)式表示的生产函数:

$$Y_t = B_t(1 + \eta SHARE_t) FDI_t^\theta L_t^\alpha K_t^\beta \tag{5.4}$$

对(5.4)式进行对数处理,得到以下函数:

$$\ln Y_t = \ln B_t + \ln(1 + \eta SHARE_t) + \theta \ln FDI_t + \alpha \ln L_t + \beta \ln K_t \tag{5.5}$$

根据极限的近似计算性质,当 Z 很小时, $\log(1 + z) \approx z$,(5.5)式可以进一步简化为:

$$\ln Y_t = \ln B_t + \eta SHARE_t + \theta \ln FDI_t + \alpha \ln L_t + \beta \ln K_t \tag{5.6}$$

参考非洲经济转型中心(2014)的研究,结合第四章关于非洲 FDI 现状的分析,选取 1980—2014 年埃塞俄比亚、肯尼亚、埃及、阿尔及利亚、安哥拉、刚果(布)、刚果(金)、加纳、津巴布韦、毛里求斯、南非、塞内加尔、坦桑尼亚和乌干达 14 个代表性非洲国家的宏观数据分别对上述模型进行拟合[①]。数据来源于 UNCTAD 数据库、世界银行的 WDI 数据库,由于这两大数据库公布了外国直接投资额占固定资产投资的比重,以及外国直接投资总额,但未公开细分产业的 FDI 情况,也无法获

---

① ACET(2014)选择塞内加尔、布基纳法索、加纳、尼日利亚、埃塞俄比亚、肯尼亚、乌干达、坦桑尼亚和卢旺达、喀麦隆、赞比亚、博茨瓦纳、南非、莫桑比克、毛里求斯作为非洲代表性国家,这些国家占非洲人口的 70%,占非洲国内生产总值的 76%、制造业增加值的 85%、农业增加值的 65% 以及出口的 80%。由于部分国家主要变量缺失,本书结合第四章对非洲国家 FDI 现状的分析,补充了部分国家样本。

得制造业的 FDI 细分数据。因此,本书选择 GDP、固定资产投资、劳动力等宏观数据对相关参数进行估计,采用 GDP 平减指数作为价格指数,以消除物价因素对 GDP 和资本投入的影响。

二、实证分析

在模型回归分析之前,我们先对 1980 — 2014 年非洲 14 国的 $\ln GDP$、$\ln FDI$、$SHARE$、$\ln K$ 和 $\ln L$ 进行单位根检验,大部分变量一阶差分后平稳。协整检验结果表明,这些国家的 GDP、外国直接投资、$SHARE$、劳动和资本投入之间存在协整关系,这里通过最小二乘法建立回归模型,拟合变量之间的长期均衡。回归分析结果如表 5-1、表 5-2 所示。

表 5-1　部分非洲国家 $\ln GDP$、$\ln FDI$、$SHARE$、$\ln K$、$\ln L$ 的回归结果

解释变量	肯尼亚	埃塞俄比亚	埃及	阿尔及利亚	安哥拉	刚果(布)	刚果(金)
$SHARE$	-0.0171*	-0.0032	-0.0031	-0.0179*	-0.0038	-0.0032	0.0018
	(-1.49)	(-0.49)	(-0.63)	(-1.72)	(-1.00)	(-0.92)	(0.31)
$\ln FDI$	0.0373*	0.0657***	0.0481	0.0084*	0.1465	0.0210	0.0413
	(1.87)	(2.24)	(0.72)	(1.64)	(0.69)	(0.51)	(0.42)
$\ln K$	0.6415***	07045***	0.6326***	0.6778***	0.2636*	0.6359***	0.3773***
	(11.46)	(8.60)	(4.33)	(21.00)	(1.72)	(5.59)	(3.59)
$\ln L$	0.9229***	0.2915	0.4696***	0.4196***	2.0121*	1.0549***	0.0684*
	(7.95)	(0.89)	(2.55)	(4.59)	(1.97)	(4.34)	(0.17)
常数项	6.1614***	6.1591	8.4714***	2.0553*	6.2781	6.3259**	15.5580**
	(5.2)	(1.01)	(6.14)	(1.74)	(1.26)	(2.13)	(2.46)
R^2	0.9838	0.9322	0.9791	0.9789	0.8323	0.9220	0.8161
调整后 $\bar{R}^2$	0.9816	0.9193	0.9762	0.9759	0.8076	0.9105	0.7661
F 统计量	440.56	72.22	328.63	325.35	18.61	79.81	11.35
样本数	34	26	33	33	20	32	23

注:*、**、*** 分别表示在 10%、5%和 1%的显著性水平下显著,括号内数值表示各变量系数 t 统计值。

表 5-2　部分非洲国家 ln*GDP*、ln*FDI*、*SHARE*、ln*K*、ln*L* 的回归结果

解释变量	加纳	津巴布韦	毛里求斯	南非	塞内加尔	坦桑尼亚	乌干达
SHARE	0.0146 **	−0.0016	0.0100 **	−0.0002	−0.0045	0.012 **	0.0137
	(1.99)	(−1.23)	(1.98)	(−0.07)	(−0.32)	(2.53)	(1.14)
ln*FDI*	0.0368	0.0364	0.0634 *	0.0360 *	0.0330	0.0131	0.0076
	(0.51)	(1.06)	(1.84)	(2.27)	(0.53)	(0.87)	(0.21)
ln*K*	0.7106 ***	0.2024 ***	0.6236 ***	0.6613 ***	0.3812 ***	0.3857 ***	0.9192 ***
	(5.52)	(4.64)	(7.82)	(12.85)	(3.94)	(3.75)	(10.13)
ln*L*	0.3365 ***	0.1480	0.2174 ***	0.8554 ***	0.7928 ***	0.1892 ***	0.1368 ***
	(2.77)	(0.83)	(4.27)	(8.90)	(3.43)	(1.22)	(1.73)
常数项	28.1993 ***	15.6610 ***	18.2697 ***	3.4687 *	3.2300 *	16.6228 **	25.1913 **
	(5.06)	(5.32)	(4.46)	(2.75)	(1.53)	(2.23)	(4.04)
R^2	0.9116	0.7580	0.9861	0.9732	0.9040	0.9851	0.9801
调整后 $\bar{R}^2$	0.8995	0.7038	0.9842	0.9686	0.8873	0.9820	0.9763
F 统计量	74.81	12.11	498.39	209.08	54.14	314.78	258.85
样本数	34	34	33	28	28	24	26

注：* 、** 、*** 分别表示在 10%、5% 和 1% 的显著性水平下显著,括号内数值表示各变量系数 t 统计值。

内生经济增长理论表明,FDI 可以通过技术溢出促进技术进步,进而提高东道国的经济增长率。通过表 5-1、表 5-2 对肯尼亚、埃塞俄比亚、埃及等 14 个代表性国家的模型回归结果可以看到,大部分国家可决系数 R^2 和调整后 $\bar{R}^2$,都在 80% 以上,表明上文构建的 FDI 内生化的技术进步模型可以很好地解释地区经济增长。所有模型均通过 F 检验,也说明加入 FDI 这一影响因素后模型拟合效果较好,外国直接投资对经济增长有直接贡献。结合理论模型分析思路,我们可以得到以下几个基本结论。

(一)FDI 的技术溢出效应分析

就 14 个代表性非洲国家的技术溢出效应模型回归结果来看,大部分国家的 *SHARE* 的回归系数为负,但多数并没有通过 10% 的显著性统计检验,表明 FDI 对非洲东道国基本并没有产生正向技术溢出效应,还

没有足够的证据支持前文提出的研究假设。对 14 个非洲国家的回归结果来看,有 9 个国家[肯尼亚、埃塞俄比亚、埃及、阿尔及利亚、安哥拉、刚果(布)、津巴布韦、南非、塞内加尔]FDI 占固定资产投资对应的回归系数为负,仅 5 个样本国家[刚果(金)、加纳、毛里求斯、坦桑尼亚、乌干达]的回归系数为正,r_{t-1} 系数的平均值为 -0.0002,中位数为 -0.0024,最大值为 0.0146,最小值为 -0.0179。整体来看,这在一定程度上反映出,非洲本地企业还没有从跨国公司获得额外的正向技术溢出。

综合现有文献来看,实证研究也有两个不同的结果。一类文献认为跨国新技术研发、流动和资本对东道国企业产生正的技术溢出效应(马林和贝尔,2006;谷白布恩,2006;何洁,2000;潘文卿,2003)。另一类文献则认为拥有先进技术和管理经验的外资企业进入东道国后,可能会排挤掉本地企业并占领市场,或者通过丰厚的待遇"挖走"本地企业的优秀人才,同时占用国内稀缺资源而弱化技术溢出效应,甚至带来负的技术溢出效应(田,2007;包群、赖明勇,2002)。虽然不同国家和地区经济增长中 FDI 的技术溢出效应肯定存在差异,其背后的原因各异。博利等(Boly,2013)使用企业级数据对 19 个撒哈拉以南非洲国家的研究表明,相比其他类型企业,大型、成长型企业享有更多正向溢出效应。塞尤姆等(Seyoum 等,2015)对中国向埃塞俄比亚直接投资中溢出效应的研究表明,当外国企业和本地企业之间的技术差距较小时 FDI 具有正向溢出效应,同时 FDI 对吸收能力较差的本地企业具有负向溢出效应,其他类型的本地企业、小型企业和非出口企业的正向溢出效应更明显。事实上,许多跨国公司投资非洲都带来了很多配套企业,群居迁移式的产业集聚较多,值得引起注意的是,非洲本地企业与跨国公司之间的前向和后向联系还有待进一步加强。

（二）外资企业促进非洲东道国技术进步的综合效应分析

从表5-1、表5-2可以看到,大部分国家FDI变量对应的回归系数 θ 都是正数,虽然有部分未能通过显著性检验,但系数一致为正,说明外资企业技术进步的直接效应为正。这与已有文献的研究结论相一致,比如梅莱塞和瓦尔德基希(Melese 和 Waldkirch,2011)对6574个埃塞俄比亚制造业企业的样本数据进行研究,加齐诺(Gachino,2014)对肯尼亚180个制造业企业的调查数据展开了分析,他们的研究均表明其外资企业生产率高于本土企业。同时,经过简单的统计分析,本章还发现14个国家系数 θ 的平均值为0.0425,中位数为0.0366,最大值为0.1465,最小值为0.0076,这也从侧面反映出,非洲不同国家间外资企业技术进步的直接效应差异较大。进一步由(5.3)式计算出每个国家的 ν 值,表5-3列举了非洲14个国家外资企业技术进步的综合效应。

表5-3　非洲部分国家外资企业技术进步的综合效应

国家	综合效应	直接效应	溢出效应
安哥拉	0.1665	0.1465	−0.0038
毛里求斯	0.0792	0.0634	0.0100
埃塞俄比亚	0.0667	0.0657	−0.0032
加纳	0.0542	0.0368	0.0146
埃及	0.0471	0.0481	−0.0031
刚果（金）	0.0450	0.0413	0.0018
南非	0.0371	0.0360	−0.0002
津巴布韦	0.0361	0.0364	−0.0016
塞内加尔	0.0293	0.0330	−0.0045
坦桑尼亚	0.0257	0.0131	0.0120
乌干达	0.0218	0.0076	0.0137
肯尼亚	0.0206	0.0373	−0.0171

续表

国家	综合效应	直接效应	溢出效应
刚果(布)	0.0181	0.0210	−0.0032
阿尔及利亚	−0.0094	0.0084	−0.0179

注:根据(5.4)式计算出每个国家外资促进技术进步的综合效应 ν 值,根据综合效应的大小进行排序。

从表5-3可以看到,除阿尔及利亚外,其余非洲国家外资企业技术溢出的综合效应 ν 值均大于0,综合效应最大的国家为安哥拉(0.1665),其次为毛里求斯(0.0792)、埃塞俄比亚(0.0667)、加纳(0.0542)、埃及(0.0471)、刚果(金)(0.0450)、南非(0.0371)等。进一步地,笔者选取撒哈拉以南非洲的数据拟合了FDI促进东道国技术进步的综合效应,结果表明综合效应为0.0390[1],其中外资企业促进东道国技术进步的直接效应为0.0406,间接效应为−0.0030。包群(2004)、沈坤荣(1999)等学者基于中国的数据就FDI对技术进步的综合效应进行了测度,其中,包群(2004)利用时间序列数据的协整分析结果得出外资企业促进中国技术进步的综合效应为0.205;沈坤荣(1999)利用中国各省的FDI总量及其全要素生产率作为横截面的相关分析结果表明,外资企业促进中国技术进步的综合效应为0.370(见表5-4)。本书基于非洲国家时间序列数据的回归分析结果低于上述学者测算的数值。本书计算结果表明,外资企业促进非洲东道国技术进步的综合效应平均值大约为0.0456。也就是说,外资企业自身要素生产率、FDI在固定资产投资中的占比同时提高1个百分点,则外资企业促进非洲东道国技术进步的综合效应提高0.0456个百分点。

---

① 由于没有非洲大陆的有关数据,因此无法拟合出非洲总体的情况,此处以撒哈拉以南非洲的数据做一个拟合,并不能代表非洲的总体情况,仅作为一个参考。另外,需要说明的是,此处选取的数据时间区间仅包括1990—2014年,与表5-1、表5-2中单个国家的时间区间并不一致,因此拟合结果未放入表格中。

表 5-4 FDI 对技术进步综合效应的测算结果对比(基于不同文献)

	外资企业对东道国技术进步的综合效应	测算方法	样 本
本书的研究	0.0456	内生增长模型+回归分析	非洲国家(时间序列数据)
包群(2004)	0.205	内生增长模型+协整分析	中国(时间序列数据)
沈坤荣(1999)	0.370	相关分析	中国各省(横截面数据)

综合上述分析,可以看到,当前外资企业促进非洲东道国技术进步主要依赖于直接效应这一机制渠道,亦即主要依赖其自身要素生产率的提高,而不是外资企业对非洲东道国本地企业的技术溢出效应。虽然本书的实证结果表明,非洲本地企业基本还没有从外资企业获得额外的正向技术溢出,甚至有些还存在负向溢出效应,但外资企业技术进步的直接效应要大于其对非洲东道国本地企业技术溢出的间接效应,因此大部分非洲国家外资流入对技术进步的综合效应为正。

(三)资本和劳动力要素对经济增长的因素分析

大部分样本的回归结果显示,资本投入和劳动投入这两大生产要素在内生增长模型中对应的弹性系数均通过 10% 的显著性检验。14 个非洲代表性国家中,有 9 个国家[肯尼亚、埃及、埃塞俄比亚、阿尔及利亚、刚果(布)、加纳、毛里求斯、南非、乌干达]固定资产投资对 GDP 的弹性系数大于 0.6,有 9 个国家[埃及、埃塞俄比亚、阿尔及利亚、刚果(金)、加纳、津巴布韦、毛里求斯、坦桑尼亚、乌干达]劳动要素投入对 GDP 的弹性系数小于 0.5,这反映出,资本要素对非洲国家经济增长的贡献相对更大,资本在非洲国家经济发展中扮演着更为重要的角色。第三章也分析指出,非洲资本要素仍然严重不足,储蓄总量不足,资本积累有限,投资的资金缺口依然很大,从实证结果也反映出,投资对经济增长的边际效应还比较大。相反,大部分非洲国家劳动力充足,劳动要素的边际效应相对偏小。当前,在非洲大部分国家,资本严重不足,已成为经济发展的掣肘(郭淑红,2003)。巴顿恩科等(Badunenko等,2013)对1970—2007年非洲35个国家经济增长表现的研究表明,物质资本和人力资本积累是推动非洲国家生产率增长的主要因素。因此,多措并举促进内部投资、吸引外资承接国际产业转移、释放资本的边际贡献,仍然是经济发展和制造业技术提升的当务之急。

第四节　关于实证结果的再讨论

解释国际产业转移动因的主要理论普遍认为,外资企业的要素生产率要高于东道国本地企业,比如,一般来说,外资企业拥有更为先进的生产设备、仪器装备,在生产技术方面具有优势,而且在企业制度、管理经验和专业型人才等多方面拥有更高的要素生产率;然而,本章的实证研究结果却表明,外资企业生产优势并没有对非洲东道国本地企业产生技术扩散、示范等溢出效应。如何理解这一现象呢?本书认为可能的原因主要有以下几点。

首先,非洲国家外资企业投资的产业链接效应(Linkage effect)偏低。前文提及,长期以来,非洲国家FDI流入(尤其是发达国家对非投资)的产业中,资源型产业占据重要角色,而该产业的产业关联不强,对地区经济无法发挥牵引和支撑作用,与非洲东道国本地企业前向或后向的产业链接效应有限。反而资源价格的剧烈变动,还会放大这类经济体的波动。从跨国对比的情况来看,本书基于非洲国家测度出的数值(0.0456),也小于包群(2004)、沈坤荣(1999)等学者基于中国数据测算的结果。对比流入中国外商投资的产业分布结构,制造业引资比重一直保持在较高的份额,在 1997—2002 年间制造业引资占中国 FDI 流入的平均份额高达 62.27%。相对而言,而流入制造业的外国直接投资占比不足,石油开采等采掘业无法像制造业一样,发挥产业的辐射和链接效应。

其次,外资企业员工向东道国本地企业的流动较少,导致外资企业的在职培训效应不明显。陈(Chen,1983)、卡茨(Katz,1987)、吉原(Yoshihara,1988)等学者的研究表明,跨国公司比东道国本地企业投入更大的人力资本培训,所以,当在跨国公司接受培训的本地员工到本土企业再就业时,会促进本地企业生产率的提高。然而,这是基于不同企业工资报酬率没有差异的这一假设条件。就发展中国家来说,外资企业员工向国内企业的流动现象并不多见,因为外资企业的薪酬回报普遍高于东道国本地企业。赫尔舍恩伯格(Gerschenberg,1987)在对肯尼亚跨国公司的样本研究,也得到类似的结论,跨国公司的确比东道国肯尼亚本地企业在人员培训方面投入更大,但员工从跨国公司流向本地企业的却很少,这也决定了外资企业的在职培训效应并不能发挥对东道国企业的外溢效果。

最后,FDI 技术溢出效应存在经济发展水平的门槛效应。也就是说,东道国的经济发展水平发展到一定阶段(即跨越门槛时),FDI 的促进作用才会显著增强。何洁(2000)、刘耀彬等(2015)、刘敏和曹衷阳(2011)基于中国样本的研究对此展开了讨论。当前,非洲国家基础设施仍然不够完善,产业多元化不足,对外资技术溢出的吸收能力势必会造成一定影响。FDI 技术溢出效应也依赖于东道国本土企业的吸收能力,吸收能力较强的本土企业能内化溢出效应(法罗里和温克勒,2012)。东道国本土企业的吸收能力是指其识别能力、吸收和应用外部知识用作商业目的的能力(科恩和利文索尔,1989)。倘若东道国本土企业受制于有限的吸收能力,FDI 将不会产生溢出效应或者出现负向效应(当外资企业过多占领市场,使东道国本土企业收缩市场份额时,负向溢出效应产生);相反,若东道国本土企业吸收新技术的能力较强,FDI 将会产生明显的正向溢出效应。

第五节　中国对非洲直接投资的技术溢出效应

前文的实证分析表明外资企业生产优势并没有对非洲东道国本地企业产生正向溢出效应,并对可能的原因进行了解释和探究。由第二章分析可知,2000 年以来中国对非直接投资迅速增长,投资规模增长的同时也引起了学者们对中国直接投资对非洲东道国影响的关注和兴趣。一些学者持肯定态度,认为中国对非洲的直接投资为其提供资金和技术,缩小非洲与其他国家和地区在资本和技术水平上的差距(博罗蒂格姆,2009;福斯特等,2008)。同时也有一些学者持否定态度,认为中国对非洲直接投资的主要目的是寻求资源和开拓市场,推动非洲国家向资源型经济发展,并挤占当地工业和制造业发展空间(卡普林斯基,2008;卡普林斯基、莫里斯,2009)。因此对中国对非投资的技术溢出效应的探究也十分必要,但受制于相关数据不可获得的限制,接下来本节将从具体案例分析中国对非投资企业的技术溢出效应。

从肯尼亚政府和中国进出口银行出资,2014 年 12 月由中国路桥工程有限责任公司开工建设的蒙内铁路项目①中,可以看出中国承建企业中国路桥在促进中非产能合作项目中的技术转移和技术溢出方面

---

① 资料来源:中国路桥工程有限责任公司。

所做的努力。首先,实行人力资源本地化的策略。截至 2016 年 2 月底,蒙内铁路项目共有员工 21858 人,其中中国管理和技术人员 2000人,仅占全部员工总数的 9%,肯尼亚雇员 19858 人,占全部员工总数的 91%;同时在肯尼亚雇员中,技术工人为 4690 人,管理人员为 907 人,普通员工为 14261 人,技术工人和管理人员占肯尼亚雇员总数的 29%。另外 19858 名肯尼亚员工中包含项目分包商员工 6430 人,供应商员工 3886 人,安保人员 2424 人,累计创造工作岗位已超过 38000 个。其次,对本地员工进行培训,提升员工能力。承建企业中国路桥根据项目能力建设的实际需要,从岗位技能培训、运营人员培训和专业人才培养三个方面对本地雇员进行了培训。其中,岗位技能培训是指中国路桥在项目实施过程中对当地雇员进行技能培训,使其具备从事岗位所需的技术能力、掌握每一工序的工艺技术和操作流程,截至 2015 年年底,已累计培训当地雇员超过 1.7 万人次;运营人员培训是指中国路桥组织蒙内铁路项目、中国高校和肯尼亚高校联合开展运营人员的培训工作,如以中国高校派遣优秀老师到肯尼亚,与肯尼亚高校老师共同授课等方式培训足够的运营技术人员;专业人才培养是指中国路桥充分利用中国高校的铁路专业教育资源,帮助肯尼亚高校创建铁路工程专业。最后,重视科研和高科技技术的应用。承建企业中国路桥根据当地实际情况在项目建设过程中进行蒙内铁路铺架施工及混凝土轨枕生产技术研究及电力 33kV 架空线路设计与施工技术研究等。其中,铺架施工及混凝土轨枕生产技术研究优化了铁路铺架相关配套设备,强化其本土适用性,该技术填补了肯尼亚技术的空白,助力东非后续铁路建设的同时也培养了当地的技术人员;电力 33kV 架空线路设计与施工技术研究降低了蒙内铁路工程成本,提升了工程品质,直接应用于蒙内标轨铁路电力系统的同时也可应用于当地在建或拟建的其他铁路电力工程项目。

此外,博罗蒂格姆(2009)的研究表明,中国在非洲投资的企业中雇佣的劳动力80%—90%是非洲人,同时中国在尼日利亚和毛里求斯两国的合资企业案例研究表明,这些企业为当地居民创造就业岗位的同时也带来了学习效应。

通过人力资源本地化、教育培训、重视科研和高科技应用等手段,中国企业注重构建与当地员工良好的沟通渠道,培养非洲制造业产业发展所需要的人才,充分发挥技术溢出效应和人力资本提升效应,挖掘非洲本地合作伙伴的技术能力和水平,逐步转移中国标准和技术,深入推进产业合作发展。

本章着重讨论了非洲国家 FDI 的技术溢出效应,FDI 的技术溢出效应也是关于国际直接投资的重点问题,首先对 FDI 技术溢出效应的理论机制进行了梳理总结,并基于此提出了研究假设。第三节以非洲 14 个代表性国家为例,对非洲东道国 FDI 技术溢出效应进行了实证检验,结果表明:

第一,还没有足够的证据支持提出的研究假设,整体来看,非洲本地企业还没有从跨国公司获得额外的正向技术溢出。第二,当前外资企业促进非洲东道国技术进步主要依赖于直接效应这一机制渠道,亦即主要通过提高自身要素生产率,而不是外资企业对非洲东道国本地企业的技术溢出效应。外资企业技术进步的直接效应要大于其对非洲东道国本地企业技术溢出的间接效应,因此大部分非洲国家外资流入对技术进步的综合效应为正。第三,从代表性样本的分析结果来看,外资企业促进非洲东道国技术进步的综合效应平均值大约为 0.0456。也就是说,外资企业自身要素生产率、FDI 在固定资产投资中的占比同时提高 1 个百分点,则外资企业促进非洲东道国技术进步的综合效应为 0.0456 个百分点。本书计算的这一数值低于包群(2004)和沈坤荣(1999)等学者基于中国数据的实证结果。第四,大部分样本的回归结果显示,资本投入和劳动投入这两大生产要素在内生增长模型中对应的弹性系数均通过 10% 的显著性检验。而资本要素对非洲国家经济增长的贡献相对更大,资本在非洲国家经济发展中扮演着更为重要的角色。

上述实证检验结果产生的原因可能是:首先,这反映出非洲国家外资企业投资的产业链接效应(Linkage effect)仍然偏低;其次,与其他发展中国家一样,外资企业对员工的在职培训效应没有发挥充分的溢出效应;最后,FDI 技术溢出效应存在门槛效应,当前非洲国家基础设施仍然不够完善,产业多元化不足,对外资技术溢出的吸收能力势必会造成一定的影响。当然,这有待于更多实证研究的检验。

最后本书就具体案例分析了中国企业对非投资的技术溢出效应。分析表明中国企业注重构建与当地员工良好的沟通渠道,培养非洲制造业产业发展所需要的人才,充分发挥技术溢出效应和人力资本提升效应。

第六章　国际产业转移与非洲国家产业集聚状况分析

第一节　非洲产业集聚效应有待探讨

对于大部分非洲国家而言,制造业是其经济转型的基石。而世界各国经济发展的实践表明,产业集聚是制造业发展的必经之路,产业集聚状况深刻影响着制造业的发展。有关产业集聚的大量研究证实了集聚经济的发展对区域经济或产业的比较优势和国际竞争力提升有正向的促进作用(金姆、马里恩,1997;杜凯、周勤,2008;杜庆华,2010);同时,产业集聚还对劳动生产率和创新效率具有推动作用(安德森等,2005)。特别地,制造业的产业集聚在推动产业国际化方面正在发挥着越来越重要的作用。在政策实践层面,许多国家在不断探索产业集聚化、集群化发展模式,通过建立经济特区、打造产业园区等方式,促进区域经济或者某个产业的发展。实践证明,竞争力强的产业(或区域经济)通常是采取集聚的方式发展起来的,在现实经济中同样可以发现,在全球范围拥有竞争优势的产业(或区域经济)往往具有明显的集聚特征,比如美国硅谷的 IT 产业、西雅图的飞机和好莱坞的娱乐影视业、瑞士的钟表业,以及中国改革开放以来发生深刻变化的深圳经济特区等。

　　过去几十年,非洲国家对工业化也做了各种努力和探索,一些非洲国家参照部分先行国家的经验,努力创造良好的投资环境,通过设立工业园区、经济特区等,希望加大承接全球的制造业产业转移,从而发展本国的工业实力,努力向工业化迈进,融入全球价值链。但由于非洲各国普遍面临基础设施落后、资本不足、技术欠缺等方面的挑战,制造业在全球仍处于较低水平。近年来,非洲大陆的战略重心已转为发展经济、应对全球化和探索新的发展道路(姚淑梅、庄成红,2008)。由于拥有丰富的资源、劳动力成本优势及广阔的市场,其制造业发展前景也被外国投资普遍看好,非洲有望成为全球产业转移的主要承接地。

　　由于非洲地区社会经济发展不平衡,从国际产业转移的角度来看,对重点投资地区产业结构和产业集聚状况的分析变得尤为重要(事关投资目的地及投资行业的选择)。本章以对埃塞俄比亚的分析为例,通过该国制造业细分产业数据对其制造业产业集聚效应进行动态测度,并考察了不同细分产业集聚效应的影响因素。需要特别说明的是,本书以埃塞俄比亚为例探讨其制造业产业集聚的动态效应,并不要求基于埃塞俄比亚样本的具体研究结果适用于所有非洲国家,但应用于该国的分析方法可以被其他非洲国家复制,获得符合各自国家情况的诊断结果并提出相应的解决方案,以促进整个地区制造业的发展。埃塞俄比亚作为东非国家,因政局稳定及实行对外开放政策,在外商投资环境方面拥有得天独厚的优势,具备成为制造业中心的潜力。对埃塞俄比亚制造业的产业集聚状况展开研究,可以识别该国不同行业的发展态势,对国际产业转移的投资行业选择有一定的启示意义,也可助力中国对埃塞俄比亚的投资。

　　埃塞俄比亚是中国对非投资的重要目的国。据中国对外直接投资统计公报可知,2014年中国对埃塞俄比亚的直接投资流量达到1.2亿美元,埃塞俄比亚位列中国在非直接投资前十大目的地之一。此外,由 World Integrated Trade Solution(WITS)统计数据可知,2015 年中国是埃塞俄比亚第一大进口来源国,第四大出口目的地。2007 年中国企业在埃塞俄比亚投资兴建的东方工业园于 2015 年 4 月得到中国商务部的审核确认,吸引了越来越多的中国企业入驻。产业集群的发展有力地推动了埃塞俄比亚制造业的发展壮大,也为中国国内制造业产能转移提供了便利,埃塞俄比亚为中国企业"走出去"对非洲投资提供了契机。

那么,作为中国企业对非洲投资的重点地区之一,埃塞俄比亚制造业是否存在产业集聚效应? 不同产业的集聚状况如何? 是哪些因素决定了其产业集聚效应? 本书认为对上述问题的探讨,对于中国和其他国家对埃塞俄比亚的投资有着良好的启示意义。本章第二节在固定替代弹性生产函数(CES)模型的分析框架下,对埃塞俄比亚制造业 ISIC-2 位数产业的集聚效应做动态测度,并对产业集聚效应的影响因素进行分解。在第三节和第四节,本章对非洲设立"经济特区"的实践探索以及中非经贸合作区进行了分析,结合实证结果分析了经济特区的产业集聚效应。本章的研究对于如何促进非洲国家制造业发展以及如何发挥工业园区的作用,积极承接制造业的国际转移,有一定的启示意义和参考价值。

第二节　非洲国家产业集聚状况及影响因素研究

——以埃塞俄比亚为例

一、产业集聚效应测度的模型构建

关于产业集聚效应的测度,国内外学者早有探索,通常有两种方式,即间接法和直接法(生产函数法)。一般采用直接法即生产函数法来测度产业集聚效应。不变替代弹性(Constant Elasticity of Substitution, CES)生产函数被认为是测量产业集聚效应较为理想的理论框架。CES 生产函数的表达式为:

$$W = AQ^{\beta}L^{\gamma} \tag{6.1}$$

其中,W 表示工资,Q 表示工业总产值,L 表示劳动力投入,β 是产出工资弹性,γ 是劳动力的收入弹性,A 为系数。由于产业集聚效应的实质是通过规模经济的获得来提高劳动生产率和降低长期平均成本。于是,德瑞米斯(P.J.Dhrymes,1965)根据不变替代弹性生产函数推导出规模系数 h。

$$h = \frac{1 + \beta}{1 - \gamma} \tag{6.2}$$

在(6.2)式中,h 是规模报酬参数,用来衡量集聚效应的大小,它可以通过 CES 生产函数求解出。德瑞米斯的规模效益是以不完全竞争的市场为条件的,因此有较大的适用性。唐杰(1989)在实际构建理论模型时,将 CES 生产函数改写成下述方程:

$$P = AQ^{\beta}K^{\gamma} \tag{6.3}$$

在(6.3)式中,P 为某个工业部门实现的利润,K 为该工业部门各年度固定资产净值。通过构建 CES 生产函数,可以计算规模报酬系数 h,来衡量集聚效应的大小。β 为产出的利润弹性,γ 为固定资产占用的利润弹性。CES 生产函数的计算方法是收集某一地区时间序列 P、Q、K 的数据,对(6.3)式两边取对数:

$$\ln P = \ln(A) + \beta\ln(Q) + \gamma\ln(K) \tag{6.4}$$

然后对样本数据进行分时段回归,进而可求得 β、γ 的值,然后通过(6.2)式计算出产业集聚效应 h 值,从而判断出一个地区某个产业集聚状况。根据理论,如果 h 值大于 1,则说明该产业的规模报酬递增,具有产业集聚效应;如果 h 值等于 1,则规模报酬不变;如果 h 值小于 1,则规模报酬递减,不具有产业集聚效应。

二、埃塞俄比亚制造业产业结构的演进特征

对埃塞俄比亚制造业产业结构演进过程的特征进行分析,可以了解该国制造业发展的历程。该部分的分析主要使用的是 1990 — 2009 年埃塞俄比亚各年度 16 个主要制造业[①] ISIC-2 位数分产业明细数据[②]。1990 年,埃塞俄比亚制造业增加值为 58440.53 万美元,到 2009 年该国制造业增加值增长至 97190.56 万美元,年均增长率为 2.71%。本章对埃塞俄比亚 1990 年排名前十位的制造业细分产业的增加值占比变动情况做了统计(见表 6-1),并统计了该国主要年份增加值占比排序前十位的制造业 ISIC-2 位数产业及其占比情况(见表 6-2),以此跟踪分析了埃塞俄比亚制造业产业结构的变动情况。通过表 6-1、表 6-2 可以发现,埃塞俄比亚制造业产业结构演进呈现以下几个方面的基本特征。

首先,食品饮料加工业是埃塞俄比亚最大的制造产业,在制造产业中占据重要的角色,在该国制造业增加值的占比一直稳定在 40% 以上的水平,作为非洲非石油生产国,埃塞俄比亚在食品原料的产量与供给上一直十分充裕,以咖啡为代表的系列产业在该国制造业占据重要地位。

其次,资源类、劳动密集型产业的增加值在该国制造业生产总值中

---

① 分别为:食品和饮料,烟草制品,纺织业,服装、毛皮,皮革制品和鞋类,木制品,纸和纸制品,印刷和出版,化学和化学制品,橡胶和塑料制品,非金属矿产品,基本金属,金属制品,机械设备业,汽车、拖车半挂车和家具制造业。

② 资料来源:联合国工业发展组织(UNIDO)数据库。

的占比呈现下滑趋势,比如,从表6-1可以看出,烟草制品增加值占比的排序呈下降趋势,1990年在制造业产业中排名第二位,占比达12.05%,到2009年占比下降到4.13%,排名第七位。纺织业发展整体也呈现萎缩态势,1990年排名第三位,占比达11.09%,到2009年占比下降到4.66%,排名下滑到第六位。从表6-2可以看出,进入排名前十的制造业产业的资源类和劳动密集型产业数在不断减少。1990年,食品和饮料业、烟草制品、纺织业、皮革制品和鞋类、服装和毛皮、木制品等产业均入围了前十位名单,而在之后的年份,这些产业在制造业产值的占比均呈现下降态势,木制品业甚至很快在前十位名单中消失。

最后,轻工业、技术依赖度较高的产业的发展呈逐步上升态势。比如非金属矿产品、金属制品、化学及化学制品产业、橡胶和塑料制品产业等,这些产业在制造业增加值中的占比不断攀升。20世纪90年代初,非金属矿产品、化学及化学制品、橡胶与塑料制品这三个产业在埃塞俄比亚制造业增加值中的占比均不足3%,但在随后的年份快速发展,在制造业中的地位也急剧上升。2000年后,非金属矿产品业迅速成长,到2009年其增加值占比达14%,成为继食品饮料加工业后第二大制造业细分产业;化学及化学制品在制造业增加值的占比到2009年也上升到第三位。

综合来看,埃塞俄比亚制造业发展逐渐呈现出多元化的发展格局。通过计算发现,排名前五位的ISIC-2位数产业合计增加值占比有所下降。1990年,增加值占比排名前五位的产业增加值合计占比达82.9%,之后呈现持续下降的态势,到2005年前五位产业的增加值占比合计为71.1%(这一占比到2009年略有上升)。在1990年,在排名前十位的产业中,只有5个产业的增加值占比高于3%;到1995年,占比高于 3% 的产业增加到了 8 个;进入 2000 年后,增加值占比高于 3% 的产业上升到了 9 个。

表 6-1　埃塞俄比亚排名前十位产业(1990 年)的增加值占比变动情况

(单位:%)

产业类别	1990 年		1995 年		2000 年		2005 年		2009 年	
	占比	排序	占比	排序	占比	排序	占比	排序	占比	排序
食品和饮料	49.53	1	44.00	1	49.52	1	44.05	1	41.22	1
烟草制品	12.05	2	6.66	5	4.72	7	4.36	8	4.13	7
纺织业	11.09	3	11.03	2	6.19	4	5.66	4	4.66	6
皮革制品和鞋类	7.01	4	7.83	3	4.72	5	3.85	9	2.75	10
印刷和出版	3.22	5	2.86	9	3.23	9	5.55	5	3.38	9
服装,毛皮	2.93	6	1.06	15	0.72	14	0.53	15	0.66	14
非金属矿产品	2.80	7	6.98	4	7.86	2	8.80	2	14.82	2
橡胶和塑料制品	2.69	8	3.18	8	4.48	8	4.91	7	6.13	4
化学和化学制品	2.35	9	3.81	7	4.72	6	5.17	6	7.97	3
木制品	1.38	10	1.96	11	0.52	15	0.65	14	0.38	15
总计	95.05	—	89.38	—	86.69	—	83.54	—	86.09	—

资料来源:联合国工业发展组织数据库。

表 6-2　主要年份制造业增加值占比排名前十位的产业

(单位:%)

排序	1990 年		排序	1995 年		排序	2000 年		排序	2005 年		排序	2009 年	
	产业类别	占比		产业类别	占比		产业类别	占比		产业类别	占比		产业类别	占比
1	食品和饮料	49.53	1	食品和饮料	44.00	1	食品和饮料	49.52	1	食品和饮料	44.05	1	食品和饮料	41.22
2	烟草制品	12.05	2	纺织业	11.03	2	非金属矿产品	7.86	2	非金属矿产品	8.80	2	非金属矿产品	14.82
3	纺织业	11.09	3	皮革制品和鞋类	7.83	3	汽车,拖车半挂车	6.94	3	基本金属	7.66	3	化学和化学制品	7.97

续表

排序	1990 年		排序	1995 年		排序	2000 年		排序	2005 年		排序	2009 年	
	产业类别	占比		产业类别	占比		产业类别	占比		产业类别	占比		产业类别	占比
4	皮革制品和鞋类	7.01	4	非金属矿产品	6.98	4	纺织业	6.19	4	纺织业	5.66	4	橡胶和塑料制品	6.13
5	印刷和出版	3.22	5	烟草制品	6.66	5	皮革制品和鞋类	4.72	5	印刷和出版	5.55	5	金属制品	4.84
6	服装和毛皮	2.93	6	基本金属	4.07	6	化学和化学制品	4.72	6	化学和化学制品	5.17	6	纺织业	4.66
7	非金属矿产品	2.80	7	化学和化学制品	3.81	7	烟草制品	4.72	7	橡胶和塑料制品	4.91	7	烟草制品	4.13
8	橡胶和塑料制品	2.69	8	橡胶和塑料制品	3.18	8	橡胶和塑料制品	4.48	8	烟草制品	4.36	8	基本金属	3.65
9	化学和化学制品	2.35	9	印刷和出版	2.86	9	印刷和出版	3.23	9	皮革制品和鞋类	3.85	9	印刷和出版	3.38
10	木制品	1.38	10	汽车,拖车半挂车	2.17	10	基本金属	2.08	10	金属制品	3.25	10	皮革制品和鞋类	2.75

资料来源:联合国工业发展组织数据库。

三、埃塞俄比亚产业集聚效应实证分析

根据理论模型,利用埃塞俄比亚制造业 1990—2009 年 ISIC-2 位数产业数据作为样本分析其产业集聚效应,这里涉及食品饮料、烟草制品、纺织业、化学及化学制品等制造业产业,产业覆盖面较广。通过对各行业利润总额、工业总产值、固定资产净值等相关指标的年度数据做滚动回归,得到动态的 h 系数。表6-3、表6-4展示了埃塞俄比亚主要行业的 h 值变化趋势。

通过观察可以看到:第一,大部分产业的 h 值系数均大于1,表明埃塞俄比亚制造业已具备一定的集聚效应。但不同产业集聚效应程度存在差异,食品饮料加工业的 h 值保持在1.5—2.5的范围内,且呈现不断增强的态势;非金属矿产品的 h 值维持在1.5—2的范围内;机械设备行业的 h 值保持在1—1.5的范围内;木制品的 h 值保持在1.5—

2 的区间范围。总体来看,上述产业均显现出不同程度的产业集聚效应,已经具备一定条件和基础来培育和发展产业集群。

第二,从 h 值的变化趋势来看,大部分产业的集聚效应在初期稍有下降,历经一个低点之后呈不断增强态势,说明由于产业结构调整后产业集聚朝着良性方向发展。到 2007 年前后大部分产业的 h 值又有所趋缓,这可能是由于制造业各细分产业的产业集群发展在一定程度上受到了全球金融危机的影响。当然,由于埃塞俄比亚是非石油生产国,在全球经济中相对孤立,可以看到,除化学制品、橡胶塑料制品、服装及毛皮制品等与外部经济联系较紧密的制造业 h 值在峰值出现后下降明显外,其他产业的 h 值都变动有限。

第三,一些技术依赖度相对较高的加工制造业在发展初期并不具备产业集聚效应,但之后开始逐步显现。比如化学及化学制品、橡胶及塑料制品、金属制品、基本金属、汽车及(半)挂车等制造业细分产业,在 20 世纪 90 年代 h 值均小于 1,表明其还不具备产业集聚效应;而进入 2000 年后,经历一定时期的发展,这些产业的 h 值上升到大于 1。其中,金属制品、基本金属类的 h 值趋于稳定,而化学及化学制品、橡胶与塑料制品的 h 值波动较大。

结合前文的分析,可以发现,以上都是在埃塞俄比亚成长性较快的制造业产业,可以理解为该国制造业发展战略规划中着力打造的"新兴"产业。这些新培育产业有一个共同的特征,就是产业属性"工业化"的味道较浓厚,前期投入的沉没成本较高,到达一定程度后规模效应才能释放出来。可以说,该国发展的资源禀赋型制造业(如基本金属、金属制品)已经形成稳定的集聚效应,加工制造业(如化学及化学制品、橡胶及塑料制品)集聚效应尚不稳定,而装备制造业(汽车、挂车等)的集聚效果并不理想,只是"昙花一现"。

表6-3 埃塞俄比亚ISIC-2位数产业的产业集聚系数 *h* 值

年 份	食品和饮料	烟草制品	纺织品	服装毛皮	皮革制品和鞋类	木制品	纸和纸制品	印刷和出版
1990—1999	1.474	1.364	2.191	1.653	1.445	1.912	1.086	1.501
1991—2000	1.408	1.275	2.571	1.623	1.303	1.733	0.943	1.350
1992—2001	1.216	0.862	1.837	1.399	1.047	1.733	0.733	1.290
1993—2002	1.431	0.710	1.941	1.132	1.220	1.797	1.069	1.356
1994—2003	1.305	0.741	1.928	1.099	1.104	1.913	1.098	1.400
1995—2004	2.071	0.743	1.648	1.112	1.096	1.891	1.158	1.444
1998—2005	2.497	0.785	1.505	1.453	1.341	1.890	1.416	1.489
1997—2006	2.352	1.994	1.441	2.188	1.469	1.843	1.698	1.541
1998—2007	2.378	2.237	1.314	1.880	1.469	1.936	1.680	1.601
1999—2008	2.345	2.962	1.410	1.828	1.495	2.003	1.636	1.700
2000—2009	2.249	2.750	1.423	1.771	1.552	2.019	1.647	1.702

表6-4 埃塞俄比亚ISIC-2位数产业的产业集聚系数 *h* 值（续）

年 份	化学和化学制品	橡胶和塑料制品	非金属矿产品	基本金属	金属制品	机械设备	汽车、挂车、半挂车	家具
1990—1999	0.368	0.869	1.312	0.870	0.900	1.188	0.938	1.640
1991—2000	0.627	0.863	1.337	0.807	0.798	1.135	1.148	1.660
1992—2001	0.846	1.029	1.473	0.875	0.913	1.130	1.324	1.677
1993—2002	2.123	1.686	1.930	1.111	1.197	1.201	1.517	1.724
1994—2003	2.723	1.726	1.904	1.678	1.839	1.535	1.339	1.664
1995—2004	2.292	1.945	1.867	1.509	1.955	1.469	1.311	1.721
1998—2005	2.148	2.014	1.742	1.572	1.806	1.489	1.260	1.850
1997—2006	1.735	1.897	1.716	1.553	1.780	1.285	1.165	1.696
1998—2007	1.975	1.904	1.624	1.507	1.644	1.283	1.510	1.679
1999—2008	2.005	1.881	1.833	1.494	1.659	1.270	1.590	1.716
2000—2009	1.325	1.593	1.583	1.470	2.022	1.287	1.893	1.737

四、埃塞俄比亚制造业集聚效应的因素分解

产业集聚效应是由各个因素的共同作用引起的一种经济现象。产业组织理论认为,h 由三个主要因素构成,即内部集聚经济(ISE)、布局集聚经济(LOC)、外部集聚经济(即城市集聚经济,UBE)。内部集聚经济是指产业部门内部企业规模扩大所引起的部门长期平均成本的下降。借鉴汪炜、史晋川和孙福国(2001)等研究的做法,内部集聚经济(ISE)用企业平均固定资产净值加以测量,即 ISE = 固定资产净值/企业数。布局集聚经济是指产业部门在特定地区布局时,由于当地自然条件因素与经济社会因素的综合影响,有可能获得较之在其他地区布局更大的集聚效果。外部集聚经济是指某一产业部门企业在区域内集中所带来的长期平均成本下降的收益,用来衡量产业内企业之间能否充分利用同类工业企业集中布局所形成的专业化分工协作的集聚效应,一般用一定时期内同产业企业数的变化来表示。根据实际情况,这里仅对埃塞俄比亚制造业 ISIC-2 位数产业集聚效应作内部集聚经济与外部集聚经济影响因素分解,即分析内部集聚经济与外部集聚经济对产业集聚效应的影响。以 h 值为被解释变量,内部集聚经济、外部集聚经济为解释变量进行回归,表 6-5 归纳了埃塞俄比亚制造业各主要产业内部及外部集聚经济对产业集聚效应的影响方向。

表 6-5　埃塞俄比亚 ISIC-2 位数产业集聚效应的因素分解情况

	外部集聚经济为正	外部集聚经济为负
内部集聚经济为正	食品饮料加工业、服装毛皮、木制品、纸和纸制品、化学及化学制品、基本金属、机械设备、汽车及(半)挂车	烟草制品、皮革制品和鞋类
内部集聚经济为负	印刷和出版业、金属制品、家具	纺织业、橡胶和塑料制品、非金属矿产品

　　通过表6-5可知,埃塞俄比亚16个制造业产业中有8个产业的内外部集聚经济对应的系数均为正,表明大部分产业都可获得产业企业生产规模扩大所带来的优势,即存在规模经济现象,同时产业企业之间的专业化分工协作以及产业链的衔接也比较好,可有效促进集聚效应的发挥。有6个产业的内部集聚经济对应的系数为负,5个产业的外部集聚经济对应的系数为负,主要集中在资源类产业及轻工业,这在一定程度上反映了埃塞俄比亚在这些产业上开发能力仍显不足,需要进一步吸收外国直接投资,借助国际产业转移,加强对外合作。

　　值得特别注意的是,纺织业、橡胶和塑料制品、非金属矿产品这三个制造业细分产业,内部集聚经济、外部集聚经济均为负数。综合埃塞俄比亚制造业产业结构演进的特征来看,纺织业在该国的影响力正在不断减弱,当前纺织业企业规模扩大甚至产生了内部规模不经济的现象;与此同时,该产业产业链分工产生的协同效应也在不断弱化,这表明纺织业产业集群的发展正面临困局。而橡胶和塑料制品、非金属矿产品的两个系数均为负,但其在制造业增加值中的占比却呈现不断上升的态势。这说明,一方面,虽然这两大产业成长性都较好,但企业在做大过程中存在"规模不经济"的现象;另一方面,围绕着两大产业的配套产业链还不完善,无法对其可持续发展提供软环境支撑,产业集群也还没有形成明显的辐射力。这对政策实践的启示意义在于,当前埃塞俄比亚须加强措施吸引外国直接投资,加大开放力度,利用外资带来的先进加工技术和管理经验改造提升传统的制造业(尤其是纺织业),同时,进一步完善配套设备,改变部分制造业产业链配套不足制约制造业发展的局面。

第三节　非洲"经济特区"的发展及其产业集聚效应

通过设立"经济特区"促进产业集聚与经济发展,是世界各国和地区特别是新兴经济体普遍采用的做法。从 20 世纪 70 年代至今,许多非洲国家也在不断探索各种形式的"经济特区",以产业集聚的形式,促进本国制造业和区域经济发展。

一、非洲主要类型"经济特区"及其产业集聚效应

非洲"经济特区"主要可以分为出口加工区、自由港、园区型自由贸易区三种形式以及近年来建立的中非经贸合作区(下节具体分析)。各种类型"经济特区"的主要特点如表 6-6 所示。

表 6-6　非洲各类经济特区的比较

类别	出口加工区	自由港	园区型自由贸易区	中非经贸合作区
国家	毛里求斯、埃及、突尼斯、塞内加尔(20 世纪 70 年代开始);肯尼亚、尼日利亚、南非、赞比亚、马达加斯加等国家(20 世纪 90 年代以来)	突尼斯(转口型自由港)、埃及(转口型自由港)、坦桑尼亚(转口型自由港)、莫桑比克、塞内加尔等	肯尼亚(蒙巴萨自由贸易区)、卢旺达(基加利自由贸易区)、尼日尼亚(自由贸易区)	赞比亚(1个)、尼日利亚(2个)、毛里求斯、埃及(1个)、埃塞俄比亚(1个)、阿尔及利亚(1个)等
发展定位	发展本土制造业	促进贸易	促进本区经济和外贸	中国企业"走出去"的载体
产业类型	服装、纺织业、食品加工业等	农副产品、初级加工的原材料、矿产品	对外贸易、出口加工、保税仓储、转口集散	以制造业为主,配套物流业、商贸服务业、房地产等
特点	效仿亚洲、拉丁美洲的成功经验;出口导向,主要市场为美国、欧盟、中东等;探索时间较长,但发展不平衡,大部分出口加工区经济规模仍偏小,处于初级化阶段	转口型港口(或自由港),由于非洲大陆四面环海,拥有不少天然深水港,自由港数量多,但难以发展壮大,带动力有限	境内的关税隔离区,拥有税收政策优惠,濒临港口,形成一定辐射带动力	成为中非合作的载体,中国企业走出去的重要平台,起步较晚,发展迅速,被认为是"中国特区"在海外的实践
开发主体	以政府开发运营为主	以政府开发运营为主	以政府开发运营为主	以企业为主体,政府支持

（一）出口加工区

非洲出口加工区的起步较早，非洲国家在发展初期以原材料出口为主，长期处于不利地位，出口贸易并未带来本土制造业提升。自20世纪70年代以来，非洲的埃及、塞内加尔、毛里求斯等国家纷纷借鉴亚洲和拉丁美洲的成功经验，尝试通过建立出口区来发展本国制造业（黄梅波、唐露萍，2012）。在境内划定专门用于制造、加工和组装出口商品的特殊工业区，享有地方特殊税收优惠政策和便利服务，主要目的在于通过出口贸易刺激本土制造业发展。由于出口加工区的投资企业生产和经营成本更低，投资回报相对更高，且安全保障更为有利，因此，投资非洲的外资企业多选择非洲的出口加工区（罗海平，2014）。

毛里求斯的出口加工区是一个成功的典范，该出口加工区发端于20世纪70年代，初期主要发展服装业，曾一度使这个不产羊毛的岛国成为世界第三大毛织品供应国（姜忠尽，1995）；20世纪90年代后，逐步由劳动密集型向资本密集型转变，并成功实现了多元化发展，成为该国经济的支柱产业。但整体来看，出口加工区在非洲的分布和发展较不平衡，只有为数不多的非洲国家在这方面的探索取得了成功，大多数国家出口加工区经济规模不大，产业结构依然处于初级阶段。

（二）自由港

非洲大陆四面环海，自由港数量较多，其中不乏优越的深水港。根据罗海平（2014）的研究梳理，毛里求斯（88个）、突尼斯（14个）、埃及（7个）、坦桑尼亚（4个）等非洲国家拥有的自由港数量较多，且大多为转口型自由港（埃及为贸易型自由港）。受非洲产业结构的影响，自由港贸易流通商品主要集中在农副产品、初加工原材料和矿产资源等，这些产品的附加值有限。此外，大部分港口产业的单一化程度较高，严重依赖单一货物和产品，多元化程度不够（罗海平，2014），导致非洲港口经济"经济特区"的辐射带动作用较为有限。

（三）园区型自由贸易区

与出口加工区类似,园区型自由贸易区也是在一个国家境内划定特定区域,对区域内进出口商品实行免征或减征关税,除贸易功能相似外,贸易区内还可以进行转口集散、工贸结合、保税仓储等活动。据不完全统计,截至 2013 年 6 月,全球建立了 1200 多个自由贸易区;其中775 个自贸区设立在发展中国家,占比高达 65.6%。在许多非洲国家,自由贸易区成为重要的"经济特区"和产业集聚形式。

不少非洲国家的自由贸易区是在自由港基础上发展形成的,以肯尼亚蒙巴萨自由贸易区为例,蒙巴萨自由贸易区为该国第一个自由贸易区,占地面积 2000 平方公里,该自由贸易区依托蒙巴萨(位于非洲东海岸)这一贸易和物流枢纽,辐射埃塞俄比亚、南苏丹、卢旺达、卢隆迪、坦桑尼亚、乌干达等周边国家。非洲通过自贸区的建设将零落的经济体聚集成统一的大市场,不仅面向本区域还面向世界其他国家,这在一定程度上加速非洲工业化进程,延伸其制造业产业链,促进其产业发展,优化其基础设施水平。

二、埃塞俄比亚"经济特区"

埃塞俄比亚"2010/2011 — 2014/2015 增长与转型计划"提出将"经济特区"作为实现工业化的重要途径,并对纺织服装、皮革加工、农产品加工、建材、化工、制药和金属制品等大中型制造业"经济特区"的设立做了具体规定(IPRCC、UNDP,2015)。为了加快本国制造业的发展,截至 2015 年,埃塞俄比亚建设了一系列的"经济特区"(见表 6-7)。

表6-7 埃塞俄比亚"经济特区"情况（截至 2015 年）

位置	名称	占地面积	主导产业	开发股东
亚的斯亚贝巴	Bole Lemi 工业区	156 公顷（一期）、186 公顷（二期）	纺织服装、工程车辆、建材、采矿设备、化学制品、物流等	埃塞俄比亚政府、世界银行
都克姆	东方工业园	200 公顷	农产品加工、建材、皮革加工、纺织服装、汽车配件等	中国江苏其元集团
亚的斯亚贝巴	Kilinto 工业区	308 公顷	农产品加工、食品、饮料、制药等	埃塞俄比亚政府、世界银行
亚的斯亚贝巴	埃中东莞国际轻工业园	137 公顷	混合用途、皮革加工、制鞋、纺织和服装	中国华坚集团
芬芬	Sendafa 工业区	100 公顷	纺织和服装、仓储和物流等	土耳其 Akgün 集团
德雷达瓦	—	1050 公顷	纺织、水泥生产、纺织和服装、消费品、仓储和物流等	埃塞俄比亚政府、中国企业
阿瓦萨	—	1000 公顷	农产品加工、纺织和服装生产	埃塞俄比亚政府、中国企业
孔博勒查	—	1100 公顷	消费品、皮革和皮革制品、纺织和服装生产、仓储等	埃塞俄比亚政府、中国企业
阿卡基卡里提区	—	330 公顷	纺织和服装、皮革制品、农产品加工等	埃塞俄比亚政府

注：Bole Lemi 工业区和东方工业园是已经投入运营的"经济特区"，其他均为审核/建设中的"经济特区"；"—"代表资料缺失。

资料来源：IPRCC, UNDP, "If Africa Builds Nests, Will the Birds Come?", Working Paper Series, No.6, 2015, p.67。

Bole Lemi 工业区成立于 2012 年，是由埃塞俄比亚政府首个运营的"经济特区"，一期占地 156 公顷，二期占地 186 公顷。地理位置优越，距离首都亚的斯亚贝巴仅 10 公里，直通首都国际机场以及亚的斯亚贝巴—吉布提高速公路；定位于纺织服装、工程车辆、建材、采矿设备、化学制品、物流等行业，已吸引中国尼顿制衣和乔治鞋业集团、印度阿仕顿服饰和维斯提斯服饰、斯里兰卡杰杰服饰、韩国辛提思服饰等 12 家国际纺织和服装、制鞋生产企业到园区内投资。截至 2015 年，埃塞俄比亚政府已投资 1.13 亿美元用于园区建设，并向世界银行贷款 2.5 亿美元用于扩展建设（IPRCC、UNDP，2015）。东方工业园是埃塞俄比亚首个私营"经济特区",成立于 2007 年,占地 200 公顷,由中国江苏其元集团全资所有。中国江苏永钢集团 2007 年中标成为东方工业园的主要开发方,但于 2008 年退出,由江苏其元集团进行建设(博罗蒂格姆和唐,2011)。截至 2015 年,共计 27 家中国企业入驻园区,共投资 2.05 亿美元,创造了 4500 个就业岗位(IPRCC、UNDP,2015)。

三、"经济特区"的产业集聚效应

现阶段非洲国家区域经济发展不平衡,在优惠政策辅助下,通过对资金、技术、人才等资源的吸引建立"经济特区"是很好的选择。区域经济发展本质上是资源优化配置的动态过程,"经济特区"的发展符合这样的发展规律,能够较快形成产业集聚。"经济特区"往往具有优越的地理位置或丰富的资源条件,又或者是优惠的政策优势等,这些吸引着生产要素大量聚集的同时,还不断地在科技、文化、制度等方面进行创新,实行研究、开发、生产、贸易相结合,社会经济活动高度聚集,且规模不断扩大,促进了整个区域的发展。国际产业转移过程中,跨过公司在其对价值链进行全球布局的同时,各个环节也在有意识地向某些区域集中。"经济特区"内产业尤其是制造业的组团式或者产业链整体或部分转移的趋势明显。

第四节　中非经贸合作区及其产业集聚效应

境外经贸合作区,是指投资国企业在境外有条件的国家或地区投资建设或参与建设的产业园区,以吸引投资国或其他国家企业到园区内投资兴业,园区内一般具有相对完善的基础设施、较为完整的产业链,对东道国产业的带动和辐射能力较强、影响力较大(黄梅波、唐露萍,2012)。经贸合作区对东道国来说往往具备产业集聚发展的优势。

一、中非经贸合作区概况

长期以来,中非经贸合作主要以贸易和对非援助为主(张菲,2013),但21世纪以来中国对非投资规模迅速增长,中国企业"走出去"到非洲步伐加快,产业园区建设经验开始在非洲复制。中非经贸合作区的构想,最早可追溯到1995年中国政府召开的改革援外工作会议,这次会议首次提出在受援国建立经济开发区。这被认为是把中国建立"经济特区"的成功经验复制到非洲国家。1998年,中国应埃及方面的要求,双方共同启动建立苏伊士特区项目(后来的苏伊士经贸合作区在此基础上建立)。近年来,中国企业"走出去"步伐越来越快,中国政府鼓励将中国产业园区的建设经验在东道国复制,建立境外经贸合作区,推动中国企业"走出去"向深层次发展的同时也促进东道国产业的共同发展。截至2015年,中国在非洲先后建立了赞比亚中国经贸合作区、尼日利亚广东经贸合作区、毛里求斯晋非经贸合作区、尼日利亚莱基自由贸易区—中尼经贸合作区、埃及苏伊士经贸合作区、埃塞俄比亚东方工业园、阿尔及利亚中国江铃经贸合作区等7个经贸合作区。

表6-8展示了中非经贸合作区的产业定位及牵头企业。中非经贸合作"经济特区"已成为中非产业转移与对接合作最重要的形式载体,产业定位于制造业为主,配套物流业、商贸服务业、房地产等,不仅促进了非洲国家工业化、扩大贸易和创造就业,也为后金融危机时代中国企业"走出去"搭建了重要平台,被认为是"中国特区"在海外的实践。这些经贸合作区的建立缓解了东道国产业发展过程中遇到的资本和技术短缺问题,为东道国带去了成熟的管理经验,促进东道国产业发展的同时加快了中国企业"走出去"。对中国来说,中非经贸合作区带

动了中国对非洲国家的贸易投资,不仅有利于中国企业走出国门,打开海外市场,谋求长远发展,还是中国实现产业结构调整与升级长期规划中的重要步骤。对非洲国家来说,非洲国家可以借助中非经贸合作区平台,吸引投资,积极承接制造业转移。园区的建成,一方面有助于东道国对外贸易的发展,增强创汇能力,同时促进东道国吸收、利用外资,从而促进东道国的经济增长;另一方面有助于东道国承接产业转移、技术转移,实现产业升级,同时带动就业,促进工业化进程。

表6-8 中非经贸合作区的产业定位和牵头企业

合作区名称	牵头企业	产业定位
赞比亚中国经贸合作区	中国有色矿业集团有限公司	谦比希园区以铜钴开采为基础,以铜钴冶炼为核心,以有色金属矿冶炼为主导产业;卢萨卡园区以发展现代物流业、商贸服务业、加工制造业、房地产业、配套服务业和新技术产业为主导产业
尼日利亚广东经贸合作区	广东新广国际集团中非投资有限公司	以家具、五金、建材、陶瓷为主,基础设施建设同时发展
毛里求斯晋非经贸合作区	山西晋非投资有限公司	产品加工及物流仓储、商务商贸、教育培训、房地产、旅游餐饮、绿色能源等板块
尼日利亚莱基自由贸易区—中尼经贸合作区	中非莱基投资有限公司	以装备制造、通信产品为主的高端制造业;以交通运输车辆和工程机械为主的产品装配业;以商贸物流为主的现代物流业;以旅游、宾馆酒店、商业等为主的城市服务业与房地产业
埃塞俄比亚东方工业园	中国江苏其元集团	主攻农产品加工、纺织、冶金、建材、机电等外向型制造加工业
埃及苏伊士经贸合作区	中非泰达投资股份有限公司	主导产业为轻纺服装、生产用车及配件、电器设备及低压电器和通用工程产品
阿尔及利亚中国江铃经贸合作区	中鼎国际、江铃集团(江西)	定位在汽车制造业以及建筑材料等相关产业

资料来源:根据商务部境外经贸合作区专题网站资料整理。

二、中非经贸合作区的产业集聚效应

中非经贸合作区在承接中国产业转移的过程中发挥了显著的平台

作用和集聚效应。中国的境外经贸合作区是指围绕园区主导产品,中国相互关联的产业或者一条产业链的上下游企业群一起进园,集群式对外投资。生产同种产品的企业在合作区内集聚,相互之间在信息、设施、市场等方面形成效益共通、成本分摊效应,有利于提高产业境外投资集中度,减少无序投资的资金浪费;同时在经营上则形成良性的竞争和促进机制,提高效率,产生规模经济效益。在龙头企业和大型企业的牵头下,产业实行组团式"走出去"发展,带动产业链相关企业共同拓展海外市场,进而促进经贸合作园区发展壮大。由于产业龙头企业和大型企业的辐射带动力强,往往可以带动和引致一批相关配套行业企业的跟进投资,形成发展的协同效应和乘数效应。

以苏伊士经贸合作区为例,其合作区产业定位是以服装、纺织、轻工、冶金冶炼为主,已基本形成了"纺织服装产业园""新型建材产业园""高低压电器产业园""石油装备产业园"等产业园区。截至 2014 年,合作区已入驻制造型企业 32 家,累计完成协议投资额达 9.0 亿美元,实际投资额 4.9 亿美元,占中资企业对埃及投资总额的 75%,服务型企业 30 家,就业人口超过 200 人,合作区还配套银行、保险、清关公司等 12 家金融机构以及医院等附属机构,并预留 6 平方公里的拓展区(作为经贸合作区二期项目,于 2016 年动工建设)①。

以东方工业园为例,中国投资企业主营纺织服装、钢铁、冶金、机电、建材等传统产业,已逐步形成了"农产品加工产业园""纺织服装产业园""建筑机械产业园""建材产业园"和"冶金钢铁产业园",依靠产业集群,形成了较为完整的产业链。东方工业园先后吸引了中国纺织服装类企业如东方纺织和印染公司、悦城实业私营有限公司和林德服

---

① 资料来源:中非泰达公司。

装有限公司等入园投产；中国建筑建材企业如汉盛金枫达公司、中舜水泥制造有限公司、LQY 制管有限公司、L&J 工程制造有限公司、玉龙科技建材有限公司、东方水泥股份公司和东方钢铁有限公司等入园投产；中国鞋业企业如辉煌实业有限公司和华坚国际鞋城（埃塞）有限公司入园投产；中国汽车企业如汕德卡零配件制造有限公司、扬帆汽车有限公司和野马汽车制造有限公司等入园投产；其他类型的企业如 ETG 食品加工有限公司、埃塞塑料回收制品有限公司、长城包装制造有限公司等。从中国的角度来说，东方工业园作为中国企业对埃塞俄比亚投资的重要载体之一，主要承接的是中国发展较为成熟、产能过剩的产业，如水泥、钢材、机电、纺织服装业等，以实现中国的产业结构调整与升级，同时有效规避贸易壁垒，减少贸易摩擦。从东道国角度来说，不同于以能源和自然资源为主要导向的传统的合作区，埃塞俄比亚东方工业园定位于"市场导向型"，依托于埃塞俄比亚国内的生产条件与消费特性，将东道国作为生产基地以及主要的消费市场。

由第二节的分析可知，埃塞俄比亚食品饮料加工业、服装毛皮、木制品、纸和纸制品、化学及化学制品、基本金属、机械设备、汽车及（半）挂车等产业的内部集聚效应和外部集聚效应都为正，这些都为中国企业入园后投资产业的发展提供了较好的产业基础，提升了埃塞俄比亚承接这些产业转移的吸引力；而埃塞俄比亚纺织业、橡胶和塑料制品和非金属矿产品产业的内部集聚效应和外部集聚效应都为负，这些产业（尤其是纺织业）急需外国资本带来的先进加工技术和管理经验，同时中国对经贸区的投资一般都是产业链上下游企业一起入园，这将缓解埃塞俄比亚部分制造业产业链配套不足的现象，促进产业发展。

在衡量中非经贸合作区的效果时，我们必须考虑到这些现代化的园区建设起步较晚，许多工业园仍处于建设的早期阶段，但当下全球价值链和产业结构的变化和重新平衡都可能为这些工业园区提供大好机会。

三、进一步提升经济特区产业集聚效应的举措

结合实证研究和各类经济特区的分析来看,非洲在不断探索建立"经济特区",以助推产业集聚的方式承接国际产业转移,部分国家的实践呈现出一些积极效应和成功经验,但也显现出一些问题。特别是对于园区型自由贸易区和中非经贸合作区来说,还处于初步发展阶段,本书认为,为充分发挥经济特区及中非经贸合作区的产业集聚效应,应该注意以下几点。

第一,完善配套服务体系是推动产业集聚的关键要素。经贸合作区等"经济特区"的建立目的在于为东道国承接国际产业转移提供载体,也为中国企业对非投资提供一个平台,完备的产业配套有利于形成范围经济,也可以减少企业的隐形成本,提高抵御风险的能力。像苏伊士经贸合作区通过泰达与埃方合作,配套银行、保险等机构,提供"一站式"服务,近年吸引中方企业持续入驻。这些做法值得借鉴。

第二,要强化政府为主体的导向、服务和保障功能。建立"经济特区"的初衷是推动产业以集聚的形式发展壮大,但开发商和东道国的动机往往是不同的。比如,开发商担心非洲东道国政策的不确定性,担心基础设施不能按时到位等;非洲东道国担心引进的投资方不符合本国的长远利益和发展需要,不能形成对本国制造业发展的带动和辐射效应。这些问题的解决都依赖于双方的协调沟通,特别地,东道国明确的规划和政策引导是必要的。

第三,建立适度多元化的本土制造业体系,是持续发展的保证。目前,非洲国家纷纷效仿中国,向中国取经并将中国"经济特区"的模式

移植到非洲;另外,随着中国经济快速发展,资源要素和人口环境约束的问题日益凸显,在国外建立产业园区也已成为中国企业"走出去"的大趋势。中非合作拥有极其广阔的市场前景,本书认为,中国对非投资要根据东道国制造业的产业集聚状况,在一些制造业配套产业链上下游定向发力,根据园区企业自身条件和非洲东道国禀赋优势,将中方产能"本土化",打造有特色的支柱产业,才能获得持续的发展能力,共同提升在制造业价值链上的位置。

通过上文分析可以看到,埃塞俄比亚制造业多元化产业发展格局正在形成。食品加工、纺织、皮革等农产品加工制造业的占比在不断下降;非金属矿产品、化学制品、橡胶塑料等资源开发、技术依赖型加工制造业在迅速发展壮大。该国制造业主要的细分产业均显现出一定程度的产业集聚效应,表明其已经具备较好的现实基础来进一步培育和发展制造业产业集群。从制造业产业集聚效应动态变化情况来看,食品加工业的集聚效应呈现不断增强的态势;皮革、木制品、非金属矿产品、机械设备等产业的集聚效应保持在较为稳定的水平;而纺织业的集聚效应出现不断弱化的趋势,该产业在埃塞俄比亚制造业的地位也在不断削弱。从产业集聚效应的影响因素分解情况来看,超半数的制造业细分产业内外部集聚经济对应的系数均为正,表明大部分产业都能从企业生产规模扩大、同产业企业之间的专业化分工协作过程中,获得产业集聚效应的提升。但部分制造业产业(包括传统的纺织业、成长性较高的橡胶塑料及非金属矿产品业)内外部集聚经济对应的系数为负,表明这些产业仍存在"规模不经济"的现象,且配套产业链还不完备,不利于形成集聚效应。

产业集聚状况是制造业竞争优势与发展潜力的重要体现。本书在

梳理非洲国家对于"经济特区"实践探索的基础上探讨经济特区的产业集聚效应,并结合实证研究结果,提出为更好承接国际产业转移,非洲国家要为外商投资营造良好的投资条件,完善配套服务体系,促进制造业产业集群发展壮大;另外,在支持基础设施建设、因地制宜完善部分制造业的产业链配套、促进东道国产业集群发展的同时,中国要根据东道国产业集聚状况选择投资产业,在一些制造业配套产业链上下游定向发力,共同提升双方在价值链中的位置。

第七章　国际产业转移与非洲制造业国际竞争力提升

第一节　理论机制

随着经济全球化进程的加快,国际产业转移已经成为当今世界经济发展历程中的一种必然趋势,对产业竞争力的形成与提升产生了深刻影响。非洲大陆在依靠原材料和初级产品出口获得近十多年的经济高速增长后,大多数国家想要摆脱单一经济结构的束缚,急需进行经济转型和产业结构的调整,其中,承接国际产业转移成为一种很好的战略选择。2013年非洲经济发展报告也指出,非洲迫切需要发展多元化经济,以实现改革和包容性增长。不少非洲国家也在不断探寻经济多元化的发展之路。在当前国际大环境下,提高贸易竞争力,大力发展本国制造业(尤其是轻工产业)成为很多非洲国家的努力方向。通过前文的分析,我们可以看到,非洲在承接国际产业转移上面临着来自越南、老挝等东南亚国家的竞争,依然充满着变数。在全球产业转移的过程中,产业承接国之间也在为筛选和承接目标产业而开展竞争。在本书第四章我们对非洲承接国际产业转移的可能性和现实基础做了分析,那么,非洲制造业的国际竞争力状况如何,受到哪些因素影响? 国际产业转移与非洲制造业的国际竞争力之间存在什么关系? 这些问题是本章讨论的主要话题。

一般来说,国际产业转移与非洲国家制造业国际竞争力的内在作用机理,体现在产业技术水平、人力资本和产业集聚效应三个方面。

(1)产业技术水平。从东道国产业成长来看,技术进步和创新是其最根本原因。一般来讲,欠发达的东道国产业成长离不开国外先进技术的支持。国际产业转移对东道国技术进步的积极作用可以通过技术转让和技术溢出两方面来分析。一方面,东道国企业可以通过引进或共享先进技术,以求在短期提高本国的技术水平;另一方面,技术溢出是跨国公司的技术在东道国内的自动扩散,技术溢出并不是国际产业转移的必然结果,与技术转让一样,技术溢出的效果也在很大程度上取决于东道国企业的技术水平和消化吸收能力(该内容第五章已做了探讨)。

(2)人力资本。现代市场竞争最终体现在劳动力素质的竞争上。国际产业转移不仅有助于提高东道国企业的技术水平,也会影响其劳动成本和人力资源积累速度。东道国本土企业无论是与外资企业还是与其他本土企业形成企业网络,都会增加对劳动力的需求,从而对企业产生双重效应。一方面,对劳动力需求的增加会提高劳动力价格,增加企业成本,降低整个产业的竞争力;另一方面,在劳动力供给比较充足的情况下,对劳动力需求的增加会给员工带来在"干中学"的机会,从而提高劳动力素质,加快产业中人力资本的积累速度,提高产业的国际竞争力。国际产业转移如何通过劳动力影响制造业产业国际竞争力取决于这两种效应的相对强弱。

(3)产业集聚效应。制造业的国际转移还对东道国产业的部门结构、空间结构及产业组织产生很大影响。国际产业转移促进承接地的制造业集聚,制造业集聚地区吸引国际产业转移,两者之间形成良性互动,出现了国际产业转移、产业集聚、产业集群共生共融、相伴而生的现象。国际产业转移对东道国产业组织结构的作用主要包括以下两个方面:一方面,外资企业特别是大型外资企业的进入有助于东道国产业集中度的提高。发展中国家(或地区)的制造业普遍存在生产分散、规模不经济的问题,而大型外资企业的产量和销量都比较大,其市场占有率的提高往往能够增加东道国的产业集中度。同时,外资企业进入东道国后,通常会加强本区域上下游产业间的联系,带动与其有长期合作关系的外国供应商、经销商以及研发机构的进入,并引发同产业竞争对手的跟进,这些相互联系的部门和机构形成了一个既竞争又合作的网络,在东道国产生了产业组织集聚效应。另一方面,外资企业进入所产生的竞争示范效应也改变了东道国的企业行为。激烈的市场竞争使得一部分缺乏效率的当地企业退出了市场;也促使东道国企业通过资产重组、联合兼并等方式提高市场地位,并借鉴外资企业的成功经验,加大了对技术创新、广告等非价格竞争手段的采用,增强了自身的竞争实力。

此外,在开放经济中,产业国际竞争力的增强不仅受产业供给能力的影响,还取决于产业满足国际市场需求的能力。换句话说,最大限度地实现产业供给结构与国际市场需求结构的匹配度,也是提升产业国际竞争力的必要条件(徐涛,2009)。基于上述理论分析,本章先借鉴古斯塔夫松等(1999)的研究模型,以对埃塞俄比亚的分析为例,研究了该国 16 个制造业产业国际竞争力及其决定因素。在 1993 — 2009 年,技术进步状况、企业平均规模和产业集聚等对制造业产业国际竞争力产生了积极影响,并且劳动力成本的上升没有削弱制造业产业国际竞争力。由于缺乏分产业的 FDI 流入数据,笔者在实证分析制造业国际竞争力影响因素时无法将 FDI 作为解释变量放入实证模型。因此,本章在第三节中对制造业产业国际竞争力(R)与反映国际产业转移的 FDI 变量之间的格兰杰(Granger)因果关系进行了检验,研究表明:R 是引起 FDI 变动的格兰杰原因,但后者并不是引起前者变动的格兰杰原因。本章的实证研究为非洲更好地把握机遇承接国外制造业转移,具有一定的启示意义。

第二节　非洲国家制造业国际竞争力分析

一、实证模型的构建

1. 生产函数

借鉴古斯塔夫松等(1999)的研究模型,假设存在 n 种可贸易产品,$i=1,\cdots,n$;每种商品由 N_{ij} 个公司(厂商)生产,$h=1,\cdots,N_{ij}$;M 个国家,$j=1,\cdots,M$;m 种生产要素,$k=1,\cdots,m$,且要素在部门之间自由流动,国家之间不流动;垄断竞争市场,企业可以自由出入,每个企业出售差异化产品。

根据 C-D 生产函数,第 j 国第 i 产品第 h 厂商的生产函数见(7.1)式:

$$q_{hij} = A_{hij} \prod_{k=1}^{m} x_{khij}^{\alpha_{ki}} \qquad (7.1)$$

规模报酬如(7.2)式所示:

$$\mu_i = \sum_{k=1}^{m} \alpha_{ki} \qquad (7.2)$$

假设特定国家具体产业所有厂商的技术相同,不同国家存在对应于希克斯的中性型技术进步的转移因子 A_{hij} 的不同,弹性 α_{ki} 和规模参数 μ_i 每个国家都是相同的。

对完全竞争要素市场，C-D 生产函数成本最小化后通过对偶关系得到单位成本函数（伯恩特，1991）：

$$\ln c_{hij} = \phi_i(\frac{1-\mu_i}{\mu_i})\ln q_{hij} - \mu_i^{-1}\ln A_{hij} + \sum_{k=1}^{m}\mu_i^{-1}\alpha_{ik}\ln w_{kj} \qquad (7.3)$$

如果第 j 国第 i 产品的所有厂商是相同的，他们将以相同的成本生产相同的产量，此时产业的单位成本函数 $\ln C_i$ 也由（7.3）式给出。

垄断竞争市场下，企业可以自由出入，价格等于单位成本。现在考虑一个特定的国家 j 和世界其他地区 w。假设要素价格不同，不同国家间每个行业的厂商规模不同，没有运输成本。第 j 国第 i 产品的单位成本和在所有市场中的价格与世界其他地区同种产品的成本和价格有关，此时变为：

$$\ln p_{ij} - \ln p_{iw} = \left(\frac{1-u_i}{u_i}\right)(\ln q_{hij} - \ln q_{hiw}) - u_i^{-1}(\ln A_{hij} - \ln A_{hiw})$$
$$+ \sum_{k=1}^{m}u_i^{-1}\alpha_{ik}(\ln w_{kj} - \ln w_{kw}) \qquad (7.4)$$

2.需求函数

消费者效用假定由 Spence-Dixit-Stiglitz（S-D-S）效用函数决定，所有国家，所有消费者都相同。第 j 国第 i 产品以任何一组厂商（国内或国外）的相同替代弹性来区别。特定国家第 i 产品的所有厂商是相同的，定价相同，因此我们可以通过厂商的加总来获得每个国家特定行业的产量需求。如果第 j 国第 i 产品所有厂商的产量被认为是一个加总，那 S-D-S 函数给出如下代表性消费者的效用：

$$U = \prod_{i=1}^{n}(\sum_{j=1}^{M}D_{ij}^{b_i})^{\alpha_i/b_i}, \sum_{i=1}^{n}\alpha_i = 1 \qquad (7.5)$$

其中，D_{ij} 表示第 j 国第 i 产品的"总产品"消费。由（7.5）式我们可以得出第 j 国第 i 产品在第 g 市场的需求，以及第 g 市场对第 j 国第 i

产品的进口(赫尔普曼和克鲁格曼,1985)。需求仅取决于第 j 市场的相对价格和总收入:

$$D_{ijg} = \frac{p_{ij}^{-\sigma_i}}{\sum_{j=1}^{M} p_{ij}^{1-\sigma_i}} a_i Y_g, \sigma_i > 1 \qquad (7.6\text{a})$$

$\sigma_i = 1/(1-b_i)$ 是第 i 产业产品的替代弹性。由 CES 价格指数的定义,我们得到:

$$\sum_{j=1}^{N} p_{ij}^{1-\sigma_i} = p_{iw}^{1-\sigma} \qquad (7.6\text{b})$$

第 g 市场从第 j 国进口的第 i 产品的总价值:

$$C_{ijg} = p_{ij} D_{ijg} = \left[\frac{p_{ij}}{p_{iw}}\right]^{1-\sigma_i} a_i Y_g \qquad (7.7)$$

也就是说,根据消费者效用函数和厂商供给函数,可以得到 g 市场从 j 国进口的第 i 产品的总价值:其中,Y_g 是 g 市场的总收入,p_{iw} 是世界第 i 产业的总价格指数(范里安,1992)。由(7.7)式可知,第 g 市场的进口由第 j 国产品与世界其他国家产品的相对价格、消费者偏好以及第 g 市场上消费者的收入决定。

3. 专业化系数

根据古斯塔夫松等(1999)的研究,产业的国际竞争力反映了某一国家该产业进入国际市场的能力,可以用第 j 国第 i 产品的专业化系数(coefficient of specialization)反映该产业的国际竞争力。第 j 国第 i 产品的专业化指数为第 j 国的第 i 产品的产量与第 i 产品的消费量的比率,即:

$$R_{ij} = \frac{Q_{ij}}{C_{ij}} = \frac{C_{ij} + X_{ijw} - X_{iwj}}{C_{ij}} = \left[\frac{P_{ij}}{P_{iw}}\right]^{1-\sigma_i} [(Y_w/Y_j) + 1] \qquad (7.8)$$

其中,X_{ijw} 和 X_{iwj} 分别为第 j 国向世界的第 i 产品出口和从世界的进口，Q_{ij} 表示第 j 国第 i 种产品的总产量，Y_w 和 Y_j 分别为世界其他国家消费者收入以及第 j 国消费者收入。由(7.8)式可得：

$$\ln R_{ij} = \ln F_j - \frac{(1-\sigma_i)}{\sigma_i}(\ln A_{ij} - \ln A_{iw})$$

$$+ \frac{(1-\sigma_i)(1-\mu_i)}{\mu_i}(\ln Q_{ij} - \ln Q_{iw})$$

$$+ \frac{(1-\sigma_i)}{\mu_i}\sum_{k=1}^{m}\alpha_{ki}(\ln W_{kj} - \ln W_{kw}) \qquad (7.9)$$

其中，$\ln F_j = \ln[(Y_w/Y_j)+1]$，$Q$、$A$ 和 W 分别表示产出、技术水平和工资，小标 k 分别表示第 k 种要素，α_{ki} 表示第 k 种要素对第 i 种商品生产的贡献率。

由(7.9)式可见，第 j 国第 i 种产品的国际竞争力由第 j 国与世界其他国家的相对收入状况、相对技术水平、相对产出和相对要素价格决定。在(7.9)式的基础上，我们构建实证分析的基本模型：

$$R_i = \beta_0 + \beta_1 \Delta TFP_{i,t} + \beta_2 \ln RQ_{i,t-1} + \beta_3 WG_{i,t-1} \qquad (7.10)$$

其中，TFP、RQ 与 WG 分别表示产业的全要素生产率、实际工业总产值和劳动报酬占人均工业总产值的比重。

由于产业组织将通过本土企业之间，以及本土企业与外资企业间的联系影响产业的国际竞争力，本书还将在(7.10)式的基础上增加产业中产业集聚指标和规模效应指标，考虑到一个地区的制造业产业竞争力变化有着路径依赖特征，本书还将加入被解释变量滞后项作为控制变量，扩展后的实证模型为：

$$R_i = \beta_0 + \beta_1 R_{i,t-1} + \beta_2 \Delta TFP_{i,t} + \beta_3 \ln RQ_{i,t-1} + \beta_4 WG_{i,t-1} +$$

$$\beta_5 IC_{i,t-1} + \beta_6 E_{i,t-1} \qquad (7.11)$$

其中，IC 是反映产业集聚的指标，E 为企业规模的代理变量。

二、非洲制造业国际竞争力的衡量

在现实经济中影响各国各产业国际竞争力的因素十分错综复杂。综合现有的研究,产业国际竞争力被认为是在国际贸易环境下,不同国家的竞争主体(相对于其他国家竞争主体)开拓并占领国际市场且持续地获得收益的综合能力。目前,对产业国际竞争力的定义仍然没有统一的界定,已有文献对于国际竞争力的衡量没有统一适用的标准(法格贝格,1988),主要采用单指标法和多指标法两种方式来衡量国际竞争力(主要衡量指标见表7-1)。单指标法主要包括单位劳动力成本法(法格贝格,1988)、国际机构指标法(赵和张,2007)和产业专业化系数法(古斯塔夫松等,1999),该方法便于直接对不同产业做对比,但容易过滤掉某些重要信息。多指标法则从产业的相对价格水平、生产率和成本等指标出发,但主要适用于对比各国同一产业在这些方面的国际竞争力(范阿尔克等,2008),但不便用于不同产业间进行比较。鉴于本书考察制造业细分产业的国际竞争力,我们采用单指标研究非洲国家制造业细分产业国际竞争力。

表7-1　产业国际竞争力主要衡量指标比较

	构建原理	特　点
单指标法	单位劳动力成本法(法格贝格,1988):单位劳动成本	缺乏现实解释力,不能解释卡尔多悖论(Kaldor paradox)①
	国际机构指标法(赵和张,2007):类似于国际机构打分,构建产业国际竞争力指数,与一国技术状况、专利拥有数、基础设施等相联系	涵盖的信息较为丰富,但计算过程复杂,需要大量数据做支撑

---

① 卡尔多(1978)认为,单位劳动和经济增长之间关系并不明确,出口规模和 GDP 的增长往往伴随着单位劳动成本更快的增长,这被称为"卡尔多悖论"。因此,单位劳动成本低,并不能代表竞争力强。

续表

	构建原理	特　点
单指标法	产业专业化系数法(古斯塔夫松等,1999):反映某一国家该产业进入国际市场的能力	直观且便于比较;可以根据一国不同产业的产值、进出口等相关数据测算
多指标法	ICOP 方法等:从相对价格水平、劳动生产率和生产要素等指标出发,比较不同国家和地区之间的产业国际竞争力	适用于对比各国同一产业在这些方面的国际竞争力,但不便于在不同产业间进行比较

本书将在(7.8)式的基础上利用非洲国家制造业细分产业的面板数据,并分析各有关因素对制造业细分产业国际竞争力的影响。对(7.8)式变形得:

$$R_{ij} = \frac{Q_{ij}}{C_{ij}} = \frac{Q_{ij}}{Q_{ij} + X_{iwj} - X_{ijw}} \tag{7.12}$$

根据(7.12)式,本书计算了埃塞俄比亚制造业细分产业的专业化系数,以此反映国际竞争力。表 7-2 显示了根据(7.12)式计算埃塞俄比亚 16 个细分产业 1993—2009 年主要年份制造业细分产业竞争力描述性统计分析结果,这 16 个制造业细分产业分别为食品饮料加工业、烟草制品、纺织业、服装、毛皮、皮革制品和鞋类、木制品、造纸业、印刷和出版、化学和化学制品、橡胶和塑料制品、非金属矿产品、基本金属、金属制品、机械设备业、汽车,拖车半挂车和家具制造业。

表 7-2　埃塞俄比亚主要年份制造业细分产业竞争力描述性统计

年份	1993	1995	1997	1999	2001	2003	2005	2007	2009
平均值	0.6650	0.6073	0.5665	0.5142	0.5018	0.4623	0.4984	0.4563	0.4306
中位数	0.6913	0.5464	0.478	0.4089	0.3611	0.3558	0.3782	0.3735	0.4037
标准差	0.5948	0.4141	0.3921	0.3567	0.3756	0.3584	0.4603	0.3557	0.3032

通过表 7-2 可以看出,在 2000 年之前,埃塞俄比亚制造业细分产

业国际竞争力的平均值和中位数均在缓慢下降;在 2001 年之后,制造业国际竞争力的平均值略有波动,但基本稳定在 0.46 左右,而中位数在逐步提高。在所有年份中,中间值都小于 1,说明大多数制造业细分产业国际竞争力都较为有限,出口小于进口。但在 2001 — 2009 年,中位数保持上升趋势,标准差维持稳定,表明该国制造业大部分产业国际竞争力呈现缓慢上升态势。接下来,本章将根据实证模型就影响制造业国际竞争力的各因素展开分析。

三、非洲制造业国际竞争力影响因素分析

本章以对埃塞俄比亚的分析为例,选取该国 1993—2009 年制造业细分产业面板数据为样本,根据理论模型对制造业国际竞争力的影响因素进行实证研究。被解释变量是制造业细分产业的国际竞争力(R),解释变量为技术进步状况、劳动力成本、行业产出的增加值、产业集聚、企业平均规模。本书数据主要来源于联合国商品贸易统计数据库(UN Comtrade)和联合国工业发展组织(UNIDO)。由于 UN Comtrade 数据库里的产品数据采用 HS 或 SITC 编码,而 UNIDO 数据里采用 ISIC 标准,阿夫芬迪等(M.Affendy 等,2010)对 SITC Revision 2 和 ISIC Revision 3 进行了对应分类,本书在此参照其分类,对两个数据库里制造业行业的数据进行分类对应。主要变量说明如表 7-3 所示。

表 7-3　被解释变量与解释变量的定义

变　量	变量定义
制造业细分产业的国际竞争力(R)	产业专业化系数法(衡量制造业细分产业的国际竞争力)
劳动力成本($WagesRatio$)	劳动报酬占人均工业总产值的比重(衡量劳动力成本)
技术进步状况(ΔTFP)	全要素生产率的差额(衡量技术进步状况)

续表

变　量	变量定义
行业产出的增加值(*Valueadded*)	实际工业增加值(取对数)
产业集聚(*Establishments*)	企业数量(反映产业集聚状况)
企业平均规模(*AOutput*)	企业平均实际工业总产值(衡量行业中企业平均规模)

(一)劳动报酬占人均工业总产值的比重(*WagesRatio*)

要素成本是制造业国际竞争力的重要影响因素,本章以劳动力成本作为制造业要素成本的指标,具体来说,使用制造业细分产业的劳动报酬占产业人均工业总产值的比重这一比率指标反映制造业细分产业厂商面临的劳动力成本。

(二)全要素生产率的差额(ΔTFP)

现有研究中,大多以全要素生产率(TFP)作为技术的产出指标(维尔斯巴根和维克林,1997),本章在实证研究中使用 Manquist 指数法估算了制造业细分产业的全要素生产率。鉴于影响制造业产业国际竞争力变化的因素是技术进步状况,而非绝对技术水平,因此,本书以 TFP 的差额(ΔTFP)作为反映制造业产业技术进步状况的变量。

(三)实际工业增加值(*Valueadded*)

用该指标反映制造业产业产出的增加值,以此分析非洲国家制造业供给结构与国际市场需求的匹配度。

(四)企业数量(*Establishments*)

本章以制造业产业内的企业数量反映产业集聚,一般来说,企业数量越多,产业集聚程度就越高。

(五)企业平均实际工业总产值(*AOutput*)

用产业中企业的平均实际工业总产值反映企业规模。通常来讲,企业规模扩大有望带来规模效应,以此促进国际竞争力的提升。

主要解释变量的描述性统计如表7-4所示。

表7-4　变量描述统计及预期符号

变量	样本数	均值	标准差	最小值	最大值	预期符号
TFP	271	1.5975	1.8289	0	15.856	+
WagesRatio	271	0.1104	0.0829	0.0135	0.9009	—
Valueadded	272	16.4808	1.3920	10.859	19.817	+
Establishments	271	61.6029	91.6092	1	608	+
AOutput	272	42593	95124	40046	5.92e+07	+

注:由于个别指标存在缺失值,计算每个变量对应的样本数不一致。

本节将分两步考察研究非洲国家制造业产业的国际竞争力。第一步,运用面板模型分析劳动力成本、技术进步等各主要因素对非洲代表性国家产业国际竞争力的影响;第二步,考虑到其他一些因素,如规模效应、产业集聚对制造业国际竞争力的影响,通过将这些指标引入基准模型展开分析,考察其在非洲国家制造业产业国际竞争力变动中的作用。考虑到模型(7.11)使用被解释变量的滞后项作为解释变量,且作为解释变量的被解释变量滞后项(R_{t-1})与企业平均规模($AOutput_{t-1}$)之间可能存在内生性,同样,这里使用二阶段动态SYS-GMM方法对动态面板模型(7.11)的相关参数进行估计。面板数据的参数回归结果见表7-5。整体来看,在0.01的显著性水平下,模型(1)—模型(4)的 Arellano-Bond 检验 AR(1)统计量通过检验,而AR(2)统计量未能通过检验,说明上述四个回归方程的残差项存在一阶自相关,但不存在二阶自相关。从 Hasen 检验的结果来看,四个回归方程也都通过了检验(取显著性水平为0.01,不能拒绝原假设)。因此,无论是否引入控制变量,此处所有模型的拟合效果均较好。

表7-5　主要经济变量对埃塞俄比亚制造业国际竞争力的影响

解释变量	模型(1)	模型(2)	模型(3)	模型(4)
被解释变量滞后项	0.6498***	0.5982***	0.5018***	0.3001***
	(4.02)	(4.34)	(7.02)	(2.78)
ΔTFP	0.0299***	0.0308**	0.03351***	0.0288***
	(2.77)	(2.23)	(3.34)	(2.73)
$WagesRatio$		0.00003		0.00006
		(0.46)		(0.44)
$Valueadded$		0.0977**		0.0936*
		(2.25)		(1.45)
$Establishments$			0.0021*	0.0002*
			(1.46)	(1.02)
$AOutput$			7.60e-09***	5.81e-09*
			(2.96)	(1.65)
C	0.1823**	0.0968*	0.1798***	0.2268*
	(2.01)	(1.51)	(3.59)	(1.32)
Arellano - Bond 检验 AR(1),P值	0.009	0.003	0.003	0.012
Arellano - Bond 检验 AR(2),P值	0.178	0.313	0.445	0.940
Hansen 检验(P值)	0.976	0.890	0.991	0.989
有效样本数	239	239	239	239

注:括号内为z值,*、**、***分别表示在10%、5%和1%的显著性水平下显著。

通过对表7-5实证结果分析,可知:

第一,技术进步对埃塞俄比亚制造业国际竞争力具有显著的提升作用。在基准模型和引入其他控制变量后的回归模型中,以各产业全要素生产率差分(ΔTFP)衡量的技术进步状况对应的系数均显著为正。全要素生产率每增加一个单位,可以使制造业产业的国际竞争力(R系数)平均提高0.03个指数点,这表明全要素生产率(TFP)的上升是制造业产业国际竞争力提升的主要源泉之一,该结果与理论预期一致。张和张(2008)基于中国数据的研究也印证了这一结论。

第二,劳动力成本的变动对制造业国际竞争力的影响不显著。虽然劳动力成本对应的回归系数未通过显著性检验(取显著性水平为0.1),但系数为正值,这至少也可以判断,劳动力成本的增加并不会削弱制造业产业的国际竞争力。这说明,劳动力素质的提升带来的积极影响一定程度上抵消了劳动力成本的负面影响。这也是在全球历次产业转移承接国经济发展初期常见的现象。一般认为,人力资本积累带来的劳动力素质提升对制造业国际竞争力会产生积极的影响,随着人力资本的积累,劳动生产率比劳动力成本上升得更快(范阿尔克等,2008)。

第三,产业产出的增加能够提高制造业国际竞争力。产业产出增加值对应的系数显著为正,说明埃塞俄比亚与全球的融合度较好,制造业供给结构与国际市场需求结构有一定的匹配度,具有较好的一致性。同时,可以看到,被解释变量滞后项回归系数为正,这一结果验证了上文提出的制造业产业竞争力变化具有路径依赖特征的假设。

第四,以企业数量衡量的产业集聚的系数在显著性水平取0.1的时候通过显著性检验,系数显著为正。产业集聚的提升有助于增强制造业国际竞争力,这与理论预期的结果也是一致的。在上一章,本书已对产业集聚问题展开专门讨论。

第五,企业平均实际工业总产值的系数也通过了显著性检验(显著性水平为0.1),说明埃塞俄比亚制造业产业中企业规模扩张能产生规模经济,并以此提高国际竞争力。

四、关于实证研究的思考

前文分析了技术进步、劳动成本和产业集聚状况等因素对制造业产业国际竞争力的影响机制。从埃塞俄比亚 16 个制造业细分产业 1993—2009 年国际竞争力衡量指标变动情况来看,在所有年份中,该指标的中位数均小于 1,说明大多数制造业细分产业国际竞争力都较为有限,出口小于进口。但在 2001—2009 年,中位数保持上升趋势,标准差维持稳定,这说明埃塞俄比亚大多数制造业细分产业国际竞争力在逐步增强。基于理论模型的分析框架,运用实证分析埃塞俄比亚的研究结果表明,技术进步、产业集聚、企业平均规模都是促进制造业国际竞争力提升的关键因素。非洲国家承接全球产业转移正当其时,这一实证研究对其制造业发展战略的选择,有两个方面的启示意义。

一方面,提高全要素生产率及劳动生产率,是非洲国家工业化的关键所在。制造业发展是一国和地区经济发展的基石,非洲国家普遍拥有良好的初级产品资源禀赋和充分的劳动力资源,通过深加工将初级产品打造成高附加值产品,并以合理的性价比赢得国内外市场,才能在全球竞争中站稳脚跟,赢得一席之地。当然,提高全要素生产率的方式与手段有很多,需要因地制宜地加以运用。如针对性地引入外资,适当借助外资的技术溢出促进本国特定产业的升级发展。还可以通过促进产业集聚的方式,实现生产要素的共享,提高生产效率。同时,通过完善配套基础设施建设、创新融资模式、发展教育等,改善投资营商环境,促进企业生产成本的降低,吸引更多优质的外资企业入驻。也可以积极主动地承接从中国或世界其他国家转移出来的轻工制造业、建材业、电子和汽车装配业等,以此夯实制造业发展基础。

另一方面,实证研究还发现,企业平均实际工业总产值的增加有利于提升制造业产业的国际竞争力。然而,当前,非洲大陆国家众多,单个国家市场规模仍然偏小、市场相对分离,不利于规模经济效应的发挥。针对这一状况,为提高非洲制造业国际地位,可推动非洲一体化建设,协调制定共同政策,分享统一市场,同时在制造业发展中充分运用物联网等信息化手段,形成区域性制造业和工业品竞争优势。

第三节 国际产业转移与非洲制造业国际竞争力关系

本章的主题是国际产业转移与非洲制造业发展,前文以埃塞俄比亚为例就非洲国家制造业国际竞争力及其影响因素展开了分析。国际产业转移与非洲国际竞争力的因果互动关系是本节探讨的主要内容。

一、模型设定与数据选取

这里继续将 FDI 作为国际产业转移的主要方式,研究制造业竞争力与 FDI 格兰杰因果关系模型。所谓因果关系是指变量之间的依赖性,一个变量是由另一个变量决定的,原因的变化引起结果变量的变化。当然,因果关系不同于相关关系,从一个回归关系式中,我们无法确定变量之间是否具有因果关系。普遍采用的做法是,通过格兰杰因果关系检验(Granger Test of Causatity),来验证两个变量之间是否构成格兰杰因果关系。格兰杰因果关系检验的基本思想是,在做 Y 对其他变量(包括 Y 自身的过去值)的回归时,如果把 X 的滞后值包括进来能显著地改进对 Y 的预测,就认为 X 是 Y 的格兰杰原因。

用计量模型表示,假设两变量 X 和 Y,格兰杰因果关系检验要求估计以下回归模型:

$$Y_t = \sum_{i=1}^{m} \alpha_i X_{t-i} + \sum_{j=1}^{m} \beta_i Y_{t-j} + \mu_{1t} \tag{7.13}$$

$$X_t = \sum_{i=1}^{m} \lambda_i Y_{t-i} + \sum_{j=1}^{m} \delta_i X_{t-j} + \mu_{2t} \tag{7.14}$$

可能存在 4 种检验结果:第一种情形是 X 对 Y 有单向影响,即表现为(7.13)式中 X 各滞后项前的参数整体不为零,而(7.14)式中 Y 各滞后项前的参数整体为零;第二种情形是 Y 对 X 有单向影响,即表现为(7.14)式中 Y 各滞后项前的参数整体不为零,而(7.13)式中 X 各滞后项前的参数整体为零;第三种情形是 Y 与 X 之间存在双向影响,表现为 Y 与 X 各滞后项前的参数整体不为零;第四种情形是 Y 与 X 之间不存在影响,表现为 Y 与 X 各滞后项前的参数整体为零。格兰杰检验是通过构造 F 统计量,利用 F 检验来完成的。

二、实证分析

本书选取埃塞俄比亚 1993—2009 年各年度 FDI 作为反映国际产业转移情况的变量,并且继续使用前一节模型计算得到该国制造业国际竞争力指标(R)。首先运用 ADF 单位根检验的方法验证 1993—2009 年两个序列均存在单位根过程,然后利用协整检验证明两个序列之间存在长期协整关系,并且二者之间只有一个协整向量(见表 7-6)。

表 7-6 埃塞俄比亚 FDI 与制造业国际竞争力的单位根检验、协整检验

序列	ADF 单位根检验的 t 值		原假设	协整检验的统计量	
	原序列	一阶差分序列		迹统计量	最大 λ 统计量
FDI	−2.2393	−5.9463 ***	$R(\prod)=0$	33.2334 ***	31.4566 *
R	−2.4143	−13.1102 ***	$R(\prod)\leq1$	1.7768	1.7768

注:FDI 数据来源于 UNCTAD,表中 * 、** 、*** 分别代表在 10%、5% 和 1% 的显著性水平下显著。

通过表 7-6 我们可以定性地判断,FDI 与 R 都是差分平稳的序列,并且二者之间存在长期协整关系,因此可以对其进行格兰杰因果关系检验。模型中 FDI 与 R 的格兰杰因果关系检验的具体结果如表 7-7 所示。

表 7-7 埃塞俄比亚 FDI、制造业国际竞争力格兰杰因果检验结果

原假设	DF	F 统计量	P 值
R 不是 FDI 的格兰杰原因	4	2.1423	0.10
FDI 不是 R 的格兰杰原因	4	0.7460	0.59
R 不是 FDI 的格兰杰原因	5	3.3427	0.09
FDI 不是 R 的格兰杰原因	5	0.1062	0.98
R 不是 FDI 的格兰杰原因	6	321.253	0.04
FDI 不是 R 的格兰杰原因	6	1.2804	0.59

这里,在取显著性水平为 10% 的情况下,滞后期数分别取 4、5、6 时,制造业国际竞争力(R)所对应的方程中格兰杰因果关系检验的 P 值分别为 0.10、0.09 和 0.04,均小于显著性水平,所以我们有理由拒绝原假设,即拒绝 R 不是引起 FDI 的格兰杰原因的假设。换句话说,埃塞俄比亚制造业国际竞争力(R)是 FDI(反映国际产业转移)的格兰杰原因。而 FDI 对应的方程格兰杰因果关系检验的 P 值始终大于显著性水平(10%),无法拒绝原假设,说明 FDI(反映国际产业转移)不是埃塞俄比亚制造业国际竞争力(R)的格兰杰原因。这与我们的直觉相反,我们没有发现外国直接投资会引起制造业国际竞争力发生显著变化。究其原因,本书认为,一方面,这反映出非洲本地企业与跨国公司之间的前向与后向联系还不够紧密,影响了 FDI 的技术溢出效应的发挥(第五章对此进行了实证检验);另一方面,这可能与 FDI 存在门槛效应[1]有关,当前,非洲国家交通、电力、通信等基础设施建设仍然普遍滞后,阻碍了非洲的经济发展和区域一体化(郑燕霞,2014)。这势必也会影响非洲东道国吸收 FDI 的能力。此外,非洲国家的 FDI 流入尚

---

① FDI 促进经济发展存在门槛效应,是指当东道国的经济状况发展到一定阶段(即跨越门槛时),FDI 的促进作用才会释放(或者显著增强)。刘耀彬等(2015),刘敏和曹衷阳(2011)对此展开了研究。

未形成足够的规模,在突破一定规模时,FDI 对制造业国际竞争力的助推作用才能得到较大的发挥。

综上所述,制造业国际竞争力是引起 FDI 变动的格兰杰原因,但后者并不是引起前者变动的格兰杰原因。这意味着,非洲国家承接国际产业转移的关键是提升自身竞争力,全球产业向非洲转移一定是东道国通过打造自身竞争实力主动去承接,而不可能"坐享其成"。事实上,从历次国际产业转移与竞争力的历史演变趋势来看,国际产业转移推动投资过剩传统产业部门向外转移,通常也会在各个国家之间掀起此起彼伏的国际竞争浪潮(叶琪、蒋凯,2012)。尤其是对欠发达的东道国来说,只有谋求国际竞争地位的提升,才能增强产业选择的主动性,实现产业跨国转移与竞争力提升的良性互动。本书结合本章国际产业转移与非洲国家制造业国际竞争力两部分实证研究结果,得出以下几点启示。

(一)提升生产效率和区域经济竞争力,是非洲国家主动承接国际产业转移的必要途径

制造业竞争力是区域竞争力的核心,前文理论模型及实证研究表明,技术进步状况是影响制造业国际竞争力的重要因素。实际上,在国际产业转移的过程中,随着承接国产业发展能力的提升,也会开始注重筛选承接的产业,承接国之间甚至为引进新兴产业而开展竞争。从理论层面讲,一个国家和地区的生产率和区域经济竞争力取决于产业集聚状况、产业结构布局是否符合比较优势,当然,它也决定和影响着其市场潜力。产业集聚通过发挥外部经济、规模经济,有效促进生产成本降低,通过深化劳动分工,提升地区关联企业间的经济效应与市场竞争力,上一章已做专门讨论。区域经济竞争力的提升建立在比较优势战略的基础上,依托于比较优势和自身禀赋特点的产业布局,才能带来持续的发展后劲。此外,东道国市场情况也是区域经济竞争力提升的重要关注点,抢占东道国市场先机也日益成为国际产业转移的动因之一,典型的例子如美国的通用汽车公司(GM)在全球许多国家和地区设立子公司,以生产能适应东道国本地市场需求的汽车,从类似的跨国投资行为可以看到,其产业转移的目的更多的是为了抢占东道国市场,而并不是转移不再具备优势的产业。由此可见,跨国转移产业已不再局限于传统意义上转移失去优势的"边际产业"(戴宏伟,2007)。对于非洲国家来说,市场潜力也是吸引国际产业转移的动因之一。

(二)积极融入国际产业分工合作,增强对国际产业的吸引力

充分融合到世界经济,主动开展国际产业协同合作,才能提高制造业产品的供给结构与外围市场需求的匹配度,加快承接国际产业转移,这一点在中国等新兴经济体的改革开放的进程中已得到印证。当前,非洲国家在电力、交通和信息通信等基础设施建设等领域依然较为滞后,存在巨大的需求缺口,基础设施和信息产业落后,导致非洲在经济全球化进程中仍处于劣势,这些成为非洲经济发展和国际化的瓶颈。而中国国内市场在这些领域已经出现产能过剩的态势,加大中非产能合作,推动中国企业"走出去"到非洲投资,在上述领域开展合作,可以很好地实现互利共赢。一方面,有利于提高非洲与全球经济的融合度,提升其区域竞争力,进而为加快承接国际产业转移创造条件;另一方面,可以很好地推动中国的优势产能"走出去",拓展发展空间。

(三)在积极融入全球经济的同时,推动非洲区域融合

本章的实证研究表明,企业平均产值规模增加有助于提升制造业产业竞争力,这意味着建立区域经济合作组织,对提升非洲整体国际竞争力具有重要意义。非洲国家也逐渐认识到要加强非洲大陆的区域经

201

济合作,建立更易发挥规模经济效应的统一市场,解决非洲内部的经济和产业发展障碍,最大化释放区域市场的潜力,加强区域内的经济合作,促进非洲区域一体化发展。非洲国家经济一体化已取得了一定的进展,并呈现加速的态势,2000年东非共同市场正式启动非洲第一个自由贸易区;东非共同体继2001年正式恢复成立;南部非洲发展共同体自由贸易区于2008年正式启动建设。非洲这三大区域组织内部正有序推进成员国之间的经济合作;但同时各区域经济合作组织成员国由于存在经济发展水平不平衡、基础设施建设落后、产业同质竞争等一些不利于发展的因素,非洲区域融合的道路任重而道远。

本章借鉴古斯塔夫松等(1999)的研究模型,以对东非国家——埃塞俄比亚的分析为例,研究了该国16个制造业细分产业国际竞争力及其决定因素。同时,我们还利用格兰杰因果检验的方法考察了国际产业转移与非洲国际竞争力的因果互动关系。本章得到的主要研究结论有:

第一,在1993—2009年,反映制造业细分产业国际竞争力的专业化系数(R)的中位数都小于1,说明大多数制造业细分产业国际竞争力都较为有限,出口小于进口。分阶段来看,在2000年之前,埃塞俄比亚制造业行业国际竞争力的平均值和中位数均在缓慢下降;在2001年之后,制造业国际竞争力的平均值略有波动,但基本稳定在0.46左右,中位数保持上升趋势,标准差维持稳定,这说明大多数制造业细分产业国际竞争力开始呈现不断增强态势。第二,以全要素生产率变动表示的技术进步状况、产业集聚以及企业平均规模的扩张均有利于提高制造业国际竞争力。其中,在引入主要控制变量后,全要素生产率差额的回归系数始终显著为正,表明技术进步是制造业国际竞争力的关键因素。

当前埃塞俄比亚制造业行业产出的增加对制造业国际竞争力存在积极影响,这意味着该国制造业供给结构与世界经济需求有一定的匹配度和一致性。此外,劳动力成本的上升并没有削弱制造业国际竞争力。第三,在对制造业国际竞争力与反映国际产业转移的 FDI 变量之间的格兰杰因果关系检验中,研究表明: R 是引起 FDI 变动的格兰杰原因,但后者并不是引起前者变动的格兰杰原因。

基于上述研究发现,本书认为:首先,提升自身竞争力是非洲国家承接国际产业转移的关键所在,因地制宜提高全要素生产率及劳动生产率,夯实制造业发展基础,才能在主动承接国际产业转移的过程中赢得先机;其次,积极融合到世界经济中去,主动开展国际产业协同合作,才能提高制造业产品的供给结构与外围市场需求的匹配度,才能增强对国际产业转移国的吸引力。当前,中非产能合作拥有广阔的前景,非洲国家在电力、交通和信息通信等基础设施建设等领域依然较为滞后,存在巨大的需求缺口,而中国国内市场在这些领域已经出现产能过剩的态势,推动中国企业"走出去"到非洲投资,在上述领域开展合作,可以很好地实现互利共赢。最后,推动非洲区域融合也尤为紧迫。加强非洲大陆的区域经济合作,最大化释放区域市场的潜力,分享统一市场,解决非洲内部的经济和产业发展障碍,将有助于提升区域性制造业和工业品竞争优势。

第八章 积极承接国际产业转移
以促进制造业发展

第一节 非洲具备承接产业转移的基础且将受益

从国际产业转移的规律来看,国际产业转移已成为全球经济发展和各国产业结构升级的必然趋势和重要动力。从日本、德国第二次世界大战后的经济崛起,到"亚洲四小龙"的腾飞,再到中国改革开放后的快速发展,这些经济体都通过主动抓住国际产业转移的机会,实现了成功转型。可以说,这些"经济奇迹"取得成功的一个关键因素均在于,利用国际产业转移的历史契机,建立和完善了自身制造业体系。随着经济全球化进程的加快,国际产业转移正在沿着全球价值链的方向演变,价值链分工逐步将各国生产环节纳入全球制造业的一体化生产中。

一、非洲具备承接国际产业转移的基础

非洲国家在取得独立后,各国先后探索了进口替代战略和出口导向战略以促进制造业发展,虽然在短期都取得了一定成效,但局限性也较为明显,鲜有国家能够在工业化的道路上取得持久成绩,非洲国家制造业在 GDP 占比依然普遍偏低。一些非洲国家开始反思,希望走出上

述两种发展战略的困境,打造自身的制造业体系。当前,在经济全球化的大背景下,非洲国家抓住世界产业结构调整和转移的机遇,主动承接国际产业转移,是非洲加快制造业发展、提升制造业竞争力的必要途径。

通过第一章到第三章的基础分析可得到如下研究结论。

(一)非洲外资流入不断加速

非洲 FDI 流入在经历三个发展阶段后,近年来呈现不断加速态势。FDI 流入及中国对非投资呈现几个典型化的特征事实:从国别分布来看,非洲 FDI 流入的国别集中度较高。从投资国来看,发达经济体是非洲外国投资主力,但近年来来自新兴经济体的 FDI 流入开始加快,特别是中国对非投资迅速增长。从产业分布来看,产业布局日趋多元化。非洲成为中国企业"走出去",对外承包工程的主要市场,目前中国对非投资的产业分布多元化程度较高,其中对制造业投资比重已超过采矿业。

(二)非洲具有承接产业转移的可能性

本书对中国产业转移区域选择的可能性展开了讨论,经过对比分析,本书认为,东南亚和非洲地区部分国家具有劳动力成本低和劳动力供应充足的优势,而相较之下,非洲的劳动力优势非常明显,具有较好的现实基础承接劳动密集型产业转移。新一轮国际产业转移特别是中国企业"走出去"发展,为非洲国家承接产业转移提供了历史契机,中国与非洲的产能合作存在广阔的发展空间。非洲国家提出的工业化和一体化的诉求,与中国提出的"一带一路"倡议将构成中国与非洲的产能合作的坚实基础,中非经贸合作区为中国与非洲的产能合作搭建了良好的平台。

(三)非洲国家已具备承接国际产业转移的现实基础

多数非洲国家拥有初级产品和丰富资源,形成了得天独厚的资源禀赋,加之劳动力供给充足、劳动力成本低、劳动参与率高,使其在承接国际产业转移的进程中具备较好的比较优势。当然,不容忽视的是,资本不足、技术匮乏、基础设施不完善,仍然是制约大多数非洲国家制造业发展的主要因素,导致非洲国家的 FDI 流入在全球范围的占比偏小。

二、国际产业转移促进非洲制造业发展

第四章到第七章为本书的主体部分,定量分析了国际产能合作对非洲制造业的影响及其作用渠道。本书第四章构建了理论模型,就国际产业转移对非洲制造业发展水平的影响分析展开了实证检验。第五章本书借鉴莱文和劳特(1997)的思想,构建了 FDI 内生化的技术进步模型,实证检验了 FDI 的技术溢出效应。第六章以对埃塞俄比亚的分析为例,基于 CES 模型对其制造业 ISIC-2 位数产业的集聚效应进行了动态测度,并对主要细分产业的产业集聚效应做了因素分解。第七章本书讨论了非洲国家制造业的国际竞争力及其决定因素。得到的主要研究结论有:

第一,通过对 1970—2014 年 53 个非洲国家全样本跨国面板数据的实证研究,可以发现以 FDI 为主要载体的国际产业转移对非洲制造业发展水平的提升有正向的促进作用。同时,市场规模(或人均收入)、固定资产投资的增加对制造业发展也存在积极影响,而农业部门对制造业的发展存在"替代效应"。同时中国对非直接投资对非洲制造业发展水平影响的实证研究结果表明,中国对非直接投资对非洲制造业发展有着积极的促进作用,与外国直接投资(总体)的实证结果相一致;同时中国对非直接投资指标对应的回归系数要大于外国直接投

资(总体)对应的回归系数。

第二,通过对非洲14个代表性国家FDI的技术溢出效应的实证检验,研究结果表明,FDI并没有体现出技术溢出效应,外资企业主要是通过直接效应促进非洲国家的技术进步,且外资企业对非洲东道国技术进步的综合效应为正。这反映出,非洲本地企业与跨国公司之间的前向和后向联系还有待进一步加强。此外,研究还发现,资本要素对非洲国家经济增长的贡献相对更大,资本在经济发展中扮演着更为重要的角色。

第三,通过对以埃塞俄比亚为例的产业集聚效应研究,可以发现该国制造业多元化产业发展格局正在形成。食品加工、纺织、皮革等农产品加工制造业的占比在不断下降;非金属矿产品、化学制品、橡胶塑料等资源开发、技术依赖型加工制造业在迅速发展壮大。该国制造业主要的细分产业均显现出一定程度的产业集聚效应,表明其已经具备较好的现实基础来进一步培育和发展制造业产业集群。

从制造业产业集聚效应的动态变化情况来看,食品加工业的集聚效应呈现不断增强的态势;皮革、木制品、非金属矿产品、机械设备等产业的集聚效应保持在较为稳定的水平;而纺织业的集聚效应出现不断弱化的趋势,该行业在埃塞俄比亚制造业中的地位也在不断削弱。从产业集聚效应的影响因素分解情况来看,超半数的制造业细分产业内外部集聚经济对应的系数均为正,表明大部分产业都能从企业生产规模扩大、同产业企业之间的专业化分工协作过程中,获得产业集聚效应的提升。但部分制造业产业(包括传统的纺织业、成长性较高的橡胶塑料及非金属矿产品业)内外部集聚经济对应的系数为负,表明这些产业企业规模扩大仍存在"规模不经济"的现象,且配套产业链还不完备,不利于形成集聚效应。

第四,通过对埃塞俄比亚制造业产业国际竞争力的研究,可以发现埃塞俄比亚大多数制造业产业国际竞争力都较为有限。在 2000 年之前,反映制造业各产业国际竞争力的专业化系数(R)的平均值和中位数均在缓慢下降;在 2001 年之后,制造业国际竞争力的平均值略有波动,但基本稳定在 0.46 左右,中位数保持上升趋势,标准差维持稳定,这说明大多数制造业产业国际竞争力开始呈现不断增强的态势。

以全要素生产率变动状况表示的技术进步状况、产业产出的增加、产业集聚以及企业平均规模的扩张均有利于提高制造业国际竞争力。其中,在引入主要控制变量后,全要素生产率差额的回归系数始终显著为正,表明技术进步是制造业产业国际竞争力的关键因素。当前埃塞俄比亚的制造业供给结构与世界经济需求有一定的匹配度和一致性。此外,研究还表明,劳动力成本的上升并没有削弱该国制造业产业的国际竞争力。

在对制造业产业国际竞争力与反映国际产业转移的 FDI 变量之间的格兰杰因果关系检验的研究表明:R 是引起 FDI 变动的格兰杰原因,但后者并不是引起前者变动的格兰杰原因。这意味着,非洲国家承接国际产业转移的关键是提升自身竞争力,全球产业向非洲转移一定是东道国通过打造自身竞争实力主动去承接,而不可能"坐享其成"。

第二节　面向未来的中非制造业产能合作

结合上述结论,本书认为,非洲国家具备一定的现实基础承接国际产业转移。为更好地承接国际产业转移,促进制造业发展,可从以下三个方面加强宏观经济调控。

一、非洲东道国发挥能动性,促进制造业的发展

(一)优化承接制造业转移的政策环境

最重要的是要保持稳定的政治经济环境,在此基础上,确保引资政策的可延续性和可靠性,稳定外国投资的市场预期。从近年来大的跨国集团投资决策的案例来看,政局稳定、经济快速发展、不确定因素较少,这是国际资本投资目的地选择的必要条件,可以说,也是国际产业转移的重要影响因素。其次,完善国际贸易政策也是扩大吸收外资和制造业转移的一个重要渠道,一些国家在建立打造"经济特区"等方面作出的有益探索,开始显现积极成果。最后,因地制宜打造特色,突出比较优势,应成为政策设计的核心要义。比如,近年来埃塞俄比亚着手打造工业园区,将自身打造成为东非国家的物流大动脉与集聚点,这些都是打造政策软环境、承接产业转移的有益探索。

(二)通过合理的产业政策引导产业转移的方向和领域

非洲多数国家拥有丰富的初级产品资源禀赋,受益于20世纪90年代矿制品和能源价格的快速上涨,部分非洲国家采矿业一度吸引了大量的外国投资,然而,大多数非洲国家却未能充分利用这种发展机遇来实现经济结构转型,构建适度多元化的制造业体系。这对于政策的启示意义在于,非洲国家要通过合理的产业政策引导 FDI 和产业转移的方向和领域。本书在梳理非洲国家对于"经济特区"尤其是中非经贸合作区的实践探索基础上,并结合实证研究结果,提出为更好承接国际产业转移,非洲国家要为外商投资营造良好的投资环境,完善配套服务体系,促进制造业产业集群发展壮大。

(三)完善基础设施建设

基础设施薄弱是制约非洲产业发展和经济增长的关键问题,据测

算,非洲大陆每年基础设施缺口约 350 亿美元,改善基础设施薄弱局面,对于非洲工业化具有重要意义,完善基础设施建设是推进非洲工业化和一体化的重要因素,直接影响非洲各国贸易和投资的吸引力,更有可能间接影响着非洲东道国对外国直接投资技术溢出的吸收能力。具体而言,非洲各国集中优势资金进行基础设施建设的方式有以下四种:第一,直接使用国内财政收入对国有企业注资,进行基础建设投资;第二,鼓励国内有能力有资金实力的公司进行基础建设投资,政府给予相应的税费减免等优惠政策;第三,吸引外资企业到当地进行基础建设投资,政府给予相应的优惠措施;第四,争取世界银行、欧洲投资银行等国际组织的资金援助,并考虑将这些资金优先用于基础设施建设。这四种方式,并不是独立的,而是可以进行相互组合的、合作的,并且这种相互组合、合作的方式会优于上述四种独立的方式,因为通过合作可以实现优势互补,例如本国公司更熟悉当地的经济环境,国有公司在当地更具有影响力和号召力,而外资企业拥有先进的管理经验和生产技术。

(四)推动非洲一体化建设

在积极融入全球经济的同时,推动非洲区域融合也尤为紧迫。本书的实证研究表明,企业平均产值规模增加有助于提升制造业产业竞争力,这意味着建立区域经济合作组织,对提升非洲整体国际竞争力具有重要意义。非洲国家也逐渐认识到加强非洲大陆的区域经济合作,建立更易发挥规模经济效应的统一市场,解决非洲内部的经济和产业发展障碍,最大化释放区域市场的潜力,加强区域内的经济合作,促进非洲区域一体化发展。非洲国家经济一体化已取得了一定的进展,并呈现加速的态势,2000 年东非共同市场正式启动非洲第一个自由贸易区,2001 年东非共同体正式恢复成立,2008 年南部非洲发展共同体自由贸易区正式启动建设,2015 年东南非共同市场、南部非洲发展共同体和东非共同体成员国签署协议,整合这三大区域组织,建立非洲最大的自由贸易区。这些区域经济组织的建立有利于扩大非洲市场的潜力,便于非洲各国分享统一市场,有助于提高非洲制造业和工业品的竞争优势。

(五)扩大产业规模,形成产业集聚获得规模效应

非洲国家要在防止垄断的基础上,鼓励企业适度做大规模,同时引导制造业发展产业集群,形成制造业地理上的相对集中。产业集群发展不仅可以降低企业中间产品的运输成本,也可以使产业链上下游企业和配套产业间形成相互的支撑,形成规模经济和范围经济效应。可以探索经贸合作区等"经济特区"的发展模式,促进产业集群发展,这有利于培育制造业的国际竞争力,进而更好地承接国际产业转移。此外,加强非洲本土企业与跨国公司之间的前向与后向联系,促进FDI技术溢出效应的释放,也是提高本土制造业竞争力的可行路径。

(六)产业转移和技术转移相结合

非洲承接产业转移和引进先进技术的目的是提高非洲制造业水平,但假如没有对先进技术进行消化、吸收,也会陷入"引进—落后—再引进—再落后"的恶性循环。非洲国家在承接国际产业转移的过程中应关注研发投入和技术创新,加强技术转移的承接力度并进行消化吸收。一方面,在吸引外国企业投资非洲大陆的同时,非洲各国应通过经济、法规等措施鼓励和促进跨国公司向非洲转移核心技术,并不断提升承接转移产业的技术层级。同时,非洲应积极支持和鼓励跨国公司在东道国设立研发中心,最大限度地实现信息资源和技术的共享。另一方面,应提高非洲制造业对引进技术的消化和吸收能力,在技术引进的过程中不仅要注重引入专利和核心技术,更要加强技术消化和吸收能力的培育,进而有助于对已引进技术的再创新。在对引进新技术并

加以吸收的基础上,非洲各国应增加研发资本的投入,培育本土企业的技术创新能力,改善非洲国家目前依赖技术引进的局面。

二、中非推进产能合作,促进非洲制造业发展

(一)在轻工、电力、基础设施等领域对接合作,弥补非洲制造业产能缺口

1. 轻工产业

依托劳动力优势和资源优势,中国承接发达国家纺织、服装、玩具等劳动密集型产业的转移,创造大量就业和经济收入的同时也使劳动密集型产业在中国制造业中占据较高比重。但随着要素禀赋结构的改变,上述产业在中国正在逐步失去其比较优势。出于利润最大化的追求,积极寻求海外市场转移是很多企业的不二选择。而非洲国家拥有发展轻工制造业的比较优势,非洲约有 12.03 亿人口(2016 年)[1],且25 岁以上人口劳动参与率为 72.7%[2]。年轻人工作意愿较强,非洲国家工资水平较低,如埃塞俄比亚 2013 年月平均工资不到中国的十分之一[3]。资源禀赋特点和产业结构的互补性使得非洲成为中国轻工纺织业的理想转出地(黄梅波、张晓倩,2016)。

2. 电力产业

非洲国家面临电力短缺问题,据世界银行统计数据可知,2012 年撒哈拉以南非洲通电率仅为 35.3%,远低于同期世界平均通电率水平(84.6%)和中国通电率水平 100%;2016 年撒哈拉以南非洲电力中断导致的价值损失(占销售额比例)为 8.3%,高于同期世界平均水平

---

① 资料来源:2017 年世界人口数据报告。
② 资料来源:世界劳工组织。
③ 资料来源:世界劳工组织。

（4.6%），而中国该数值仅为 1.3%。鉴于对工业发展至关重要的电力短缺问题严重，非洲各国也在为改变这种现象而努力。2012—2020 年非洲基础设施发展计划的优先行动计划中，以水电站和火电站为主的能源建设预计投资额高达 403 亿美元，占基础设施领域预计总投资额的比重为 59.35%①。而中国经过多年发展，积累了大量优质电力产能，双方之间就电力行业合作前景广泛。2010—2015 年中国企业在撒哈拉以南非洲地区完成了 30% 的新电力设施修建项目。中国电力企业应积极投资和建设非洲电力项目，不仅有利于解决非洲各国面临的电力短缺困境、消除非洲工业发展的制约因素，也有助于中国电力机械产业的境外投资和跨国转移。

3. 基础设施建设

非洲工业化和城市化发展的关键离不开基础设施的建设，随着非洲国家对基础设施建设的需求日益旺盛，外国投资者对非洲基础设施投资的兴趣也随之增长。非洲基础设施建设的资金绝大部分都是外国提供的，由非洲基础设施财团（ICA）统计数据可知，2016 年 10.3% 的资金来自中国，10.3% 的资金来自欧洲，5.8% 的资金来自世界银行，8.8% 的资金来自阿拉伯协调小组。2015 年 1 月中国与非盟签订基础设施建设合作的谅解备忘录，进一步落实中国提出的中非合作建设非洲铁路、公路、区域航空"三大交通网络"倡议②。中国鼓励更多企业进入非洲市场承接基础设施建设，这不仅可以打破非洲发展瓶颈，也有利于加快中国铁路"走出去"步伐，拓展中国轨道交通装备国际市场。中国轨道交通企业中国中车已经在埃塞俄比亚和南非投资建厂，2005—2013 年总投资额均超过 5000 万美元；中国土木工程集团也在尼日利

---

① 刘青海：《中国对非洲基础设施投资现状及前景》，《东方早报》2014 年 12 月 16 日。
② 刘青海：《中国对非洲基础设施投资现状及前景》，《东方早报》2014 年 12 月 16 日。

亚投资建厂,2005—2013 年总投资额不到 500 万美元①。中国注重铁路技术的创新,轨道交通企业拥有丰富的自主知识产权,技术领先,而非洲市场的需求不断提高,未来将会有更多的企业转为国际化厂商,加大对非洲地区的投资。

(二)坚持人力资源本地化、积极开展教育培训,促进中非产能合作项目中的技术转移和技术溢出

中非产能合作项目注重对非洲本地员工的雇佣,创造工作岗位解决非洲本地就业问题,改善非洲当地民生建设;并积极对本地雇员开展教育培训和技术转移,满足非洲制造业发展和工业化的人才需求,提升非洲本地项目建设相关配套产业的能力,推动非洲本地相关产业提高技术标准,生产满足中非产能合作项目建设要求的产品的同时,更将扩大当地相关企业的产品销路;此外,中非产能合作项目建设过程中重视科研和高科技技术的应用,重点扶持有利于发挥全产业链优势和促进非洲当地发展的科研项目,积极推进科技成果转化,带动当地技术进步和产业发展。

(三)以中非经贸合作区为平台,形成产业集聚效应

非洲国家应借助中非经贸合作区平台,做好载体建设,充分利用优惠政策,优化投资环境,承接制造业转移,引进产业集群,充分发挥其产业集聚的效应,推动非洲制造业的发展。中国对非投资企业应在因地制宜完善部分制造业的产业链配套、促进东道国产业集群发展的同时,还要根据东道国产业集聚状况选择产业,在一些制造业配套产业链上下游定向发力,共同提升双方在价值链中的位置。

---

① 资料来源:2015 年世界人口数据报告。

（四）优化非洲投资和营商环境，促进非洲一体化建设，提高非洲国际竞争力

积极参与中国与非洲的产能合作和对接有助于非洲进一步完善经济体制、经济规则，优化其投资和营商环境。对外开放要求依照法律法规进行市场准入，保障外国投资企业与非洲本地企业享受同等待遇；要求市场充分竞争、公平竞争，有效地提高资源配置效率，促进经济社会有序运转；要求市场规则和机制更加透明，削减市场壁垒和地区封锁，推进市场一体化。在市场经营活动的竞争与合作中，无论是非洲本土企业还是中国投资企业，不可避免地会发生纠纷和争端，这就需要企业运用贸易争端、投资争端解决机制、知识产权保护等国际规则，准确掌握和运用国际规则中国民待遇、透明度、非歧视性原则等。非洲本土企业为不断提升竞争力，提高技术进步和创新能力，必须提高相关技术标准，加强知识产权保护，倡议和修订有关国际规则。为吸引更多的企业对非投资，加快其制造业发展，非洲必须采取措施建设和维护健康、公平的市场竞争秩序。

积极参与中非产能合作和对接有利于非洲企业更大程度地参与国际分工，提升其在价值链上的位置，提高其国际竞争力。吸收 FDI 将非洲产品更多地引进国际市场，促使产业链融入国际分工环节，有利于非洲企业与中国投资企业、跨国公司的竞争与合作。非洲本地企业既可以成为产业链、价值链的上下游，也可以参与国际水平分工与垂直分工的合作与交流。在某种程度上，非洲本地企业可以通过模仿、学习、改造、创新，参与全球的国际分工，嵌入价值链中的重要环节，大幅度提升自身国际竞争力。

三、"一带一路"倡议需加上非洲,促进其制造业发展

"一带一路"倡议高度契合非盟《2063 年议程》,将为中国和非洲的发展提供战略契机。中国"一带一路"倡议提出以来,得到世界 100 多个国家和国际组织的响应和积极参与,在政策沟通、设施联通、贸易畅通、资金融通、民心相通上取得了有效成果。非洲,特别是东部和南部非洲国家是海上丝绸之路的历史和自然延伸。中国明代著名航海家郑和率船队七次下西洋,其中四次曾抵达现在的东非沿岸,传播了中非友谊,促进了友好合作。非洲是"一带一路"的重要节点,也是中国向西推进"一带一路"建设的重要方向和落脚点。"一带一路"建设将给中非产能合作带来前所未有的新机遇。

对非洲国家而言,"一带一路"成功对接了非洲国家的工业化需求,劳动密集型产业的转移可以成为新的发展合作方式,这种方式跟基础设施互联互通是互补的。"一带一路"以基础设施互联互通为主,以产业转移为辅。在非洲,可以产业转移为主,基础设施建设为辅。就像车子的两个轮子一样,它们可以成为对外发展合作的两个支撑点。

缺少对外合作是非洲发展的"瓶颈"。非洲有丰富的资源,发展工业的潜力是巨大的。但是,困难在于非洲缺乏对外合作,非洲邻国之间也缺少合作,所以非洲各国应该共同发展工业建设。交通运输是另一个障碍。无论是国家还是地区,整个非洲大陆没有可以统一调配利用的交通运输基础设施。参与"一带一路"建设是非洲国家的有利选择。"一带一路"将加强中非之间的贸易投资,保持双方紧密和高水平的经济合作关系,帮助非洲改善基础设施,建立安全的路上、水上、空中交通运输网络。

"一带一路"倡议的核心是"双赢"。现在中国正在进行工业结构

优化调整,并向外输送优质产能。由于中国国内生产成本的上升,中国一些企业正在把目光转向非洲,许多中国公司都有意向到非洲进行长期投资。肯尼亚、卢旺达、坦桑尼亚等非洲国家也通过工业保护发展计划寻找能在非洲投资的中国公司。中国在非投资企业为非洲带来大量资金,并通过雇佣当地工人,创造了大量就业岗位,这将使非洲大陆受益。中国公司的生产线向非洲转移将使许多非洲国家的工业得到发展。在对接"一带一路"建设的大背景下,利用好与中国之间经贸合作的既有优势,加强与中国的优势产能合作,是推动非洲国家制造业发展的重要途径。

参考文献

［1］［美］阿瑟·刘易斯著：《国际经济秩序的演变》，乔依德译，商务印书馆1984 年版。

［2］包群、赖明勇：《中国外商直接投资与技术进步的实证研究》，《经济评论》2002 年第 6 期。

［3］包群：《外商直接投资与技术外溢：基于吸收能力的研究》，湖南大学2004 年博士学位论文。

［4］陈刚、刘珊珊：《产业转移理论研究：现状和展望》，《当代财经》2007 年第 1 期。

［5］陈飞翔、郭英：《人力资本和外国直接投资的关系研究》，《人口与经济》2005 年第 2 期。

［6］陈健：《集聚效应、路径依赖和外商投资分布变化：基于江苏省装备制造业跨国公司的考察》，《世界经济研究》2008 年第 8 期。

［7］陈磊：《FDI、要素收入分配和制造业增长》，《苏州科技学院学报：社会科学》2012 年第 2 期。

［8］陈明路：《亚洲"四小龙"出口增长研究》，《当代亚太》1999 年第 2 期。

［9］陈宗德：《全球化中的非洲工业发展战略》，《西亚非洲》2003 年第 4 期。

［10］杜凯、周勤：《集聚经济、行业特性与国际竞争力——中国制造业的视角》，《经济学家》2008 年第 2 期。

［11］杜庆华：《产业集聚与国际竞争力的实证分析——基于中国制造业的面板数据研究》，《国际贸易问题》2010 年第 6 期。

［12］戴宏伟：《国际产业转移的新趋势及对我国的启示》，《国际商务》2007 年第 2 期。

［13］［美］戴维斯、诺斯：《制度创新的理论：描述、类推与说明》，载［美］R.科

斯、A.阿尔钦、D.诺斯等主编:《财产权利与制度变迁——产权学派与新制度学派译文集》,上海人民出版社1996年版。

[14]逄增辉:《国际直接投资理论的发展与变化》,《经济评论》2004年第1期。

[15]郭淑红:《非洲经济发展中的资本不足问题》,《西亚非洲》2003年第3期。

[16]黄梅波、唐露萍:《中非经贸合作区的建立及其面临的挑战》,《国际经济合作》2012年第6期。

[17]黄梅波、张晓倩:《中非产能对接与非洲三网一化建设:合作基础及作用机制》,《国际论坛》2016年第1期。

[18]黄良浩:《人均GDP突破1000美元后国外居民消费结构分析》,《招商周刊》2004年第37期。

[19]黄日涵、徐磊祥:《中非合作引入新元素:一带一路对接非洲2063议程》,《华夏时报》2015年12月5日。

[20]何洁:《外国直接投资对中国工业部门外溢效应的进一步精确量化》,《世界经济》2000年第12期。

[21]贺灿飞、刘洋:《产业地理集聚与外国直接投资产业分布——以北京市制造业为例》,《地理学报》2006年第12期。

[22]姜忠尽、尹春龄:《非洲工业化战略的选择与发展趋向》,《西亚非洲》1991年第6期。

[23]姜忠尽:《非洲出口加工区的形成与进一步发展的思考》,《南京大学学报》1995年第4期。

[24][阿根廷]劳尔·普雷维什:《外围资本主义危机与改造》,商务印书馆1990年版。

[25]林毅夫:《"一带一路"需要加上"一洲"》,《党政论坛》2015年第4期。

[26][美]刘易斯·威尔斯:《第三世界跨国公司》(中译本),上海翻译出版公司1986年版。

[27]刘辉群:《国际直接投资的就业效应研究》,厦门大学出版社2013年版。

[28]刘青海:《中国对非洲基础设施投资现状及前景》,《东方早报》2014年12月16日。

[29]刘耀彬、周依仿、王希祖、周家兴、宋一凡:《市场一体化视角下FDI对经济发展影响的门槛效应研究——以长江经济带为例》,《经济问题探索》2015年第6期。

[30]刘敏、曹衷阳:《外商直接投资对经济发展影响的门槛效应研究——基于居民相对消费水平视角》,《工业技术经济》2011年第12期。

[31]刘鸿武、王涛:《中国私营企业投资非洲现状与趋势分析》,《浙江师范大学学报》2008年第5期。

[32]李明伟:《制度约束下FDI与中国内资制造业产出增长的研究》,辽宁大学2014年硕士学位论文。

[33]梁琦:《跨国公司海外投资与产业集群》,《世界经济》2003年第9期。

[34]卢根鑫:《国际产业转移论》,上海人民出版社1997年版。

[35]罗海平:《非洲经济特区发展报告》,载陶一桃、袁易明主编:《经济特区蓝皮书:中国经济特区发展报告(2014)》,社会科学文献出版社2014年版。

[36]倪涛、李凉、孙健、吴刚、车斌:《非洲工业化有望迎来快速发展阶段》,《人民日报》2014年8月5日。

[37]潘文卿:《外商投资对中国工业部门的外溢效应:基于面板数据的分析》,《世界经济》2003年第6期。

[38]朴英姬:《评析外国直接投资对非洲国家经济发展的影响》,《西亚非洲》2011年第8期。

[39]秦晓钟:《浅析外商对华直接投资技术外溢效应的特征》,《投资研究》1998年第4期。

[40]任胜刚:《跨国公司与产业集群的互动研究》,复旦大学出版社2007年版。

[41]沈坤荣:《外国直接投资与中国经济增长》,《管理世界》1999年第5期。

[42]孙高洁:《产业国际竞争力研究述评》,《改革与战略》2008年第8期。

[43]孙琦子:《中国产业转移非洲调查》,《中国中小企业》2014年第7期。

[44]唐杰:《城市产业经济分析——一项经济案例研究》,北京经济学院出版社1989年版。

[45]汪炜、史晋川、孙福国:《经济增长的区域影响与集聚效应分析》,《数量经济技术经济研究》2001年第5期。

[46]王虎:《承接国际产业转移促进我国产业发展》,《中国经贸导刊》2008年第12期。

[47]夏路:《论马歇尔计划对西欧经济的影响》,《阴山学刊》2003年第3期。

[48][日]小岛清:《对外贸易论》,周宝廉译,南开大学出版社1987年版。

[49]徐涛:《中国制造业的国际竞争力——基于网络型产业组织的分析》,《中国工业经济》2009年第11期。

[50]叶琪、蒋凯:《国际产业转移与国家创新竞争力的联动机理》,《福建师范大学学报》(哲学社会科学版)2012年第5期。

[51]杨海洋:《中国制造业向海外转移的区位分析》,《国际贸易问题》2013年第4期。

[52]姚桂梅:《非洲工业化之路前景广阔》,《人民日报》2014年5月28日。

[53]姚淑梅、庄成红:《中国经贸合作现状及前景展望》,《国际经济合作》2008年第7期。

[54]展宝卫等:《产业转移承接力建设概论》,天津古籍出版社2006年版。

[55]朱建豪:《产业集群吸引FDI博弈分析》,《统计与决策》2006年第18期。

[56]朱华晟:《基于FDI的产业集群发展模式与动力机制——以浙江嘉善木业集群为例》,《中国工业经济》2004年第3期。

[57]祖强、孙军:《跨国公司FDI对我国产业集聚和产业升级的影响》,《世界经济与政治论坛》2005年第5期。

[58]张少军、李东方:《全球价值链模式的产业转移:商务成本与学习曲线的视角》,《经济评论》2009年第2期。

[59]张天顶:《外商直接投资、传导机制与中国经济增长》,《数量经济技术经济研究》2004年第10期。

[60]郑燕霞:《非洲基础设施建设的前景与中国因素分析》,《国际经济合作》2014年第6期。

[61]张菲:《中非经贸合作区建设模式与可持续发展问题研究》,《国际贸易》2013年第3期。

[62]张娟、刘钻石:《中国民营企业在非洲的市场进入与直接投资的决定因素》,《世界经济研究》2013年第2期。

[63]中非泰达投资股份有限公司:《新思路上的新绿洲——中国·埃及苏伊士经贸合作区一瞥》,《产权导刊》2013年第2期。

[64] African Development Bank, "Eastern Africa's Manufacturing Sector: Promoting Technology, Innovation, Productivity and Linkages", African Development Bank,2014.

[65] Africa Union Commission, "Agenda 2063 First Ten-Year Impmentation Plan 2014-2023", Africa Union Commission,2015.

[66] Aitken B.J., Harrison A.E., "Do Domestic Firms Benefit from Direct Foreign Investment? Evidence from Venezuela", *American Economic Review*, Vol. 89,

No.3,1999.

[67] Akamatsu K., "A Historical Pattern of Economic Growth in Developing Countries", *Developing Economies*, Vol.1, 1962.

[68] Alsan M., Bloom D. E., Canning D., "The Effect of Population Health on Foreign Direct Investment Inflows to Low - and Middle Income Countries", *World Development*, Vol.34, No.4, 2006.

[69] Altenburg T., Eckhardt U., *Productivity Enhancement and Equitable Development: Challenges for SME Development*, Vienna: UNIDO, 2006.

[70] Andersson R., Quigley J. M. and Wilhelmsson M., "Agglomeration and the Spatial Distribution of Creativity", *Reginoal Science*, Vol.84, No.3, 2005.

[71] Arrow K.J., "The Economic Implications of Learning by Doing", *Review of Economic Studies*, Vol.29, No.3, 1962.

[72] Aryeetey E., Moyo N., "Industrialisation for Structural Transformation in Africa: Appropriate Roles for the State", *Journal of African Economies*, Vol.21, 2012.

[73] Asiedu E., "Foreign Direct Investment in Africa: The Role of Natural Resources, Market Size, Government Policy, Institutions, and Political Instability", *The World Economy*, Vol.29, No.1, 2006.

[74] Badunenko O., Henderson D. J., Houssa R., "Explaining African Growth Performance: A Production-Frontier Approach", Centre of Research in the Economics of Development (CRED) Working Paper, No.13, 2010.

[75] Barrios S., Strobl E., "Foreign Direct Investment and Productivity Spillovers: Evidence from the Spanish experience", *Weltwirtschaftliches Archiv*, Vol. 138, No.3, 2002.

[76] Barry F., Görg H. and Strobl E., "Foreign Direct Investment and Wages in Domestic Firms in Ireland: Productivity Spillovers vs Labour-Market Crowding Out", *International Journal of the Economics of Business*, Vol.12, No.1, 2005.

[77] Berndt E. R., *The Practice of Econometrics. Classic and Contemporary*, New York: Addison-Wesley, 1991.

[78] Bevan A., Estrin S., Meyer K., "Foreign Investment Location and Institutional Development in Transition Economies", *International Business Review*, Vol.13, No.1, 2004.

[79] Bigsten A., Söderbom M., "What have We Learned from a Decade of Manufacturing Enterprise Surveys in Africa?", *The World Bank Research Observer*,

Vol.21,No.2,2006.

[80] Birkinshaw J., Hood N., "Characteristics of Foreign Subsidiaries Industry Clusters", *Journal of International Business Studies*, Vol.31, No.1, 2000.

[81] Blomström M. and Persson H., Foreign Direct Investment and Spillover Efficiency in an Underdeveloped Economy: Evidence from the Mexican Manufacturing Industry, *World Development*, No.11, 1983.

[82] Blomström M., "Foreign Investment and Productive Efficiency: The Case of Mexico", *Journal of Industrial Economics*, No.15, 1986.

[83] Blomström M. and Edward N. Wolff, "Multinational Corporations and Productivity Convergence in Mexico", *NBER Working Paper*, No.3141, 1989.

[84] Boly A., Coniglio N., Prota F., Seric A., "Which Domestic Firms Benefit from FDI? Evidence from Selected African Countries", *UNIDO Staff Working Paper*, No.8, 2013.

[85] Borensztein E., De Gregorio J., Lee J.W., "How does Foreign Direct Investment Affect Economic Gowth?", *Journal of International Economics*, Vol.45, No.1, 1998.

[86] Bräutigam D., "Flying Geese, Crouching Tiger: China's Changing Role in African Industrialization", In Bräutigam D.et al., *The Dragon's Gift -The Real Story of China in Africa*, New York: Oxford University Press, 2009.

[87] Bräutigam D., Tang X., "African Shenzhen: China's Special Economic Zones in Africa", *The Journal of Modern African Studies*, Vol.49, No.1, 2011.

[88] Cantwell J., Tolentino P.E., "Technology Accumulation and Third World Multinationals", *Discussion Paper in International Investment and Business Studies*, No.139, 1990.

[89] Caves R.E., "Multinational Firms, Competition and Productivity in Host-country Markets", *Economica*, Vol.41, No.162, 1974.

[90] Chandra R., *Industrialization and Development in the Third Word*, London: Routledge, 1992.

[91] Chen C., Chang L., Zhang Y., "The Role of Foreign Direct Investment in China's Post-1978 Economic Development", *World Development*, Vol.23, No.4, 1995.

[92] Chen E.K.Y., *Multinational Corporations, Technology and Employment*, New York: St.Martin's Press, 1983.

[93] Chenery H.B., Strout A.M., "Foreign Assistance and Economic

Dvelopment", *The American Economic Review*, Vol.56, No.4, 1966.

[94] Clausing K. A., "Does Multinational Activity Displace Trade", *Economic Inquiry*, Vol.38, No.2, 2000.

[95] Cohen W., Levinthal D. A., "Innovation and Learning: The Two Faces of R&D", *Economic Journal*, Vol.99, No.397, 1989.

[96] Crozet M., "Do Migrants Follow Market Potentials? An Estimation of a New Economic Geography Model", *Journal of Economic Geography*, Vol.4, No.4, 2004.

[97] Das S., "Externalities and Technology Transfer through Multinational Corporations: A Theoretical Analysis", *Journal of International Economics*, Vol.22, 1987.

[98] Dhrymes, "Some Extension and Test of Production Functions", *Review of Economics and Statitics*, Vol.47, 1965.

[99] Djankov S., Hoemkan B., "Foreign Investment and Productivity Growth in Czech Enterprises", *The World Bank Economic Review*, Vol.14, No.1, 2000.

[100] Dodzin S., Vamvakidis A., "Trade and Industrialization in Developing Economies", *Journal of Development Economics*, Vol.75, No.1, 2004.

[101] Driffield N., Munday M., "Industrial Performance, Agglomeration, and Foreign Manufacturing Investment in the UK", *Journal of International Business Studies*, Vol.31, No.1, 2000.

[102] Driffield N., "The Impact on Domestic Productivity of Inward Investment in the UK", *The Manchester School*, Vol.69, No.1, 2001.

[103] Dunning J. H., *International Production and the Multinational Enterprise*. London: Allen and Unwin, 1981.

[104] Enright M. J., "Regional Clusters: What We Know and What We should Know", In Bröcker J., Dohse D. and Soltwedel R. et al., *Innovation Clusters and Interregional Competition*, Berlin: Springer, 2003.

[105] Ernst, Yong, "EY's Attractiveness Survey Africa 2014: Executing Growth", *EY's Attractiveness Survey*, 2014.

[106] Ernst, Yong, "EY's Attractiveness Survey Africa 2013: Getting down to Business", *EY's Attractiveness Survey*, 2013.

[107] Fagerberg J., "International Competitiveness", *The Economic Journal*, Vol.98, No.391, 1988.

[108] Farole T., Winkler D. E., *Foreign Firm Characteristics, Absorptive Capacity and the Institutional Framework*, Washington DC: The World Bank, 2012.

[109] Findlay, R., "Relative Backwardness, Direct Foreign Investment, and the Transfer of Technology: A Simple Dynamic Model", *Quarterly Journal of Economics*, Vol.92, No.1, 1978.

[110] Foster V., Butterfield W., Chuan C., Pushak N., *Building Bridges: China's Growing Role as Infrastructure Financier for Sub-Saharan Africa*, Washington DC: The World Bank, 2008.

[111] Gachino G.G., "Foreign Investment and Technological Spillovers in Kenya: Extent and Mode of Occurrence", *South African Journal of Economics*, Vol. 82, No.3, 2014.

[112] Gault F., "The Role of Innovation in the Area of Development", In Kraemer-Mbula E. and Wamae W. et al., *Innovation and the Development Agenda*, Ottawa: OECD/IDRC, 2010.

[103] Gerschenberg I., "The Training and Spread of Managerial Know-how, a Comparative Analysis of Multinational and other Firms in Kenya", *World Development*, Vol.15, No.7, 1987.

[114] Globerman S., "Foreign Direct Investment and Spillovers Efficiency Benefits in Canadian Manufacturing Industries", *Canadian Journal of Economies*, No.12, 1979.

[115] Görg H., Greenaway D., "Much Ado about Nothing? Do Domestic Firms really Benefit from Foreign Direct Investment?", *The World Bank Research Observer*, Vol.19, No.2, 2004.

[116] Gui-Diby S.L., *Les Déterminants Des Investissements Directs étrangers En Zone CEMAC*, Sarrebuck: Editions Universitaires Européennes, 2012.

[117] Gustavsson P., Hansson P., Lundberg L., "Technology, Resource Endowments and International Competitiveness", *European Economic Review*, Vol.43, No.8, 1999.

[118] Habib M., Zurawicki L., "Corruption and Foreign Direct Investment", *Journal of International Business Studies*, Vol.33, No.2, 2002.

[119] Haddad M., Harrison A., "Are there Positive Spillovers from Direct Foreign Investment? Evidence from Panel Data from Morocco", *Journal of Development Economics*, Vol.42, No.1, 1993.

[120] Hale G., Long C.X., "What Determines Technological Spillovers of Foreign Direct Investment: Evidence from China", Working Papers from Yale University,

No.934,2006.

[121] Hanson G. H., Market Potential, "Increasing Returns, and Geographic Concentration", *Journal of International Economics*, Vol.67, No.1, 2005.

[122] Harris R., Robinson C., "Productivity Impacts and Spillovers from Foreign Ownership in the United Kingdom", *National Institute Economic Review*, Vol. 187, No.1, 2004.

[123] Hausmann R., Hwang J. and Rodrik D., "What You Export Matters", *Journal of Economic Growth*, Vol.12, No.1, 2007.

[124] Helpman E., Krugman P.R., *Market Structure and Foreign Trade: Increasing Returns, Imperfect Competition, and the International Economy*, Cambridge: MIT Press, 1985.

[125] IMF, *Regional Economic Outlook Update: Middle East and Central Asia*, Washington DC: International Monetary Fund, 2015.

[126] IPRCC, UNDP, "If Africa Builds Nests, Will the Birds Come?", Working Paper Series, No.6, 2015.

[127] Javorcik B.S., "Does Foreign Direct Investment Increase the Productivity of Domestic Firms? In Search of Spillover Effects through Backward Linkagess", *American Economic Review*, Vol.94, No.3, 2004.

[128] Javorcik B.S., Saggi K., Spatareanu M., "Does it Matter Where You Come From? Vertical Spillovers from Foreign Direct Investment and the Nationality of Investors", *World Bank Policy Research Working Paper*, No.3449, 2004.

[129] Javorcik B.S., Saggi K., Spatareanu M., "Does it Matter Where You Come From? Vertical Spillovers from Foreign Direct Investment and the Origin of Investors", *Journal of Development Economics*, Vol.96, No.1, 2011.

[130] Kang S.J., Lee H., "Foreign Direct Investment and De-industrialisation", *The World Economy*, Vol.34, No.2, 2011.

[131] Kaplinsky R., "What does the Rise of China do for Industrialization in Sub-Saharan Africa?", *Review of African Political Economy*, Vol.35, No.115, 2008.

[132] Kaplinsky R., Morris M., "Chinese FDI in Sub-Saharan Africa: Engaging with Large Dragons", *European Journal of Development Research*, Vol. 24, No.1, 2009.

[133] Kasoff M.J., Benedict M.E., Lauer S., "Canadian Direct Investment in the United States: An Ohio Perspectives", *Canadian Journal of Administrative Sciences*,

Vol.14, No.2, 1997.

[134] Kathuria V., "Productivity Spillovers from Technology Transfer to Indian Manufacturing Firms", *Journal of International Development*, Vol.12, No.3, 2000.

[135] Kathuria V., "Foreign Firms, Technology Transfer and Knowledge Spillovers to Indian Manufacturing Industries: a Stochastic Frontier Analysis", *Applied Economics*, Vol.33, No.5, 2001.

[136] Katz J.M., *Domestic Technology Generation in LDCs: a Review of Research Findings* In Katz J.M. et al., *Technology Generation in Latin American Maufacturing Industries*, New York: St.Martin's Press, 1987.

[137] Kaya Y., "Globalization and Industrialization in 64 Developing Countries, 1980-2003", *Social Forces*, Vol.88, No.3, 2010.

[138] Kim D., Marion B.W., Domestic Market Structure and Performance in Global Markets: Theory and Empirical Evidence from US Food Manufacturing Industries. *Review of Industrial Organization*, 1997, Vol, 12, No.3.

[139] Kohpaiboon A., "Foreign Direct Investment and Technology Spillover: a Cross Industry Analysis of Thai Manufacturing", *World Develoment*, Vol. 34, No.3, 2006.

[140] Koizumi T., "Kopecky K.J., Economic Growth, Capital Movements and the International Transfer of Technical Knowledge", *Journal of International Economics*, Vol.7, No.1, 1977.

[141] Kokko A., *Foreign Direct Investment, Host Country Characteristics and Spillovers*, Stockholm: The Economic Research Institute, 1992.

[142] Kokko A., "Technology, Market Characteristics, and Spillovers", *Journal of Development Economics*, Vol.43, No.2, 1994.

[143] Kokko A., Tansini R., Zejan M., "Local Technological Capability and Productitivy Spillovers from FDI in the Uruguayan Manufacturing Sector", *The Journal of Development Studies*, Vol.32, No.4, 1996.

[144] Konings J., "The Effect to Foreign Direct Investment on Domestic Firms: Evidence from Firm Level Panal Datain Emerging Economics", *Economics of Transition*, Vol.9, No.344, 2001.

[145] Kugler M., "Spillovers From Foreign Direct Investment: Within or Between Industries?", *Journal of Development Economics*, Vol.80, No.2, 2006.

[146] Lall S., Chen E., Katz J., et al. *The New Multinationals: the Spread of Third*

World Enterprises, New York: John Wiley & Sons, 1983.

[147] Lall S., Kraemer – Mbula E., "Is African Industry Competing?", *Working Paperfrom University of Oxford*, No.121, 2005.

[148] Lee J. W., "Capital Goods Imports and Long – run Growth", *Journal of Development Economics*, Vol.48, No.1, 1995.

[149] Levin A., Raut L. K., "Complementarities between Exports and Human Capital in Economic Growth: Evidence from the Semi – industrialized Countries", *Economic Development and Cultural Change*, Vol.46, No.1, 1997.

[150] Li Q., Resnick A., "Reversal of Fortunes: Democratic Institutions and Foreign Direct Investment Inflows to Developing Countries", *International Organization*, Vol.57, No.1, 2003.

[151] Li X., Liu X., Parker D., "Foreign Direct Investment and Productivity Spillovers in the Chinese Manufacturing Sectors", *Ecomomic System*, Vol. 25, No.4, 2001.

[152] Liu Z., "Foreign Direct Investment and Technology Spillovers: Theory and Evidence", *Journal of Development Economics*, No.85, 2008.

[153] Mac Dougall G.D.A., "The Benefits and Costs of Private Investment from Abroad: A Theory Approach", *Bulletin of the Oxford University Institute of Economics & Statistics*, Vol.22, No.3, 1960.

[154] M. Affendy A., Sim Yee L., Satoru M., "Commodity – industry Classificationproxy: A Correspondence Table Between SITC Revision 2 and ISIC Revision 3", *MPRA Paper*, No.27626, 2010.

[155] Mariam C., Cecilio T., "Estimating the Export and Import Demand for Manufactured Goods – The Role of FDI", *Review of World Economics*, Vol. 140, No.3, 2004.

[156] Marin A., Bell M., "Technology Spillovers from Foreign Direct Investment (FDI): The Active Role of MNC Subsidiaries in Argentina in the 1990s", *The Journal of Development Studies*, Vol.42, No.4, 2006.

[157] Markusen J. R., "The Boundaries of Multinational Enterprises and the Thoery of International Trade", *The Journal of Economic Perspectives*, Vol. 9, No.2, 1995.

[158] Markusen J. R., Venables A. J., "Multinational firms and the New Trade Theory", *Journal of International Economics*, Vol.46, No.2, 1998.

[159]Markusen J.R.,Venables A.J.,"Foreign Direct Investment as a Catalyst for Industrial Development",*European Economic Review*,Vol.43,No.2,1999.

[160]Melese M.,Waldkirch A.,*Foreign Participation,Productivity and Transition in a Least Developed Country:Firm-level Evidence*,Waterville:Department of Economics in Colby College,2011.

[161]Moon H.C.,Rugman A.M.,Verbeke A.,"A Generalized Double Diamond Approach to the Global Competitiveness of Korea and Singapore",*International Business Review*,Vol.7,No.2,1998.

[162] Morris M.,Fessehaie J.,"The Industrialisation Challenge for Africa: Towards a Commodities Based Industrialisation Path",*Journal of African Trade*,Vol.1, No.1,2014.

[163] Mirza H.,"Parental Supervision:The New Paradigm for Foreign Direct Investment and Development",*Transnational Corporations*,Vol.13,No.2,2004.

[164]Murphy K.M.,Shleifer A.,Vishny R.W.,"Income Distribution,Market Size,and Industrialization",*The Quarterly Journal of Economics*,Vol.104,No.3,1989a.

[165]Murphy K.M.,Shleifer A.,Vishny R.W.,"Industrialization and Big Push", *Journal of Political Economy*,Vol.97,No.5,1989b.

[166]Nachum L.,Keeble D.,"Neo-Marshallian Clusters and Global Networks: The Linkages of Media Firms in Central London",*Long Range Planning*,Vol. 36, No.5,2003.

[167]Ndulu B.J.,"O'Connell S.A.,Policy Plus:Africa Growth Performance 1960-2000",In Ndulu B.J.,O'Connell S.A.,Bates R.H.(eds.),*The Political Economy of Economic Growth in Africa*,Cambridge:Cambridge University Press,2009.

[168] Page J.,"Can Africa Industrialise?",*Journal of African Economies*, No.21,2012.

[169] Paul A.,"Indian Foreign Direct Investment in Africa",CUTS CCIER Working Paper,No.1,2012.

[170]Porter M.E.,"Clusters and the New Economics of Competition",*Harvard Business Review*,No.76,1998.

[171] PRB,*2015 World Population Data Sheet*,Washington DC:Population Reference Bureau,2015.

[172] Rankin N.,Söderbomb M.and Teal F.,"Exporting from Manufacturing Firms in sub-Saharan Africa",*Journal of African Economies*,Vol.15,No.4,2006.

[173] Rivera – Batiz F. L., Rivera – Batiz L. A., "The Effects of Direct Foreign Direct Investment in the Presence of Increasing Returns Due to Specialization", *Journal of Economic Development*, Vol.34, No.1, 1990.

[174] Rodríguez – Clare A., "Multinationals, Linkages, and Economic Development", *The American Economic Review*, Vol.86, No.4, 1996.

[175] Rowthorn R., Ramaswamy R., *Deindustrialization: Causes and Implications*, Washington DC: International Monetary Fund, 1997.

[176] Rowthorn R., Ramaswamy R., "Growth, Trade and Deindustrialization", *IMF Staff Papers*, Vol.46, No.1, 1999.

[177] Sandefur J., "On the Evolution of the Firm Size Distribution in an African Economy", Oxford University Working Paper Series, No.5, 2010.

[178] Seyoum M., Wu R., Yang L., "Technology Spillovers from Chinese Outward Direct Investment: The Case of Ethiopia", *China Economic Review*, No.33, 2015.

[179] Shen J. Y., Dunn D. and Shen Y., "Challenges Facing U. S. Manufacturing and Strategies", *Journal of Industrial Technology*, Vol.23, No.2, 2007.

[180] Sjöholm F., "Productivity Growth in Indonesia: The Role of Regional Characteristics and Direct Foreign Investment", *Economic Development and Cultural Change*, Vol.47, No.3, 1999.

[181] Sutton J., Kellow N., *An Enterprise Map of Ethiopia*, London: IGC, 2010.

[182] Thompson E. R., "Clustering of FDI and Enhanced Technology Transfer: Evidence from Hong Kong Garments Firms in China", *World Development*, Vol. 30, No.5, 2002.

[183] Tian X., "Accounting for Sources of FDI Technology Spillovers: Evidence from Chnia", *Journal of International Business Studies*, Vol.38, No.1, 2007.

[184] Tingvall P.G., "The Dynamics of European Industrial Structure", *Review of World Economics*, Vol.140, No.4, 2004.

[185] UNCTAD, *Economic Development in Africa 2005: Rethinking the Role of Foreign Direct Investment*, New York and Geneva: UNCTAD, 2005.

[186] UNCTAD, *Grobal Investment Trends Monitor: The Rise of BRICS FDI and Africa*, New York and Geneva: UNCTAD, 2013.

[187] UNCTAD, *World Investment Report* 2014, New York and Geneva: UNCTAD, 2014.

[188] UNCTAD, *World Investment Report* 2017. New York and Geneva:

UNCTAD,2017.

［189］UNCTAD, *Economic Development in Africa. Reclaiming Policy Space：Domestic Resource Mobilization and Developmental States*, New York and Geneva：UNCTAD,2007.

［190］UNIDO, *Industrial Development Report* 2013. *Sustaining Employment Growth：The Role of Manufacturing and Structural Change*,Vienna：UNIDO,2013.

［191］Van Ark B., Erumban A. A., Chen V. and Kumar U., "The Cost Competitiveness of Manufacturing in China and India：An Industry and Regional Perspective",India Council Working Paper,No.228,2008.

［192］Van Biesebroeck J., "Firm Size Matters：Growth and Productivity Growth in African Manufacturing", *Economic Development and Cultural Change*, Vol. 53, No.3,2005b.

［193］Van Loo F., "The Effect of Foreign Direct Investment on Investment in Canada", *Review of Economics and Statistics*,No.59,1977.

［194］Vernon R., "International Investment and International Trade in the Product Cycle", *Quarterly Journal of Economics*,No.5,1966.

［195］Verspagen B., Wakelin K., "Technology, Employment and Trade：Perspectives on European Intergration", In Fagerberg J. et al., *Technology and International Trade*,Cheltenham：Edward Elgar,1997.

［196］Weisbrod A., Whalley J., "The Contribution of Chinese FDI to Africa's Pre-crisis Growth Surge",NBER Working Paper,No.17544,2011.

［197］Wolf C., *China and Latecomer-industrialisation Processes in Sub-Saharan Africa：Towards an Analytical Framework*,London：University of London,2013.

［198］Wolf C., "China and Latecomer Industrialization Processes in Sub-Saharan Africa：A Case of Combined and Uneven Development", *World Review of Political Economy*,Vol.7,No.2,2016.

［199］Yoshihara K., *The Rise of Ersatz Capitalism in South-East Asia*, USA：Oxford University Press,1988.

［200］Zhang W.,Zhang T., "Competitivesness of China's Manufacturing Industry and Its Impacts on the Neighbouring Countries", *Chinese Economic and Business Studies*,Vol.3,No.3,2005.

［201］Zhao Z.,Zhang K.H., "China's Industrial Competitiveness in the World", *Chinese Economy*,Vol.40,No.6,2007.

后　记

在本书付梓之际,回想从选题确定到最终成稿的漫长研究过程,深感科研和学术的辛苦和磨人,需要耐力和持续投入,经历挫折和磨炼之后才会有一点收获。我硕士期间师从陈万灵教授进行金砖国家(重点是中国和南非)经贸合作的研究,那时开始跟非洲研究结下了不解之缘。进入厦门大学读博也是因为了解到黄梅波教授在非洲研究领域颇有建树。感谢黄老师在学术上给予我的专业指导,带领我进入了更新、更广的研究领域,帮助提高我的研究水平,更是在为人处世和生活态度方面言传身教,使我受益匪浅,让我见识到一个知识女性所散发出的无尽魅力,这些都成为我写作过程中的动力。

本书的选题是与黄梅波教授共同确定的,书稿的框架和思路,以及每一章内容的写作均是双方一次次共同讨论和修改的结果。本书的顺利完成并付梓感谢非洲研究领域相关学者的研究成果,每次阅读他们的成果都使我获益良多。感谢黄梅波教授,在我攻读博士学位期间对我的悉心教导,对本书的写作和出版付出的诸多努力。感谢厦门大学经济学院的各位老师,特别是蒋冠宏老师、陈雯老师、刘瑜老师等对本书的研究内容和研究方法提出的诸多宝贵的修改意见。感谢英国发展研究所(IDS)的 Jing Gu 教授、Roger 教授、Richard 教授等,在英访学期间我与他们就本书相关内容进行了讨论,这对写作起到了很大的帮助。

在此向你们表示深深的谢意！

　　本书的写作使我真正踏入了学术的道路,开启了我的学术生涯。写作过程中,前辈的谆谆教诲,同学的鼓励和帮助,家人的理解和支持,使我的学术水平逐渐提高,心智也更为成熟,这将是我永远铭记的一段岁月。最后,还要感谢我自己,感谢自己的选择,感谢自己的坚持,我会不断鞭策自己,继续努力。

　　关于非洲制造业发展问题,受学术水平所限,本书肯定存在一定的不足之处,期待读者和同行的批评。

韦晓慧

2018 年 2 月于广州

策划编辑:郑海燕
责任编辑:李甜甜
封面设计:吴燕妮
责任校对:周晓东

图书在版编目(CIP)数据

国际产业转移与非洲制造业发展/韦晓慧,黄梅波 著. —北京:人民出版社,
　2018.7
ISBN 978－7－01－019421－9

Ⅰ.①国…　Ⅱ.①韦…②…黄　Ⅲ.①制造工业-产业发展-研究-非洲
　Ⅳ.①F440.64

中国版本图书馆 CIP 数据核字(2018)第 117022 号

国际产业转移与非洲制造业发展
GUOJI CHANYE ZHUANYI YU FEIZHOU ZHIZAOYE FAZHAN

韦晓慧　黄梅波　著

人民出版社 出版发行
(100706　北京市东城区隆福寺街 99 号)

北京汇林印务有限公司印刷　新华书店经销

2018 年 7 月第 1 版　2018 年 7 月北京第 1 次印刷
开本:710 毫米×1000 毫米 1/16　印张:15.25
字数:227 千字

ISBN 978－7－01－019421－9　定价:66.00 元

邮购地址 100706　北京市东城区隆福寺街 99 号
人民东方图书销售中心　电话 (010)65250042　65289539